ミネルヴァ日本評伝選

人生は体当たり、ぶつかるだけだ

力道山

岡村正史著

ミネルヴァ書房

刊行の趣意

「学問は歴史に極まり候ことに候」とは、先哲荻生徂徠のことばである。

歴史のなかにこそ人間の智恵は宿されている。人間の愚かさもそこにはあらわだ。この歴史を探り、歴史に学んでこそ、人間はようやくみずからの正体を知り、いくらかは賢くなることができる。新しい勇気を得て未来に向かうことができる。徂徠はそう言いたかったのだろう。

「ミネルヴァ日本評伝選」は、私たちの直接の先人について、この人間知を学びなおそうという試みである。日本列島の過去に生きた人々の言行を、深く、くわしく探って、そこに現代への批判を聴きとろうとする試みである。日本人ばかりではない。列島の歴史にかかわった多くの異国の人々の声にも耳を傾けよう。

先人たちの書き残した文章をそのひだにまで立ち入って読み、彼らの旅した跡をたどりなおし、彼らのなしとげた事業を広い文脈のなかで注意深く観察しなおす——そのとき、はじめて先人たちはいまの私たちのかたわらによみがえってくる。彼らのなまの声で歴史の智恵を、また人間であることのよろこびと苦しみを、私たちに伝えてくれもするだろう。

この「評伝選」のつらなりのなかから、列島の歴史はおのずからその複雑さと奥ゆきの深さをもって浮かび上がってくるはずだ。これを読むとき、私たちのなかに新たな自信と勇気が湧いてきて、その矜持と勇気をもって「グローバリゼーション」の世紀に立ち向かってゆくことができる——そのような「ミネルヴァ日本評伝選」にしたいと、私たちは願っている。

平成十五年（二〇〇三）九月

上横手雅敬
芳賀　徹

力道山 対 ルー・テーズ戦（1957年10月７日）
（毎日新聞社提供）（本書142頁参照）

街頭テレビに見入る群衆（1954年）（毎日新聞社提供）（本書23頁参照）

プロレスリング・センター（1955年７月）（毎日新聞社提供）（本書93頁参照）

はじめに

力道山《りきどうざん》について語る場合、スポーツ・ヒーローか、昭和史の登場人物か、在日朝鮮人の成功者かで語ることが一般的である。スポーツ・ジャーナリズムは、ヒロイックな人物として力道山のことを存命中から書きたててきたし、死後しばらくすると、昭和史に欠かせぬ人物となっていき、ついには朝鮮半島出身であることが知られるに及んで在日朝鮮人としての光が当てられるようになったわけだ。二〇〇六年三月に韓日映画『力道山』が公開されたが、時代はここまで来たかという思いがないといえば、嘘になる。

しかし、どの視点から語るにせよ、あまりにも自明のことなのに、なぜか力道山と切り離されてしまっているテーマがある。それは、端的に言ってプロレスだ。

レスラー力道山は語られているのに、プロレスというジャンルは正面切って語られていない。力道山の理解にプロレスは欠かせぬ要素であることはあまりにも明白だ。にもかかわらず、なぜかプロレスのことに触れまいとする心性が存在する。スポーツ・ジャーナリズムはさんざんプロレスについて語ってきたではないかと反論されるかもしれない。しかし、他のスポーツと同じような文脈のヒーローとして力道山を語る瞬間から、プロレスは抜け落ちていく。昭和史や在日の文脈はヒーロー力道山について別の角度から光を当てたものであって、当初からプロレスは欠落している。

したがって、この本は力道山の評伝であると同時に、ひとつのプロレス論なのである。これから、私なりの視点で、力道山とプロレスについて語っていくことにする。

ある一定以上の世代にとっては、「金曜八時」と言えば、プロレスというイメージが強いかもしれない。これは日本テレビがプロレス中継を行っていた時間帯である（若い人にとっては、プロレスがゴールデンタイムで放送されていたこと自体が驚きだろうが）。日本テレビがプロレス中継を金曜八時にオンエアし始めたのは一九五八年のことで、しかも「ディズニーランド」と隔週放送だった。

「プロレス中継」と「ディズニーランド」のカップリングに違和感を覚える人がいるかもしれない。当時のプロデューサーはその意図をこう語っている。「ブルーカラーと、ホワイトカラーの両方をにぎろうとしたんです」。つまり、プロレスは「ブルーカラーの娯楽」という大前提があった。この意識は「プロレス新聞」の異名をとっていた『東京スポーツ』（一九六〇年創刊）にも見られる。既成のスポーツ紙にない同紙の大胆なレイアウトは、新聞はホワイトカラーのサラリーマンが手にするものという当時の観念を覆して、ブルーカラーを狙い撃ちにしたと言われている。

ところで、プロレスがブルーカラーの見るものとは誰が決め付けたのだろうか。これはおそらくアメリカの受け売りであろう。アメリカのスポーツ社会学には、「プロレスをスポーツと思うか」という質問に肯定的な答えが多いのは「下層階級の高齢者」であると結論づけるような真面目な研究が存在するのである。

むろん、プロレスを見る側がそう受け取ったかどうかは別問題である。力道山時代には政財界にもファンは多く、志賀直哉のような文化人も会場に駆けつけていた。また、金曜八時の「プロレス中継」と「ディズニーランド」のカップリングについては、両方とも見ていた家庭が多いのではないだろうか。坪内祐三はテレビ視聴による「一億総ブルー・ホワイトカラー化」と表現している(『Ronza』一九九五年一二月号)。たしかに、日本において知識人は欧米よりも大衆的であるようだ。井上章一は拙編著『力道山と日本人』において、プロレスに強い関心を抱く井上に対してアメリカの女性社会学者が軽蔑に近い反応を示したエピソードを紹介している。あんな低級な見世物はまともな人間が見るようなものではないと井上に諭したそうだ。

一九五六年の『読売新聞』に、日本テレビのディレクターがアメリカのテレビ界を視察してきた記事が載っている。日本ではプロレス中継がもてはやされているが、それに比べてアメリカでは下品な見世物という扱いで、ストリップ並みであり、ネット番組に流れていない、と。この日米の差はどこから来るのだろう。プロレスとディズニーはアメリカへの反発と憧憬を表しているという見方がある。どうやら鍵はプロレスがアメリカ文化であるということにありそうだ。

力道山はアメリカ文化に強く魅かれた人物だ。朝鮮半島から渡日し、日本人力士たらんとしたが、敗戦によって一転「戦勝国民」となった力道山は相撲をやめ、「日本人」となり、アメリカからやって来たプロレスの世界に足を踏み入れた。そして、プロレスを日本の土壌に定着させるべく日本流にアレンジしていった。力道山にとってアメリカとは自己のアイデンティティの空白を埋める重要な要素ではなかったか。

力道山とプロレスをめぐる旅に出発しよう。

＊なお、本書にときおり登場する「プロレス文化研究会」とは、一九九八年に井上章一と私が世話人となって発足させた研究会で、社団法人現代風俗研究会のワークショップ活動のひとつである。二〇〇二年に出版した『力道山と日本人』は、この研究会の成果のひとつである。

力道山——人生は体当たり、ぶつかるだけだ

目次

図版写真一覧

主な日本のプロレス団体系図（男子）

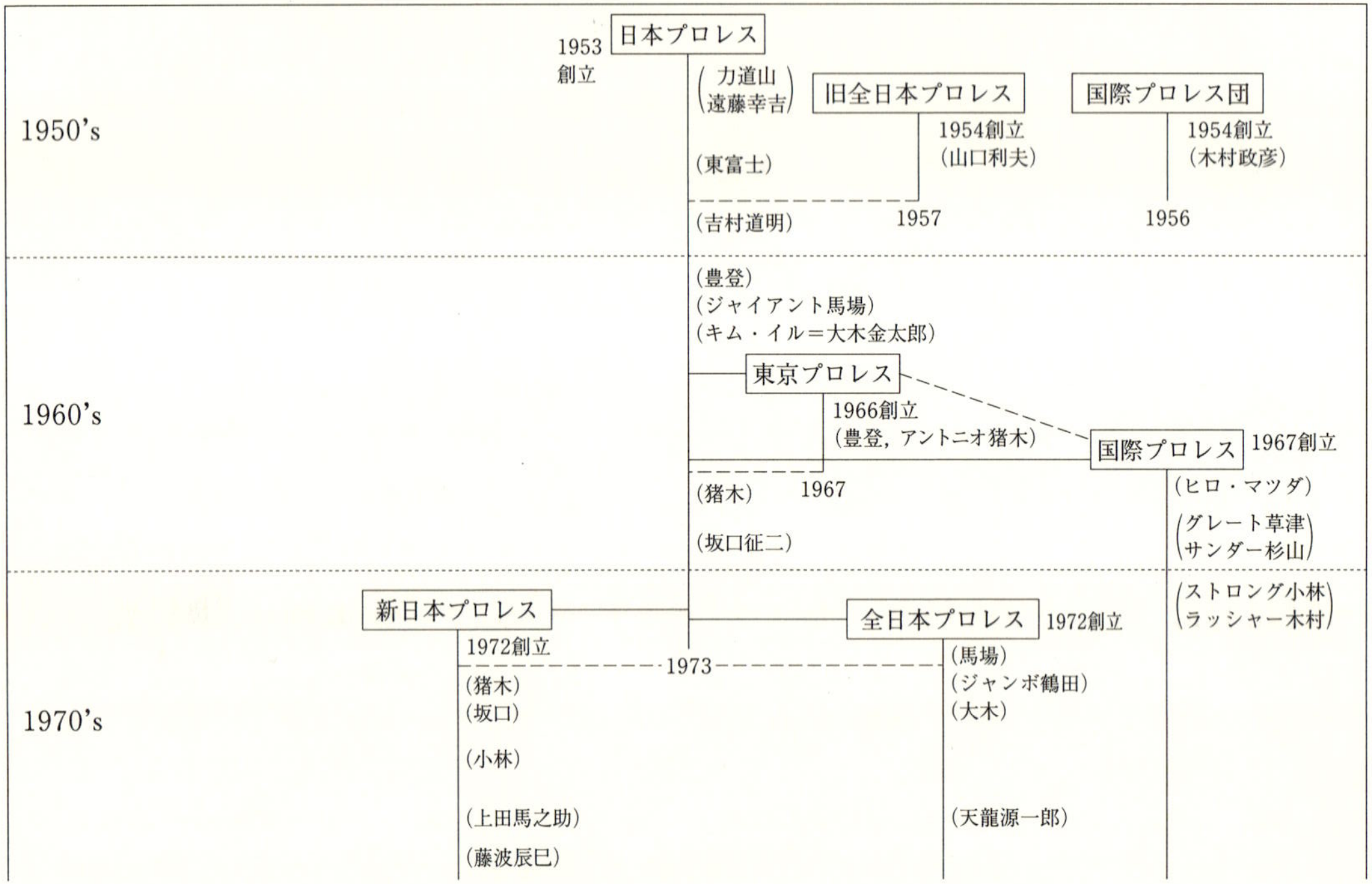

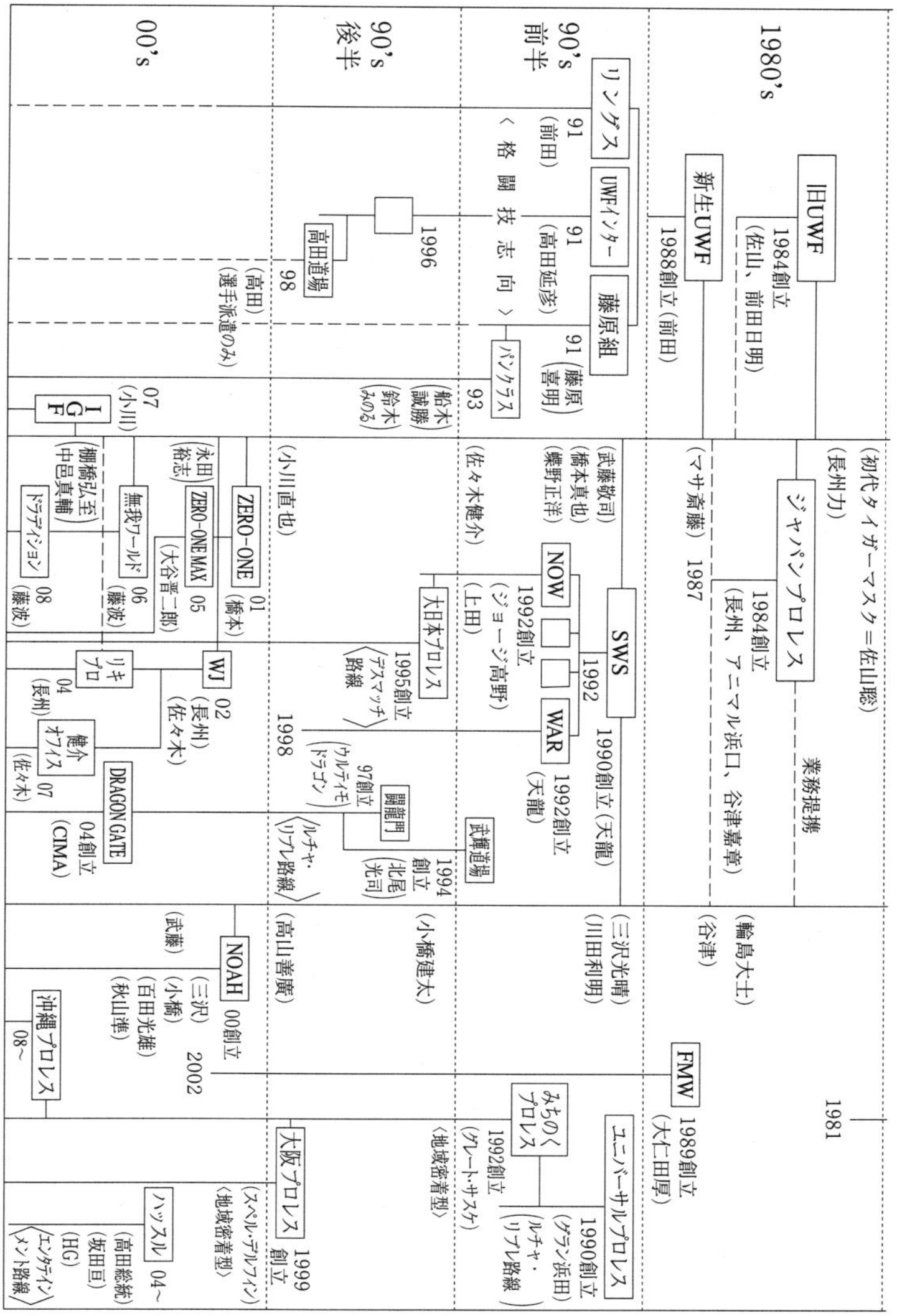
1980's
90's前半
90's後半
00's
旧UWF 1984創立 (佐山、前田日明)
新生UWF 1988創立(前田)
(初代タイガーマスク＝佐山聡)
(長州力)
ジャパンプロレス 1984創立 (長州、アニマル浜口、谷津嘉章)
業務提携
(マサ斎藤) 1987
(輪島大士)
(谷津)
1981
FMW 1989創立 (大仁田厚)
ユニバーサルプロレス 1990創立 (グラン浜田)
〈ルチャ・リブレ路線〉
みちのくプロレス 1992創立 (グレート・サスケ)
〈地域密着型〉
リングス 91 (前田)
UWFインター 91 (高田延彦)
藤原組 91 (藤原喜明)
〈格闘技志向〉
1996
高田道場 98 (高田) (選手派遣のみ)
パンクラス 93 (船木誠勝) (鈴木みのる)
IGF 07 (小川)
(武藤敬司) (橋本真也) (蝶野正洋)
(佐々木健介)
NOW 1992創立 (ジョージ高野)
SWS 1990創立(天龍)
1992
WAR 1992創立 (天龍)
大日本プロレス 1995創立 (上田)
〈デスマッチ路線〉
武輝道場 1994創立 (北尾光司)
闘龍門 97創立 (ウルティモ・ドラゴン)
〈ルチャ・リブレ路線〉
1998
(小川直也)
ZERO-ONE 01 (橋本)
ZERO-ONE MAX 05 (大谷晋二郎)
(永田裕志)
WJ 02 (長州) (佐々木)
リキプロ 04 (長州)
健介オフィス 07 (佐々木)
DRAGON GATE 04創立 (CIMA)
無我ワールド 06 (藤波)
ドラディション 08 (藤波)
(棚橋弘至 中邑真輔)
(三沢光晴) (川田利明)
(小橋建太)
(高山善廣)
NOAH 00創立 (三沢) (小橋) (百田光雄) (秋山準)
(武藤)
2002
沖縄プロレス 08〜
大阪プロレス 1999創立 (スペル・デルフィン)
〈地域密着型〉
ハッスル 04〜 (高田総統) (坂田亘) (HG)
〈エンタテインメント路線〉

主な日本のプロレス団体系図（女子）

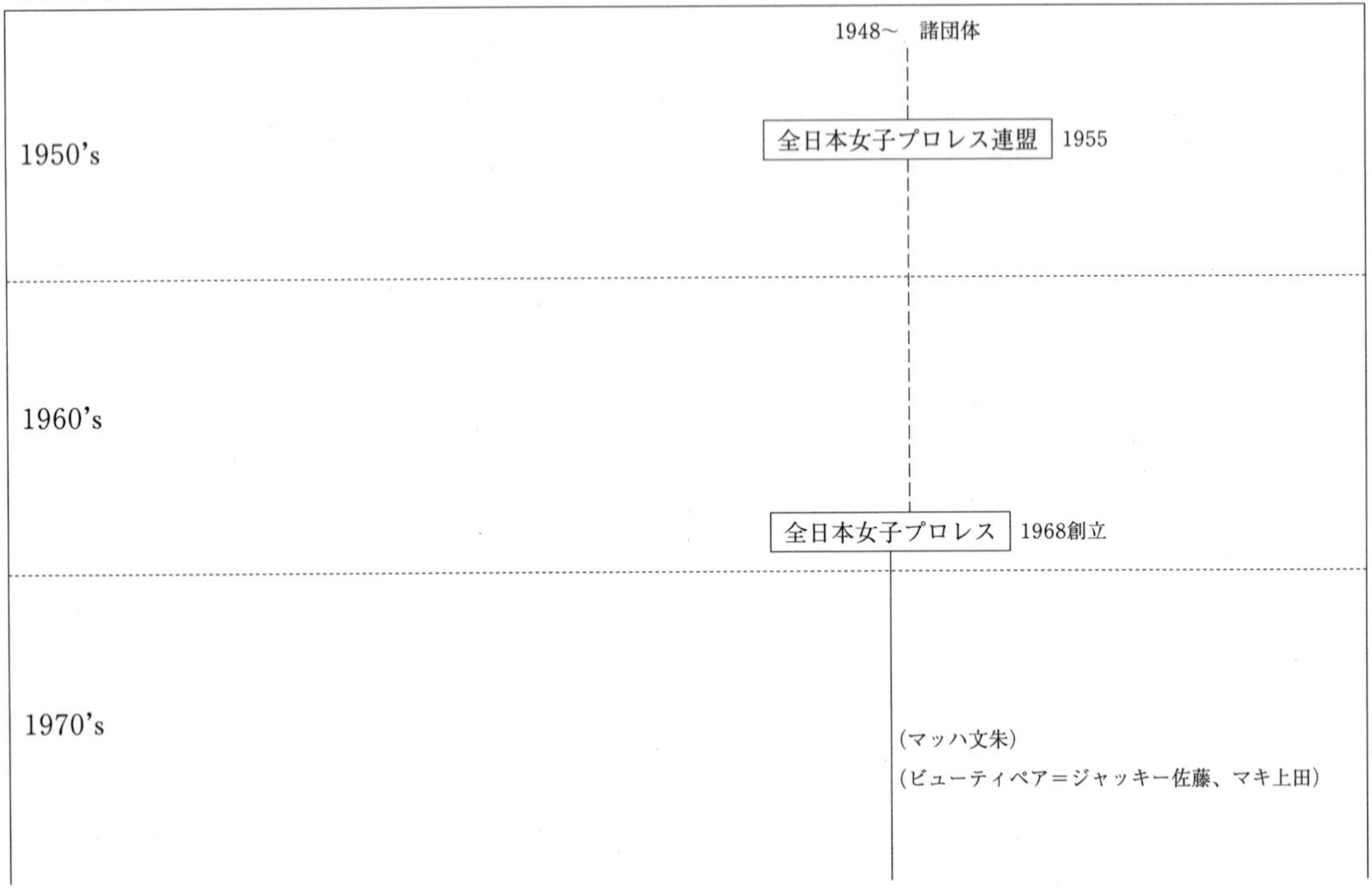

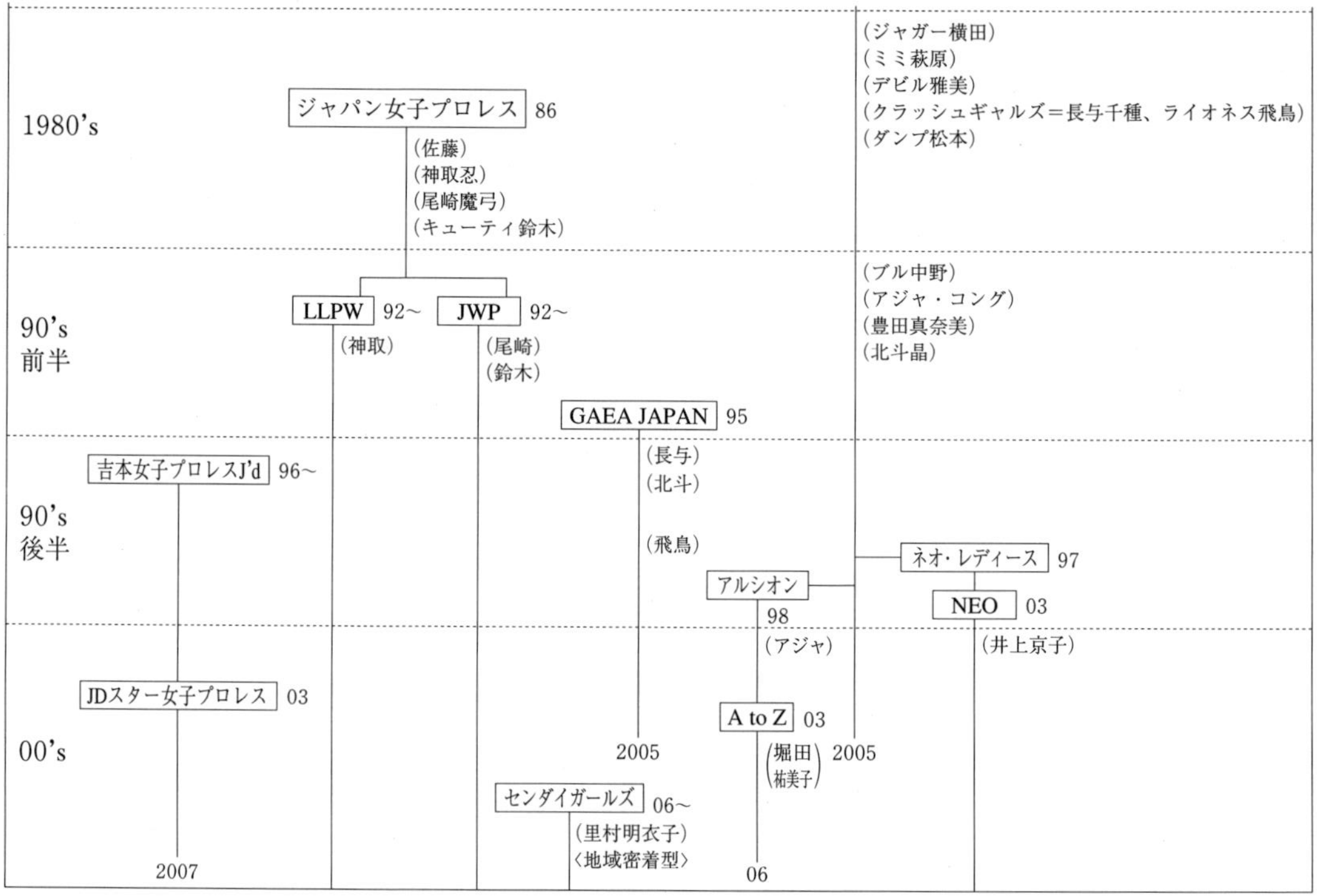

1980's
90's 前半
90's 後半
00's
ジャパン女子プロレス 86
(佐藤)
(神取忍)
(尾崎魔弓)
(キューティ鈴木)
LLPW 92〜
(神取)
JWP 92〜
(尾崎)
(鈴木)
GAEA JAPAN 95
(長与)
(北斗)
(飛鳥)
2005
吉本女子プロレスJ'd 96〜
JDスター女子プロレス 03
2007
センダイガールズ 06〜
(里村明衣子)
〈地域密着型〉
アルシオン 98
(アジャ)
A to Z 03
(堀田祐美子)
06
2005
(ジャガー横田)
(ミミ萩原)
(デビル雅美)
(クラッシュギャルズ＝長与千種、ライオネス飛鳥)
(ダンプ松本)
(ブル中野)
(アジャ・コング)
(豊田真奈美)
(北斗晶)
ネオ・レディース 97
NEO 03
(井上京子)

第一章　プロレス以前

1　相撲界入り以前

力道山の生年月日

そもそも力道山《りきどうざん》の生年月日はいつなのだろうか。一般には、一九二四年一一月一四日ということになっている。これによれば、彼の生涯は三九年間だったということになる。ただし、この誕生日はあくまでプロレスラーになった力道山が公表したものである。相撲協会の記録にはこうある。

出身地　朝鮮
四股《しこ》名　力道山
本名　金信済（キム・シンラク）

年齢　十八歳（数え）（生年月日　大正十二年七月十四日）
五尺七寸六分（一メートル七十五）　二十二貫（八十四キロ）

本名中の「済」は「洛」の誤りであるが、ここでは一九二三年七月一四日と公称よりは一年早くなっている。したがって、公には一九二四年だが、本当は一九二三年で一年サバを読んでいたという辺りに落ち着いている。

ただ、力道山の出生問題に初めてメスを入れたとされる牛島秀彦『力道山物語——深層海流の男』（初版刊行は一九七八年、以下『力道山物語』と略す）には、牛島が長崎県大村市に、朝鮮で力道山をスカウトした警官小方寅一を訪問した際に朝鮮の戸籍抄本を見せてもらうくだりがあり、その抄本にはこうある。

金村光浩（参男）父　亡金錫泰　母　巳　出生　大正一三年一一月　本籍　咸鏡南道浜京郡龍源面新豊里参拾七番地　　右抄本戸籍ノ原本ト相違ナキコトヲ認証ス　昭和一九年七月四日　浜京郡龍源面長　金谷昌茂

「金村光浩」はもちろん創氏改名後の名前である。この抄本を信用すれば、やはり一九二四年一一月が誕生月ということでいいのだろうか。

百田巳之吉によるスカウト

力道山の出身地は、現在は朝鮮民主主義人民共和国領である咸鏡南道《ハムギョンナムド》洪原《ホンウォン》郡《グン》龍《リョン》源《ウォン》面《ミョン》新《シン》豊《プン》里《リ》参拾七番地である（浜京郡と記す本もあるが誤りらしい）。当時は日本の植民地だった。父は漢学者あるいは風水師だったという金錫泰《キムソクテ》。母は田己《チョンギ》（本によっては巳）。力道山の本名は金信洛《シンラク》。三男三女の六人兄弟の末っ子だった。兄弟には、長女・キ因女《インニョ》（金因女《キムインニョ》が日本人の役人によってキ因女と聞き間違えられた）、長男・恒洛《ハンラク》、次女・久任《クイム》、次男・公洛《コンラク》、三女・乙福《ウルボク》がいた。父親は病気がちだったが、母親は健康だったという。

牛島秀彦の本には、金一家の経済状態についての記述はなく、わずかに「京城で精米所をやっていた」という記述がある。牛島の本以外では、金一家は貧しい農家だったと書くのが一般的なようだ。母親が雑貨屋も営んでいたという記述もある。家計を支えるため信洛は兄・恒洛とともに「シルム」という相撲大会によく参加して賞品を稼いだ。優勝者には牛一頭が与えられたという（次兄はソウルに奉公に出されていたようだ）。信洛よりも恒洛のほうが強かった。シルムの大きな大会でも勝ち残り、咸鏡南道でも有名だったという。

信洛は兄ほどではないがそれでも立派な体格をしており、何より十代の若さを誇っていた。兄はすでに三十代初めだった。一九三八年、端午の節句を祝って行われたシルム大会に兄弟そろって出場した。兄は優勝し、信洛は三位になった。この大会を見物していたのが、警部補の小方寅一と小方の義父にあたる百田《ももた》巳之助（これは戸籍名で一般には巳之吉と称した）である。百田巳之吉は興行師と置屋を兼ねた、熱心な相撲ファンで、大村出身の玉の海梅吉の後援会の幹事をしていた。信洛の将来性に眼を見張った百田は日本の大相撲にスカウトしようと家族への説得工作に打って出た。家族は反対した。信洛は病弱の父を世話する役割を担っていたからだ。

ところが、翌年に父は亡くなってしまう。また、信洛は日本行き自体に積極的だったようだ（北朝鮮サイドの本はそうは書いていないけれども）。いずれにせよ、父の死を転機に日本へ行く流れが強まった。強く反対していた母は信洛に結婚を勧めた。小方は「一晩でも花嫁と寝れば、絶対に内地へはやれんからな」と釘を刺した。信洛は両者を立て、結婚式は行ったが、花嫁を放っておいて小方宅へ移り、そしてひとり日本へ向かったのである。時に、一九四〇年の冬のことであった。

話は戻るが、牛島は朝鮮の戸籍抄本を見たのと同じときに除籍原本も見ている。このような内容だ。

本籍　長崎県大村市二百九十六番地　百田光浩　就籍の届出により昭和弐拾六年弐月拾九日本戸籍編製　昭和弐拾五年拾壱月弐拾壱日附許可の審判により就籍届出昭和弐拾六年弐月拾九日受附　東京都中央区日本橋浜町三丁目十九番地に転籍百田光浩届出昭和弐拾七年壱月九日中央区長受附同月拾六日送付本籍消除　父　亡百田巳之助　母　亡たつ　長男出生　大正拾参年拾壱月拾四日

つまり、力道山の本名は百田光浩で、百田巳之助、たつを両親とした長男。本籍は長崎県大村市という内容である。もちろん、これはフィクションである。就籍届が出された一九五〇（昭和二五）年一一月は同年九月に自宅で突如髷《まげ》を斬り大相撲を廃業した力道山が、大相撲のパトロンだった新田新作が経営する新田建設株式会社に資材部長として迎えられた時期にあたる。牛島秀彦は就籍届が出された時期を力道山がプロレスのチャンピオンとなった時期と誤認していて、「日本の輝ける星」としての偽装工作としているが、それは誤りであろう。その時点では、力道山はまだ「日本の輝ける星」にはなっていなかったからである。

2　大相撲時代

勤労奉仕を行った二所ノ関部屋

力道山の大相撲入門は一九四〇年二月である。五月の新弟子検査で合格している。序の口に名前が載ったのは一九四一年一月。番付には「朝鮮　力道山昇之介」とあるが、次の場所（一九四一年五月）で序二段に上がったときには「肥前　力道山光浩」と変わった。『野球界』一九四二年一二月号の「幕下有望力士放談会」で力道山は「物言いを付けるようで変ですが、僕は半島出身のようになっていますが、親方（玉の海）と同じ長崎県ですから、よろしく」と語っている。力道山のフィクショナルな人生は大相撲入り直後から始まっていたのである。

牛島秀彦『力道山物語』はもっとも早い段階で、力道山の人生の虚構性に迫った作品である。力道山が朝鮮半島出身であることを明らかにし、「長崎県大村市出身」がフィクションであることを暴いていく。たとえば、スポーツ紙などでは「大村第二小学校卒業」となっていたが、そんな小学校は実在しなかったことを明確にしていった。実在する西大村小学校が戦時中は大村第二国民学校と呼ばれ、力道山の親方、玉の海の母校だったのである。十両時代の力道山が同校の土俵開きに親方の付き人として同行した事実はあったらしい。それだけの関わりがスポーツニッポン新聞社の発刊になる『力道山花の生涯』では、「母校・大村第二小学校」五年生のときに百メートルを一三秒で走ったという作り話にまで発展していったのだ。

ところが、力士としては力道山の二年先輩で後に相撲・演芸評論家に転じた小島貞二《こじまていじ》の『力道山以前の力道山たち』（一九八三年）には、「力道山が朝鮮出身であることを、新しい発見のように書く人もいるが、相撲界ではみんな知っていたことだ。当時、朝鮮はおろか、台湾、あるいはアメリカからの力士も少なくなく、別に仲間うちが差別の目で見るようなことはなかった」と醒めたタッチで書いている（小島、一〇頁）。私が数年前に阪神シニアカレッジの生徒（六〇歳以上）を対象に「力道山についてのアンケート」を実施した際、「当時から力道山が朝鮮半島出身であることを知っていたか」という質問に数パーセントの人が「はい」と答えていたが、身近に相撲通の人がいる場合などは知っていて当然だったのである。

力道山の戦績は一九四二年一月場所、三段目で八勝全勝（初優勝）、五月場所、幕下で五勝三敗。一九四三年一月場所幕下で五勝三敗、五月場所五勝三敗というものであった。

当時力道山が属する二所ノ関部屋は一〇〇名の大所帯だった。戦時中の食糧事情の悪化に苦慮していた親方玉の海は、親交のあった成田一郎兵庫県知事から阪神尼崎軍需工場で人手が足りないことを聞きつけ、力士の労働力を午前中提供し、午後は慰問興行を行うことを思いついた。相撲協会は反対したが、相撲部屋を維持していくには仕方のない措置だった。ただ、玉の海が部屋の力士を引き連れて阪神武庫川《むこがわ》駅周辺にやってきた時期ははっきりしない。原康史『激録　力道山』は一九四三年秋としており、一二月に力道山が仕事中の事故で左手首にヒビが入ったため、一九四四年一月場所では三勝五敗と初めて負け越したとしている。一方、井上眞理子『尼崎相撲ものがたり』は二所ノ関部屋一行がやってきた時期を一九四四年春としていて、これでは一月場所不振の理由は別にあったことになってしまう。

力士時代の力道山　対戦相手は千代の山
（1950年5月場所）（毎日新聞社提供）

しかも、井上が執念で見つけ出した当時の部屋力士の証言によると、「力道なんてね、ぶらぶらぶらぶらしていて、工場に行ったたってちっとも働きゃしませんよ。佐賀ノ花も、関取衆はだいたいそうだったな。」ということになる。同じ元力士の証言を続けると、「神風《かみかぜ》さんは人を殴ったことなんてなかったと思うよ。立派な紳士だった。それにしても、力道のやつにはずいぶん殴られたよ。」「向こうのほうがちょっと早いってだけで、本当によくぶん殴りやがった」。「力道のはあれは相撲なんてもんじゃないな。『殺してやろうか』っていきおいでかかってくるんだもんな。まともに相手をしたら身がもたないってんで、だれも相手になる奴はいなかったね」（井上、三七〜四〇頁）。日本語を話していたもののまだなまりが残っていたその劣等感が力道山を粗暴にしていたのか。あるとき、力道山は数名のアメリカ人捕虜の作業態度が気に入らず、殴り飛ばしてしまったことがあった。この「事件」は戦後に玉の海が「戦犯」に指定される原因となった。

戦犯容疑者にされた玉の海

玉の海こと蔭平梅吉《かげひらうめきち》は一九四六年三月二〇日、長崎県大村の警察署に連行され、大村航空隊の米軍司令部で戦争犯罪人容疑者として尋問を受けた。結局、数週間の留置で釈放されたが、容疑は力道山が捕虜を殴った、つまり「虐待」したことと考えられる。もっとも、これ以外に玉の海自身が入門前に大村空軍基地建設の力仕事をしていたことから、大村航空隊で起きた機密書類の焼却に関係したと誤解された可能性を指摘する説もあるようだ。いずれにせよ、玉の海には身の覚えのないことであり、本人は「自分には、何で戦犯に指名されたのか、いまでもさっぱり判らんのですわ」と語っているばかりである。無罪となった玉の海に相撲協会は歓迎の姿勢を見せるどころか、弁明を求めたという。協会の反対を押し切ってまで部屋の力士たちを尼崎の軍需工場に「勤労動員」させたことに対するしっぺ返しだったのだろうか。

力道山が「関係」した事件としては、『週刊サンケイ』（一九五四年一〇月一〇日号）が報じている、一九五〇年六月の保険金詐取事件がある。高知県中島町で旅館業を営むY所有の遠洋漁船「力道山丸」が、一九四九年一一月徳島県沖で火災を起し沈没した。翌年一月にYは保険会社から二五〇万円を受け取ったが、火災の起きた四九年一一月にYと力道山の間でこの船の売買契約が成立していて、力道山は保険金のうち一五万円をもらっていたことから保険金詐取の共犯ではないかと疑われたのである。結局、共犯関係は立証されなかった。

力士としての力道山の歩みに話を戻そう。

一九四四年五月場所、五戦全勝幕下優勝。

　一一月場所、十両となり七勝三敗。

一九四五年六月場所、三勝四敗。

　一一月場所、八勝二敗。

順調な力士生活だった。四六年一一月からは入幕を果たし、四七年六月場所では九勝一敗の成績で優勝決定戦にまで駒を進めることができた。四八年一〇月場所で小結に昇進。四九年五月場所ではついに関脇となった。

しかし、表面的な成績では見えない部分が力道山には数多くあった。『激録　力道山』には「最も日本的で、伝統的日本精神主義、国粋主義的集団である相撲社会に身を置き、戦争中は最も〝愛国的日本人〟であった力道山が、相撲界の誰よりも先に自分の生活に「アメリカ」を取り入れた」という記述がある。戦前戦中は日本人たろうとしていた朝鮮人力士が敗戦後手のひらを返したように外国人＝「戦勝国民」となる中で、力道山の心に大きな変化が起こったのは当然のことであろう。親方玉の海は「入門から敗戦時までの力道山は、とても素直でいい子で、けいこ熱心だった。だが、敗戦後は気持ちが変わったのか性格は一変した」。当時相撲記者だった小島貞二も、稽古で力道山が日本人力士に威圧的になっていたさまを記憶している。

力道山は民族差別を受けたことが原因で大相撲を去ったとよく言われる。たしかに番付面の不満の中にそのような一面があったかもしれないが、それよりも関脇まであがっても給金が安く生活できない金銭面の不満（共犯ではなかったが、保険金詐取事件の背景にはこのような不満があったのではなかろうか）、二所ノ関部屋再建をめぐっての玉の海との確執のほうがより大きかったのではないだろうか。その一方で、「戦勝国民」としてアメリカと出会い、どんどん魅了されていく。もちろん、このことが後にプロレスラーとなる道につながっていくのである。

「インディアン号」に乗って

力道山は一九四八年頃「インディアン号」という真っ赤な大型バイクを乗り回していたことが知られている。もちろん髷を結い、背広を着てピカピカの靴をはいてバイクにまたがる姿は注目を浴びたにちがいない。このバイクを駆使して彼はさまざまな所に出没している。

たとえば、場所入りや、相撲部屋への出入りにも。親方玉の海は「特に進駐軍の軍属のボーという外人と付き合って、服装も生活のスタイルもどんどん変わっていった。オートバイなんか乗り回してね……部屋付きの枝川（枝川親方）が注意したら、オートバイで部屋の中まで飛び込んできて追い回すような乱暴もした」と苦々しく証言している（『激録　力道山』第一巻、二九頁）。ボーとはジェームス・ボハネギーのことで『激録　力道山』は一九五〇年六月二五日朝鮮戦争勃発後、ボハネギーは力道山と組んでアメリカ製の電機製品、家具や自動車を日本の弱電メーカーに売り込むブローカー業を行ったと書くが、力道山秘書である吉村義雄の『君は力道山を見たか』はこのことを否定している。

二所ノ関部屋は四五年三月の東京大空襲で両国の部屋を焼かれ、高円寺の真盛寺というお寺で敗戦を迎えた。部屋が両国に再建されたのは一九五〇年のことであるが、力道山は資材集めなどに奔走したようだ。ところが、肝心の親方は関西にいることが多くて部屋の再建にあまり熱心でないように見えた。実は、玉の海は当時尼崎で「玉ノ海荘」という文化住宅と「阪神高等洋裁学院」を経営していたのである。この学校は一九五〇年には人手に渡っており、その資金を部屋の再建につぎこんだことは考えられる。が、そのあたりの事情は力士にじゅうぶん伝わっていなかったのではないだろうか。力士はいくつかの派閥に分かれて争い、一匹狼的存在で力道山の兄弟子に当たる神風は番付への不満から五〇年五月に突然引退してしまう。力道山の番付への不満に関しては民族差別的要素以外にも、二所ノ関部屋は小さい部屋だったがゆえに冷遇されていた事情を考慮しなければいけない。五〇年初場所で小結力道山は一〇勝五敗、前頭四枚目神風は二横綱を倒す九勝六敗。同五月場所で力道山は西の関脇に昇進するも、神風は前頭筆頭にとどまった。場所の初日で敗れた神風はあっさり引退宣言したのである。

力道山が番付以上に相撲界に冷たい思いを抱いたのは、四九年二月に宴会で川蟹を食べたことが原因で肺臓ジストマを患ったときであろう。約二カ月入院したが、二所ノ関部屋からは誰も見舞いに来なかったのである（付き人の世話はあったが）。部屋の再建に尽力してきた力道山にすれば、何か裏切られた思いを抱いたことだろう。

「インディアン号」は千葉県八街《やちまた》にも姿を現した。八街には相撲の勧進元鈴木福松がいた。一九四〇年の渡日以来力道山は鈴木家で子供のように可愛がられた。福松の娘きみ江とは兄弟のような間柄となった。「私の家は、力道山が一番寂しかった時に迎え入れた家でしたからね。戦後も家に来ると気が休まったんじゃないでしょうか」。なお、きみ江の兄順は「インディアン号」に乗って転倒し、父に怒られたという。

ところで、「インディアン号」は新宿の朝鮮学生同盟にも出没したという。学生同盟には、在日本朝鮮人連盟中央結成準備委員会の事務所が置かれていた。同委員会は日本政府やGHQと交渉して、「戦勝国民」として特別の配給を受けていた。また、同胞の支援もあった。力道山は、米を腹いっぱい食べられる学生同盟に出入りしていたのである。力道山は名刺一枚を持って酒屋に行き、ビールをケースごと手に入れることがよくあったという。一般には進駐軍とのコネクションを示す名刺といわれているが、はたしてその名刺はいかなるものだったのだろう。

東京の街をバイクで疾走する型破りの力士には、アメリカに占領されている日本、そして戦火を交えていく朝鮮半島はどのような像を結んでいたのであろうか。

断髪の謎

肺臓ジストマが直りきらないまま出場した四九年五月場所は、三勝一二敗の惨憺たる成績に終わった。力道山は、ハワイ在住の小畑という人物を通してジストマの特効薬エメチンを取り寄せ、一日五本注射することで治していくことができた。一〇月場所は関脇から前頭二枚目に転落したものの、八勝七敗と踏ん張り、五〇年一月場所では小結に昇進して一〇勝五敗の好成績を残した。もっとも二カ月に及ぶ入院生活で落ちた体力（体重は二〇キロ減）を補うべく張り手を多用した取り口はマスコミの批判を浴び、本人は「張り手だって、れっきとした相撲の手なのになあ」とよく嘆いていたようである。この張り手が後年の空手チョップの原形であることは言うまでもない。同年五月場所は西の関脇にカムバックし八勝七敗と健闘した。一月と五月の場所の間に興行師永田貞雄《ながたさだお》との出会いを果たしている。

六月二五日に朝鮮戦争勃発。それから数カ月して力道山は自宅で髷を切ってしまう。断髪の日付は九月一一日未明のようであるが、『知性』（一九五四年一一月号）という雑誌に載った「鍛錬一路」という半生記では別の日付になっている。

忘れもしない、それは昭和二十五年八月二十五日の夜更け、私は自宅の寝室で一人そっと起き上ると、家人に見とがめられぬように足音をしのばせて、台所に行った。……私は、音のしないように注意して、砥石を出し、刺身包丁を砥いだ。あまり切れそうにもなかったからだ。それから私は、髪をほどいて、左手に束ねて持ち、右手に刺身包丁を逆手に持って、十二年間、頭の上にのせていた髷を切ってしまった。そうして私は、しばらく、そこで泣いていた。

日付については九月一一日が正しいように思える。なぜなら、前日に大相撲は東海、関西方面の巡業に出発し、最初の興行地東神奈川で力道山と玉の海が激しい口論となり、このことが断髪の引き金となったと考えられるからだ。玉の海は、巡業に遅れてきた力道山がいきなり葉紙（借用書）を示して法外な額の借金を申し込んだことが原因としている。力道山サイドは借用書ではなく請求書であり、部屋の再建に力道山が奔走して生じた費用を親方に払ってもらおうとしたと説明し、食い違いを見せている。

力道山はこの後、東神奈川から東京・浜町の自宅に戻り、翌日未明に断髪に至った。『激録　力道山』は親方との口論から激情にかられての行為と説明するが、『君は力道山を見たか』の説明はずいぶん違う。

このとき野村ホテルのボハネギーが力道山の傍にいました。後でボハネギーから聞いたところでは、力道山は一時の激情に駆られて後先も考えずに髷を落とした――という風ではなかったらしい。考えた末での決断だったのでしょう。（四四頁）

著者吉村義雄の親しい友人でもある米軍軍属ボハネギーは、深夜に力道山の自宅で家族に内緒で断髪に立ち会ったのだろうか。何やら不自然な気がする。深夜に髷を切ったとはすべて力道山本人の証言にもとづいた話である。力道山はボハネギーが立ち会っていたとは一言も言っていない。こう考えると、深夜のひとりでの断髪は何やらフィクションめいてくるではないか。今さら言うのもおかしいが、力道山に関するエピソードはどこまでが真実でどこまでがフィクションかわからないことだらけの連続なのである。

突如として髷を切った力道山は、ジェームス・ボハネギーという米軍軍属と組んでブローカー業みたいなことをやっていたところ、後援者の新田新作に「いつまで闇屋みてえなことをやっているんだ……闇屋なんてやめてオレんところに来て働け」と叱られて目が覚め、新田建設の資材部長として迎え入れられる。そして、力道山は「土方をするなら日本一の土方になろうと固く心に決めた」と決意したことになっている。これがいわば「正史」である。

しかるに、吉村義雄によれば、力道山がブローカー業をやっていたという事実はないし、資材部長の仕事は新田から与えられたからやっていたにすぎないのである。吉村の言では、この頃の力道山は毎晩酒を飲んで荒れていた。心配した横綱東富士《あずまふじ》が新田に力道山の相撲界復帰を相談し、衆議院議員大麻唯男《おおあさただお》が相撲協会に働きかけて、いったん復帰の道ができかけたかに見えたが、結局は力士会の反対でこの話はつぶれてしまった。

第二章　プロレス修行

1　プロレス入り

レスラーとの出会い

対日講和条約および日米安全保障条約が調印されたのと同じ一九五一年九月に、アメリカ人プロレスラー一行が駐留米軍を慰問しに来日した。前年に大相撲を廃業した力道山がこの興行のエキジビション・マッチに登場したのが一〇月下旬のことである。一般には、このときの来日組のひとりである日系人レスラー、ハロルド坂田（Harold Sakata）が九月頃に銀座のナイトクラブ「銀馬車」で力道山に遭遇したことが力道山のプロレス入りのきっかけとされている。佐野眞一の『巨怪伝』にも採用されているエピソードであるが、力道山が「今夜の喧嘩相手とにらんだ日系二世風の男に得意の張り手を見舞ったところ、逆に関節技をきめられ、プロレス技の凄さを思い知らされた」というのである。

しかし、この話には「力道山神話」の匂いが漂う。さる消息筋はこのエピソード自体があるプロレス記者の手になる作り話だと私に語ったことがある。力道山のプロレス入りがドラマチックなものに演出されている、というのである。現に、同年七月二一日の『毎日新聞』には「エキジビションには昨年引退した力道山が名乗りを挙げている」と一行の来日の二カ月近くも前から力道山のプロレス入りの意欲が伝えられているのである。

永田貞雄の画策

力道山はエキジビション・マッチでボビー・ブランズ（Bobby Bruns）らアメリカ人レスラーと何度も対戦した。結果はすべて時間切れ引き分け。事実上、プロ・テストのようなものだった。試合を見た新田新作は力道山のプロレス入りには反対だった。大相撲の関脇まで務めた男が未知の「西洋相撲」で恥をさらすことはないと考えたのだ。

その新田を説得したのが興行師永田貞雄だった。浪曲をはじめとする芸能興行で有名だった永田にとって、力道山は妙に魅力的な男に見えていたし、興行の素材としてのプロレスにも関心があった。新田も出席する横綱千代の山の慰労会の席を利用して、力道山のプロレス入りを既成事実化しようとしたのである。松尾国三（日本ドリーム観光社長）、今里広記（日本精工社長）、林弘高（吉本株式会社社長）らが次々と賛同し、いわば外堀を埋められる形で、新田も反対できなくなった。わずか五日後の一九五二年二月一日には松尾が経営する目黒の雅叙園《がじょえん》で力道山の歓送会が行われ、三〇〇人が集まったという。あまりにも手回しが良すぎる感があるが。

プロレス興行への不安

力道山は同年二月に渡米した。ハワイのホノルルで沖識名《おきしきな》のもとトレーニング生活に入ったのである。ハワイでは日本式相撲が盛んで、プロレスのレフェリーとして有名になった沖識名は戦前ハワイ相撲の横綱沖ノ海として活躍し、その後、レスラーに転向したという経歴を持っていた。二週間後にはチーフ・リトル・ウルフ（Chief Little Wolf）という選手とデビュー戦を行い、勝利を得ている。

六月にはアメリカ本土に渡り、サンフランシスコを中心に試合を繰り広げた。アメリカでは三〇〇戦してわずか五敗という成績ではあったが、五三年三月に帰国したときには誰も力道山に関心など持っていなかった。一年前にはあれほど肩入れしてくれていた永田ですら力道山には関心を失っていたのである。新田にいたっては、「日本でプロレスをやりましょう」と言う力道山にまったく取り合わなかった。力道山は永田にすがるしかなかった。永田が顔を見せる花柳界に日参し、数カ月に渡って永田を口説いたのである。

ようやく永田はプロレス興行に乗り出すことを決意し、築地の高級料亭「蘆花」を売り払って元手を作ったのである。五月に雅叙園で力道山帰国パーティーが開かれ、永田はプロレス興行への熱意を語ったが、周辺は海のものとも山のものともわからぬプロレスへの不安を払拭することはできなかった。新田建設の倉庫が力道山道場に化けた。力道山は駿河海《するがうみ》らの力士にプロレス転向を勧め、レスラー集めに奔走した。永田は日本プロレスリング協会の立ち上げに尽力した。会長に横綱審議会委員長の酒井忠正《さかいただまさ》をつけ、役員に楢橋渡《ならはしわたる》、大麻唯男ら政治家を並べた。

七月三〇日に力道山道場で披露パーティーが行われ、政財界、マスコミ関係一〇〇人が集まった。力道山と遠藤幸吉《えんどうこうきち》はエキジビション・マッチを公開した。そこまでしてもまだ本格的興行までは道のりが遠かった。それほど、興行への不安は大きかったのだ。おまけに、大阪では山口利夫らが柔道対相撲というテーマで興行を打っていた。力道山は先を越されたのである。新田新作の筋から北海道で木村政彦《きむらまさひこ》と対戦しないかという話が持ちかけられたが、東京で一流タッグチーム、ベンとマイクのシャープ兄弟（Ben Sharpe, Mike Sharpe）との対戦でのスタートにこだわった力道山はこの話を断り、再び永田への説得の日々が始まった。秋口に永田はようやく力道山の企画に賛同し、一〇月渡米した力道山はシャープ兄弟の招聘に成功した。

大山倍達とグレート東郷批判

修行時代の力道山の発言が残っている。「サムライ日本」と題した空手家、大《おお》山倍達《やまますたつ》との対談だ（『オール読物』一九五三年七月号）。ともにアメリカのリングに上がった両雄がアメリカ・マット界のエピソードを生々しく語っている。話はやがて日系の悪役レスラー、グレート東郷（Great Togo）の悪口に流れていく。日系人レスラーは日本の柔道や空手を利用してインチキばかりをやっている、とんでもない奴だ、と。森達也は『悪役レスラーは笑う』の中で、力道山と大山のいずれもが在日一世であることを指摘し、在日一世のふたりが日系の東郷を「日本人の恥さらし」とばかりに罵倒する様の倒錯性に興味を示している。

と同時に、東郷を非難する中で力道山が「八百長」という言葉を使っていることに注目している。たしかに、一九五四年二月以降、力道山の口からめったに聞けなくなったこの言葉がこの時点では自由に使われているという事実は興味深い。しかし、注目すべきは、力道山は「八百長」を単なる非難の言葉としてのみ使っていないということだろう。森の著書では割愛されているが、力道山はこう発言しているのだ。「八百長でも真に迫った八百長をやらぬと観衆は怒りますよ」。露骨な「八百長」ではなく、「真に迫った八百長」には価値がある。力道山のプロレス観がここに集約されているのではないだろうか。

2　テレビ放送

NHK社史から消えたプロレス

正力松太郎
（毎日新聞社提供）

日本におけるテレビ本放送は一九五三年に始まった。吉田茂首相は、テレビは贅沢品だとして、放送開始に時期尚早を唱えていた。NHKもカラーテレビが実用化されてから放送を始めたい意向があったと言われている。しかし、正力《しょうりき》松《まつ》太郎《たろう》の豪腕がすべてを早めた。アメリカ上院議員のカール・ムントは共産主義に対する防波堤としてテレビが有効だと主張し、そのターゲットに日本とドイツを想定していた。正力は、この「ムント構想」に共感し、しかしながら、それをアメリカの力ではなく日本人の手によって実現することを目指した。

その結果が日本初の民間放送、日本テレビ放送網（NTV）の誕生である。NHKとNTVは五三年に本放送を開始し、翌五四年二月、力道山・木村政彦 対 シャープ兄弟を同時に中継することとなった。かつてはNHKもプロレスを放送していたのである。ただし、NHKの「社史」である『放送五〇年史』にはこの事実は触れられていない。同年八月から中継を始めたとは書いてあるが。ある放送評論家は「プロレスを最初にやったのはNHKだというのは体裁が悪い」からだろうと推測している。（志賀信夫『昭和テレビ放送史』一九六頁）もちろん、NTVの社史『大衆とともに二五年』ではプロレスは大きい扱いだ。とはいえ、正力がことさらプロレスなるジャンルに理解を示していたわけでもないのである。

正力松太郎のプロレス観

一般にプロレス史の書物では、日本テレビ放送網社長・正力松太郎は、敗戦国民に勇気と希望を与えるためにプロレス中継にゴーサインを出したということになっている。正力はプロレスの生みの親というわけだ。しかし、『巨怪伝』において佐野眞一は、柔道を神聖視してきた正力のスポーツ観がプロレスに違和感を抱かせたことと、元警視庁刑務部長（関東大震災当時）にして五七年七月には国家公安委員長に就任する彼が在日朝鮮人社会や右翼人脈とつながるプロレス界に心の底では警戒心を抱いていたことを指摘している（四八三〜四八八頁）。

だから、正力は渋々プロレス中継を承認したというのが実情に近いようだ。プロ野球生みの親でもある彼にとっては、スポーツの軸はあくまでプロ野球が想定されていたであろう。ただ、プロレスは本質的にエンタテインメント（当時はこんな気のきいた表現はなかったのであるが）であるがゆえに、プロ野球とは競合しないジャンルとして認知されていた、とは言えるであろう。

ところで、長嶋茂雄が巨人軍と正式契約を結ぶのは五七年一二月のことである。当時の『読売新聞』の運動面を見ると、長嶋が登場するまでのプロ野球は大相撲とほぼ同じくらいの扱いという印象を受ける。それが長嶋のデビューする五八年以降、はっきりと差がついていくのだ。長嶋の登場によって、「職業野球」は「プロ野球」と化していく。力道山の選手としてのピークは五四年から五七年までと考えられるが、それはまだ長嶋がプロ・デビューしていない四年間でもあった。

「一億総白痴化」　一九五四年二月の力道山・木村政彦 対 シャープ兄弟戦見たさに大衆は街頭テレビに群がった（口絵2頁上参照）。プロレス・ブームが訪れたのだ。ブームは翌五五年まで継続し、力道山は選手として五七年までは勢いを維持した。

そして、ブームと連動して白黒テレビが普及し始める。大宅壮一がテレビを「一億総白痴化」のメディアであると喝破したのは五七年のことである。この流れから、プロレスを「白痴化」の尖兵、いわばアメリカおよび日本政府の「愚民化政策」の一環と見なしたのがルポライター・竹中労だ。彼は一九六六年にこう書いている。

講和独立のカラクリに眩惑された大衆は、リング上の八百長試合に興奮して、「日本勝った、日本勝った！」と狂喜乱舞した。「革新」政党の幹部までが、マス・ヒステリアのとりこになって躍り上がった。まさしく敵の思うツボであった。プロレス・ブームにはじまって、テレビは一億総白痴化のキャンペーンをくりひろげた。

（『呼び屋』九二頁）

この見方が正しいとするならば、初期こそ何回か放送したけれども、やがてプロレスから撤退し、今ではプロレスを放送した事実に対してすら恥ずかしそうにしているＮＨＫは「愚民化政策」に加担し切れなかった存在ということになるのであろうか。

プロレスを伝える一般紙

竹中労の論法は人気を博したすべてのテレビ番組に通じるものであろう。しかも、その先鞭をつけたのがよりによって「八百長試合」であるプロレスだったというニュアンスが感じ取られる。そんなものに大衆は熱狂し、なんと革新政党のリーダーまで踊らされたのだと。事実、日本社会党の浅沼稲《あさぬまいね》次郎《じろう》は力道山のファンだった。しかし、大衆はプロレスにほんとうに熱狂したのだろうか。巷間伝えられるように、力道山の活躍を通してアメリカ人に対するコンプレックスを解消したのだろうか。

たしかに、一九五四年二月の『毎日新聞』を見る限り、「熱狂」の文字は二回出てくるし、運動面だけでなく、社会面でも扱われており、力道山組 対 シャープ兄弟は特別な一戦だったことがうかがえる。これに対して、『朝日新聞』と『読売新聞』はけっして大きくはない扱いで、『毎日』の過剰さが目立っている。『毎日』はプロレスを紙上後援する立場にあったのだ。

残る二紙を比較すると、『読売』は『朝日』よりも地味な取り扱いだ。後にプロレスを独占中継することになる日本テレビが読売系ということで、『読売』がプロレスをバックアップしたように思っている人が多い。しかし、それは誤解である。日本テレビには『朝日』も『毎日』も出資しており、『読売新聞』とは一応区別すべきである。後年、『読売』編集部は「プロレスがショーだから」大きく扱わないというような弁明を行っているが、皮肉なことに、シャープ兄弟来日当時、『読売』の運動面が大きく紙面を割いていたのは、ハーレム・グローブトロッターズというショー・バスケットボール・チームの興行であった。

第三章　日本のプロレスが始まった

1　シャープ兄弟

「元大関・力道山」という看板

一九五四年二月に蔵前《くらまえ》国技館で行われた力道山・木村政彦 対 シャープ兄弟戦の興行は三連戦であった。三連戦の観客動員に関しては、本によってまちまちである。初日から超満員だったと書いている本もあるが、初日はそうでもなかったが、二日目から満員になったというあたりが真相だろうか。

相撲・演芸評論家の小島貞二に面白いエピソードを聞いたことがある。この三連戦の初日に小島は宣伝用の看板に「元大関・力道山」と出ているのに気がつき、興行サイドに注意して直させたというのだ。力道山は元関脇であり、サバを読んでいたのである。映画『力道山』には、マスコミの間では元関脇・力道山よりも柔道日本一の木村の方が人気があったことを示すシーンが登場する。また、元横綱東富士のプロレス入りに警戒心を隠さない力道山の姿も描かれていた。力道山には関脇止まりとしてのコンプレックスがあったのだろう。また、興行の常套手段として、前歴を大袈裟に改竄することがあり、それに則ったとも言えるが、大相撲の殿堂、国技館で元力士の小島は「いくら何でもハッタリはまずいよ」と進言に及んだのである。

敗戦コンプレックス

力道山・木村政彦 対 シャープ兄弟戦は、敗戦に打ちひしがれ、アメリカ人に対するコンプレックスを払拭できない日本の大衆の間にプロレス・ブームを巻き起こしたとよく言われる。つまり、敗戦コンプレックスがあったからこそ、プロレスは当初成功し、力道山はヒーローとなった、というわけだ。たしかに、プロレスが日米対抗形式の試合をメインにしたことが成功の要因だったことは否定できない。

前述の「力道山についてのアンケート」(回答者一八三名)の中で、「力道山は好きでしたか」という質問に対しては「好きだった」「どちらかといえば好きだった」は一一五名と六割を超えていた。その理由としては、「強い」の一七名に続いて、「日本人に勇気を与えてくれた」一六名、「「外人」を負かす」一〇名と「敗戦コンプレックス説」を裏づけるような回答が並んでいた。

敗戦コンプレックスがあったからプロレスは成功した。間違いではないような気がする。しかし、それでは、なぜヒーローは力道山であり、木村政彦ではなかったのか。敗戦コンプレックスさえ晴らせば、プロレスでなくともよかったのか。と、次々と疑問が湧いてくる。そして、これらの疑問は「敗戦コンプレックス説」の文脈から離れなければ、答えることができないのである。

吹き出す実況アナウンサー

明できるのであれば、ヒーローは力道山でなくともよかっただろう。ひょっとすると、「敗戦コンプレックス」を持ち出すことによって、プロレスのようなものへ熱狂した過去を正当化しようとする部分があるのかもしれない。

「敗戦コンプレックス説」に欠けている視点は、プロレスそのものが持つ力をあまりにも軽視していることではないだろうか。「敗戦コンプレックス」ですべてが説

力道山・木村政彦 対 シャープ兄弟戦（1954年３月）
マイク・シャープを抱え投げる力道山。（毎日新聞社提供）

それはともかく、やはり力道山と木村政彦とでは何かが違ったと考えたほうが妥当なのである。力道山・木村対シャープ兄弟は東京、熊本、小倉、大阪で計五回対戦している。力道山に関するもっとも詳しい伝記である原康史の『激録　力道山』によると、日本テレビのアナウンサーは初日である二月一九日から「空手チョップ」という言葉を乱発し、場内はナショナリズムに火がついたような騒ぎになっていたということだ（第一巻、二三七頁）。

ところが、われわれが現在映像で確認できるこの対戦は二月二一日の東京大会に限定されており（同カード二

度目の対戦)、おまけに、実況はNHKの志村正順《しむらせいじゅん》で、後にニュース映画用に編集されたヴァージョンであろう。そのタイムラグもあるのか、ナショナリスティックな雰囲気は感じ取ることはできない。志村は両チームの乱闘ぶりに思わず吹き出しさえしているのだ。また、志村は「空手打ち」という表現を使っている。プロレスを後援していた『毎日新聞』の記事でも、一九日は「張り手」、二一日は「空手打ち」となっている。「空手チョップ」という言葉はいつ一般的になったのだろうか。

2　パートナーとしての木村政彦

負け役もした力道山

力道山・木村 対 シャープ兄弟戦はナショナリスティックな感情を惹起したというが、一九五四年三月二日には名古屋で力道山、ボビー・ブランズ 対 シャープ兄弟という日米対抗の枠からはみ出すメインイベントが実現している。ブランズは三年前に来日してチャリティ興行を行い、力道山がプロレス入りするきっかけを作った人物で、いわば師弟タッグと言えるが、名古屋の観客はこのカードを素直に受け止めたのだろうか。少なくとも、このカードに関する限り、マッチメークする側に「敗戦コンプレックス」を利用して盛り上げようという意図はなかったことは間違いないだろう。

また、前述のように、われわれが確認できる力道山・木村 対 シャープ兄弟は東京の第二戦(二月二一日)のみで、木村が一本取られ、力道山が一本取り返した展開のため、力道山は勝ち役のみをやっていたと思いがちだが、二二日の熊本大会（木村の地元）では、力道山が木村を立てて、自ら負け役に回っているのである。

力道山と木村政彦の違いについては、一九五二年というかなり早い段階で『毎日新聞』の伊集院浩記者がアメリカで修行中の力道山を取り上げて、鋭い指摘をしている。

> 木村などに次いでプロ・レスラーになった力道山は……プロ・レスの世界に共通する投げたり、投げられたりのアウンの呼吸は柔道の木村よりも役者が上で今ではすっかり板について来た。
>
> （『毎日新聞』一九五二年一二月六日付）

渡米七カ月にして、力道山はプロレス特有のリズムを体得していたのである。

一本背負いとボディスラム

いまだに「力道山より木村の方がほんとうは強かったんでしょ」と言われることがある。柔道で頂点を極めた木村と、相撲の世界で関脇止まりだった力道山。ジャンルは違えど、木村の方が上とは言えるかもしれない。

しかし、プロレスラーとしての比較に柔道や相撲の尺度を持ってきても限界はある。要は、プロレスとしてどちらが勝っていたかが重要なのである。が、プロレスはたいへん不思議な世界であるがゆえに、人々はプロレスとしてなかなか比較しない。いきおい、他の世界の尺度で測ろうとしてしまう。プロレスが不思議な点は強さを競うジャンルに見えて、必ずしもそうではないという点に尽きる。そして、それこそがプロレスの魅力なのだが、この点に納得できない人はプロレスに対して判断停止してしまう。

はっきり言おう。プロレスラーとしての技量は力道山の方が圧倒的に上であった。力道山は躍動していた。木村はしていなかった。シャープ兄弟との一戦。木村は得意の一本背負いを多用していた。これに対して、力道山は空手チョップを除けば、ボディスラム（抱え投げ）が目立つ。一本背負いとボディスラムの違いは大きい。前者は言うまでもなく、理に適った柔道技である。後者はプロレスでしか見られない技だ。プロレスの技は相手の協力がなければ成立しない。つまり、根本的に観客に見せるための技なのである。力道山が雲を突くような大男をボディスラムでどんどん投げる光景に観客は驚いた。力道山のセンスの良さと同時にシャープ兄弟の投げられっぷりのうまさを褒めるべきであろう。

プロ柔道

優れた格闘技術を持っていた木村政彦が、レスラーとしてはなぜ光らなかったのか。私は木村のプロレスに対するモチベーションがけっして高くはなかったのではないかと推測している。

木村はプロレス入りする前はプロ柔道に参加していた。プロ柔道とは戦前に柔道家として活躍した牛島辰熊《うしじまたつくま》が一九五〇年に木村ら二一人の柔道家を集めて旗揚げした「国際柔道協会」による興行のことである。牛島はＧＨＱの「柔道禁止」指令によって失職した柔道家を救うために講道館からの除名を覚悟でプロ柔道を興したのである。一九三四年に引退した牛島は一九四四年には東条英機暗殺未遂で逮捕されたことでも知られている。戦後には「スポーツだ、体育だと、バカなことばかり言ってるから日本の柔道は弱くなる」と柔道の変質を批判する言動が目立つようになる。

その牛島がプロ柔道を旗揚げした頃、力道山はまだ大相撲の土俵に上がっていた。プロ柔道を日本のプロレスの源流と捉えるならば、木村は力道山よりも少し早くレスラーとしての道を歩みだしたのである。

柔道 対 ボクシング

プロ柔道の興行はわずか四カ月で消滅した。木村政彦、山口利夫、遠藤幸吉らが参加したものの、普通に柔道をやっているだけで、退屈な代物だったという。つまり、あまりに見せる要素に欠けていたということだろう。

プロ柔道崩壊後、目黒雅叙園社長である松尾国三から木村に、ハワイで親善試合および柔道の指導普及の話が持ち込まれた。選ばれたメンバーは木村、山口と坂部保幸の三人。三人はハワイで柔道の指導の傍ら柔道大会で賞金稼ぎを行ったりした。

そうこうするうちに、プロレスのプロモーター、アル・カラシック（Al Karasick）からレスラーにならないかという誘いがかかった。あくまで柔道にこだわり「柔道家は役者とちがう」と断った坂部を除く二人は了承した。木村のプロレス入りには闘病生活を送っていた妻の治療費を必要としていたという事情があった。その後、木村と山口はブラジル、アメリカ、カナダ、メキシコなどに遠征している。

この間、一時帰国した木村は柔道対ボクシングの異種格闘技戦を売り物にした「日本柔拳連盟」（通称、柔拳）の興行にも参加しているが、この団体も長続きはしなかった。柔拳は日本の柔道がトルコ人中心のボクサーに勝利するというストーリーであった。この興行に参加したトルコ人には後にレスラーとなったユセフ・トルコ、タレントに転進したロイ・ジェームスがいる。

余談が多くなったが、木村には家庭の事情からさまざまな興行に首を突っ込んだという印象が強い。すなわち、プロレスで是非とも成功するんだという積極的なモチベーションは感じられないのである。

見せ技の怖さ

話は力道山・木村政彦 対 シャープ兄弟戦に戻るが、躍動的な動きを披露した力道山に対して、木村は得意の一本背負いを多用しながらも淡々と仕事をこなしているという印象を残している。作家の村松友視《むらまつともみ》は中学生のときに電気屋の店先でこの一戦（二月一九日の初対決）を観戦したが、木村の一本背負いは純粋な技で、いわば誰にでもできるのに、力道山の抱え投げ（ボディスラム）は怪力の持ち主のみができる技であるから力道山は並ではないという感想を持ったという（『力道山がいた』一一頁）。

前述のように、ボディスラムはプロレス特有の技であり、見せ技である。しかし、誤解しないでほしいのは、見せ技ではあるが相手に確実にダメージを与えうるという二律背反性がプロレスにはあるという点である。シャープ兄弟のように力道山のボディスラムできれいに投げられるけれども、そのダメージをいかに最小限にとどめて次の動きにつなげることができるかはやられる側のレスラーの「自己責任」に属することなのである。たとえば、ボディスラム一発で失神してしまえば、たとえ当初どんなストーリーが用意されていたとしても、基本的には試合はそこで終わってしまうのである。

考えるに、木村が淡々と試合をこなしたのは木村のプロレス理解はそのようなものだったという気がしてならない。ひとつのストーリーの中で適当に相手の技を受けながら、自分の得意の技を出しておけば、それでよい。家庭の事情を抱える木村のプロフェッショナリズムはその程度のものだったような気がする。自分が観客にどう見られているかにはあまり関心がなかったのではないだろうか、力道山と違って。

3 空手チョップ

力道山といえば、空手チョップを連想する人は多いだろう。前述の高齢者対象のアンケート調査でも、「力道山でいちばん印象に残っていること」の自由回答のうち「空手チョップ」が六四名と圧倒的に多く、「死に方」（一五名）、「木村政彦戦」（一四名）、「外人を倒す」（一〇名）、「黒タイツ姿」（八名）などの回答を大きく上回っていた。

最初は「空手」

『激録　力道山』によると、最初のシャープ兄弟戦のときから、NTVのアナウンサーは「空手チョップ」という言葉を連呼していたように書いてあるが、村松友視は、アナウンサーは「空手」と呼んでいたと記述している（『力道山がいた』一一頁）。一般紙には当初「空手チョップ」という言葉は使われていないことは前述したが、原康史（東京スポーツ）に代表されるスポーツ新聞系ライターは「空手チョップが世界を制覇した」というイメージが好きなようだ。力道山の自伝が一九六二年に出版されているが、そのタイトルは『空手チョップ世界を行く』である。ゴーストライターは当時日刊スポーツ運動部長の鈴木庄一と言われている。

大宅文庫に所蔵されている雑誌における「空手チョップ」の初出は私の見る限り、『週刊サンケイ』一九五四年一〇月一〇日号で、しかも誤植なのか、「空手ショップ」となっている。『アサヒグラフ』一一月三日号はまだ「空手打ち」で、『真相』一一月一五日号に至ってようやく「空手チョップ」が登場する。シャープ兄弟戦からすでに九カ月が経過しているのである。

音の演出効果

ところで、空手チョップという技において、もっとも重要なことは何だろうか。それは音である。力道山とともにアメリカ修行を積んだ遠藤幸吉が、猪瀬直樹『欲望のメディア』の中で語っている。

プロスポーツには音が最高の演出効果を発揮することも、われわれ二人で研究した。音をいかにして自分の技のなかに組み込むか。……相撲の張り手を応用した空手チョップには大きな音が必要ですから、掌に空気が入るようにやや握り加減にするとよい、と研究成果がでた。（二七三頁）

空手チョップの音の大きさと受ける選手のオーバーアクションによって、この空手チョップは「効いた」と観客は思い込むのである。プロレスの技は徹底して見せ技なのだ。

もっとも、試合を中継するテレビ局はこのプロレスの本質的な部分に気がつき、それなりの配慮もしていたようだ。一九五四年一一月一八日の『読売新聞』夕刊に「ＢＫテレビ楽屋裏のぞき」と題して、ＢＫ（ＮＨＫ大阪）の苦労話が載っているが、その中で当時のプロデューサーが語っている。

プロ・レスリングはだいたいショーだからアップでうつすとボロがでてしまう恐れがある。だから手刀のアップが効果満点にもかかわらずうつせない。

「手刀」とはいうまでもなく空手チョップのことだ。観客には技はあくまで相手にダメージを与えるものと思わせなければならない。そのためには、放送局の協力も必要なのだ。それにしても、舞台裏を新聞であっけらかんと語ってしまう姿勢に時代のおおらかさを感じてしまう。

ところで、意外に知られていない話であるが、ＢＫは力道山・木村 対 シャープ兄弟戦より少し前にプロレス中継を行っていたテレビ局なのである。

4　関西の動き

創造神話

ＢＫ（ＮＨＫ大阪）が中継したプロレスとはいかなるプロレスだったのか。

小島貞二は生前「力道山が生きている頃には力道山以前にプロレスがあったとは書けなかった」と私に語った。力道山は自分が日本のプロレスを創始したという神話にこだわっていたため、力道山以前にプロレスラーが存在した事実は彼にとっては触れたくない話題だったはずだ。しかし、プロ柔道出身の木村政彦や山口利夫はれっきとした先輩レスラーだった。それでも、彼らが日本で力道山より前にプロレス興行を行わなければ、まだ力道山にとっても許容できる話ではあったろう。ところが、山口は「フライング」をしてしまう。

一九五三年七月に日本プロレス協会を発足させた力道山は、翌年二月に行われる東京での旗揚げ興行の準備のために渡米した。力道山は最初からビッグ・イベントとしてプロレス興行を仕掛けるつもりだった。したがって、会場は東京・蔵前国技館にこだわった。しかも、コンセプトは日米対抗だ。この線から、北海道で力道山 対 木村戦の興行を行う動きがあったものの力道山はこの話をつぶしたことは前に述べたとおりだ。

このような一連の東京での動きとは別に大阪で、力道山にとっては面白くない事態が進行していた。山口利夫は静岡出身ではあったが、大阪酒梅組松山庄次郎組長と太いパイプを持っており、力道山より前にプロレス興行を行うべく動いていたのである。

山口利夫の興行

力道山が日本でのプロレス興行を準備すべく渡米中に、関西では東京への対抗心からか、プロ柔道出身の山口利夫を中心に「全日本プロレス協会」が発足した。これは明らかに力道山が起こした「日本プロレス協会」に対抗するものであった。全日本プロレス協会の会長は酒梅組組長の松山庄次郎であり、理事には田岡一雄も名を連ねていた。要するに、関西の親分衆が揺籃期のプロレス界に介入したのである。

山口は元小結の清美川《きよみがわ》らとともに一九五三年七月頃から大阪で興行を打っていた。もっとも華々しい興行が一九五四年二月六日、七日に大阪府立体育会館で「マナスル登山隊後援募金」を名目に開催された。このイベントは日本山岳会と毎日新聞社の共催となっているが、『毎日新聞』の東京本社版と大阪本社版ではずいぶん扱いが違っており、事実上毎日新聞大阪本社の主催であったろう。力道山がシャープ兄弟を招いての興行の二週間ほど前に設定されており、力道山にとっては面白くない事態であった。

試合は「日本対在日米軍」と謳われたように、山口ら日本勢と米軍基地のアルバイト・レスラーのシングルマッチが中心であった。そして、初日の興行をＢＫ（ＮＨＫ大阪）が試験放送という形で関西から静岡県にかけての限定されたエリアで放送したのである。「日米対抗」の形を整えたものの、米軍人相手のシングルマッチ中心とはあまりにもお手軽なコンセプトではあった。力道山は興行師の永田貞雄にこう手紙で書いている。「山口君なんかレスリングを根本から誤解して考えている人です」（猪野健治『興行界の顔役』一五二頁）。

大阪で観客暴れる

山口利夫中心の興行の初日はＢＫで試験放送されたが、二日目の興行（大阪府立体育会館）で観客が騒ぎを起こしている。主催者である『毎日新聞』大阪本社版の記事には「山口がリング外に飛び出しＨ・スミス・レフェリーがカウントアウトしたが公表されたルールにこれが不一致の処置だったので観衆がさわぎリングを占領する場面もあった」（原文ママ）と簡単に記されている。『朝日新聞』大阪本社版は社会面で「日米プロ・レスリングで騒ぐ」とけっこう大きな見出しをつけて写真入りで詳しく報じている。アメリカ側（在日米軍のブッチャー選手）

に有利なアメリカ人レフェリーの判定に観客が激昂し、リングにビンを投げたり、配電室から売店に引かれたコードをひきちぎってショートさせたり、正門前広場で「入場料を返せ」と叫び続けたり、と観衆の興奮ぶりを記述している。

『朝日』の取り上げ方には、主催者である『毎日』への対抗意識がうかがえるが、アンチ・プロレスの立場に立ったとき、これほどアラを探しやすいジャンルはないことを痛感させられる。プロレスは競技の体裁をとりながらも、興行の原理が競技性をはるかに凌駕したジャンルである。したがって、ルールが存在しながらも、その運用はあいまいである。その一方で、プロレスであることを保つための「暗黙のルール」は存在している、そんな世界なのだ。

5 女子と小人の排除

さて、話をそろそろシャープ兄弟以降の力道山に移していこう。

「真に迫った八百長」

力道山はシャープ兄弟興行の直後に、『週刊サンケイ』で石黒敬七と対談をしている（一九五四年四月一一日号）。石黒といえば、戦前に渡欧し、パリを中心に柔道を普及させた人物であり、戦後はNHKラジオ「とんち教室」で有名になったユーモリストでもある。

力道山は石黒に、「僕が日本へ輸入したいと思っているのは本当にプロレスリングのルールの中で真剣勝負をやるプロレスリング」と語り、返す刀で「アメリカには、小人のレスリング、女のレスリングがあってこれなんかまるきりのショウですよ」と小人プロレスと女子プロレスを排除する姿勢を鮮明にしている。

海外のプロレスでは、男子と女子、小人が同じマットで試合を行うことが珍しくない。私は八〇年代にパリでプロレスを見たことがあるが、男子が前座で女子や小人がメインだった。力道山はこれを嫌った。彼が目指したのは「真に迫った八百長」、虚実皮膜世界としてのプロレスである。女子や小人がプロレスをやること自体虚実皮膜性を維持するには邪魔なのである。かくして、日本の（男子）プロレスは女子や小人を排除することで成立したのである。

石黒はこの年の秋にある雑誌でこう書いている。「本来のプロレスリングの本質が八百長なのだ。ただ普通の八百長とちがう所は、弱い者が勝つというのではなくして、実力をともなうショウであるという所にある」（『丸』一九五四年一一月号）。柔道家として、プロレスの本質を見抜いていた石黒ではある。しかし、ユーモリストとしての石黒には、女子や小人の排斥はどのように映っていたのであろうか。

小人プロレスの衝撃

力道山は女子プロレスや小人プロレスを排除することによって、プロレスを虚実皮膜的世界として構築しようとした。プロレスは鍛え上げた男子にしかできないという神話に固執したというべきか。筋骨隆々の男たちがぶつかり合うところから「プロレス」が立ち上がってくる瞬間の魅力に賭けたといってもよいかもしれない。村松友視は女子がプロレスをやることによって受け身の謎がばれてしまうという懸念を表明したことがあるが、プロレスのリ

アメリカのプロレスリング

増えてきた婦人ファン

（ニューヨーク 大田通信員発）

アメリカのプロ・レスリングは益々盛んになって来たようだ。特に最近はテレビの普及に伴い、テレビを通して婦人や子供などのレスリング・ファンが増えて来たことは争えない事実だ。最近プロ・レスリングの盛んになった理由の一つに、大学の蹴球選手が大学を卒業すると続々プロ・レスラーになることもあげられる。大学を出て銀行、会社に就職したのでは、月給五十ドルか六十ドルで百ドルになるには先ず三年か四年はかかる。ところがレスラーになると最初から、試合百ドルから百五十ドルの収入となり、少し人気が出ると一試合三百ドルになる。B級の一流選手は年収五万ドルから十万ドル、二流、三流選手でも五千ドルから一万ドルの収入になる。こうした収入の面から体力に自信のある大学出の若者がプロ・レスラーになるわけだ。これらインテリ・レスラーには婦人のファンがつき、大学時代の有名な蹴球選手など一躍して有名なレスラーとなる。

結局は八百長の面白さ

アメリカのプロ・レスリングは、拳闘と同じスポーツ試合とはいい難く「八百長」が多くて全く芝居がかりの「ショウ」だということになっている。試合のルールはもちろんあるわけだが、けん嘩のようにルールに従って試合するレスラーはほとんどいない。打つ、けるなどは普通のことで、マットの上から相手を客席へ投げ出すことや、乱暴なレスラーになると相手の眼の中へ指を突っ込んだり、ほかの穴に指を入れたりは全然[illegible]試合というよりけんかといった方が適切だ。ファンの方でもレスリング試合を見るのではなく、マットの上の[illegible]見るために行くので、八百長も試合に好意的で、どの程度まで面白い八百長を見せるかを見に行くわけだ。

ところで最近盛んになって来たのが、二人組のチーム試合だ。これは戦前見られなかったものだが、今では各地で盛んにやっている。二人組のチーム試合には一流選手は出ず、二流三流どころのレスラーで、やはり普通の試合と同じく、[illegible]が「バット・ボーイ」組で[illegible]が「紳士組」になっている。大抵の場合は乱暴組が普段組を散々にいじめて最後には「普段組」が勝ち、ファンを喜ばす仕掛けになっているが、時には乱暴組が勝ってファンを怒らす場合もある。

婦人レスラーに男のファン

その外に面白いのは婦人レスラーの試合だ。フロ・レスリング界には約九十人の婦人レスラーがいるとのことだが、アメリカの婦人力士は[illegible]はたくましいが、日本の女相撲のような格好の悪いものではない。[illegible]もきれいな方が多いので、まず舞台で見るレビュー・ガールと見えは大差はない。ところが試合となると男のレスラーらに劣らぬ乱暴者がおり、打つ、けるも男と同じだが、頭髪が長いので頭の髪を引っ張って投げる手が婦人レスラーの「得意の手」となっているようだ。短いパンツに白い肉体美を露出して試合をする有様は男のファンには大きな魅力となり、婦人力士の出場となるとどこでも大入り満員の盛況だ。現在ではテキサス出身のジョイス・フォードという花形しい二十才の美人が婦人レスラーでは一番人気がある。婦人レスラーは大体独身の娘さんで中には夫もレスラーで夫婦共かせぎというのもある。婦人レスラーの収入も悪くなく、一回の試合で二、三百ドルになるようだが、男のように[illegible]二回一三回も試合には出られないということだ。

日本人レスラーで有名なのが、例の日系二世の東郷とミスター・モトだ。この二人は共に二百二十ポンドもある日本人としては大男だが、どちらも[illegible]で「悪役」をやっている。東郷は時には羽織ハカマ姿でマットに上り、試合の前に[illegible]するなど[illegible]だが、実力も相当あり乱暴なことはいうまでもなく、ルールで禁止されている目潰めなど不正の手で相手を気絶させるなどは平気で、ファンから憎まれることおびただしい。またミスター・モトも東郷に劣らぬ乱暴力士で知られているが、これは何れもプロモーターの興行政策ではあろうが、日本人ファンなどは見るに見かねて、米人の対日感情に悪影響を及ぼすからと日系市民協会の名で抗議をしたとのことだ。最近帰国した元日本相撲の力道山が加州各地でレスリング試合に出たが、力道山は非常にきれいな試合ぶりをするので土地の邦人が大喜びで後援会を組織して後援をした。力道山は実力も相当あり非常に人気が良かったようだ。とにかくアメリカのプロ・レスリングは、スポーツ試合とはどうしてもいえない「スポーツ・ショウ」ではあるが、それでも新らしいレスラーが続々と現われ[illegible]アメリカ人ばかりでなく、イタリヤ、ドイツ、イギリス、ハンガリー、さらに南米方面からも有名なレスラーが出て来るので益々人気を呼び、ボクシングとは違った意味でファンが増加している。

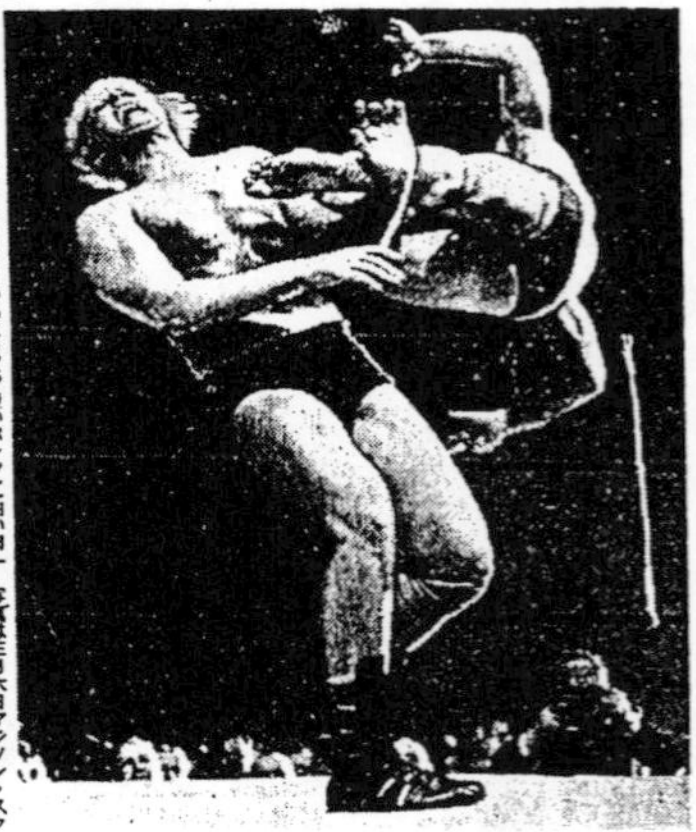

写真は三月六日マジソン・スクエア・ガーデンで行われたアントニオ・ロッカ（右）とジェン・スタンレーの試合＝プロ・レスリングでフットボールの選手がよく使う体を投げだしてのキック、これで相手はテングリ返る。（UP特約）

アメリカのプロレス紹介記事（『毎日新聞』1953年３月12日）
見出しに「八百長」という言葉が平気で使われている。

アリティはかくのごとく「鍛えた男」というイメージと強く結びついているのだろう。七〇年代のビューティー・ペア、八〇年代のクラッシュ・ギャルズ、九〇年代の団体対抗戦、とブームを生んできた女子プロレスではあるが、「あれはプロレスではない」と断言する男性ファンは意外に多いのである。

女子プロレス以上に特殊視されているのが小人プロレスだろう。

日本での小人プロレスは、一九六〇年に三重県松坂市の興行師玉井芳雄がアメリカの小人レスラーを招聘したのが最初とされている。六一年には日本テレビ金曜八時枠で紹介されている。六二年にはフジテレビ深夜枠での放映があり、『毎日新聞』のラジオ・テレビ欄には次のような投書が掲載されていた。

血で血を洗う従来のプロレス中継に対し、選手自身が笑いで観客を楽しめることを意図したというが、洗練された珍演技に抱腹絶倒した。解説者も彼らの日常生活が明るく紳士然としていることを強調。

（『毎日新聞』一九六二年五月二二日付）

従来のプロレスにない新鮮さをファンに与えたことがうかがえる。

七〇年代には寺山修司が映画『田園に死す』に小人レスラーを出演させ、ザ・ドリフターズの『8時だよ！全員集合』にはミスター・ポーンが出演したことがある。ただし、彼が舞台を走りぬけた光景があまりに衝撃的だったのか、番組後抗議電話が殺到して、それ以後の出演は実現しなかったのである（いかりや長介はＯＫを出していたらしいが）。小人レスラーがテレビから姿を消したのはいつからなのだろうか。興行的には女子プロレスの前座試合という地味な位置に定着してしまい、小人が差別用語ということで専門誌では「ミゼット・プロレス」と言い換えられるようになって久しい。深夜のドキュメンタリー番組でも取り上げることには壁があると聞いたのはかなり前の話だ。

さきほど、小人プロレスは一九六一年四月に日本テレビで金曜八時に放映されたとさりげなく書いたけれども、実はこのことは私にとって大変な疑問だった。あれだけ女子や小人プロレスを嫌悪していた力道山がはたして小人プロレスを招聘するようなことがあっただろうか、という疑問である。この疑問を面識はなかったが、『異端の笑国』の著者高部《たかべ》雨市《ういち》に電話でぶつけてみた。

高部の見解は、詳細はわからないけれども、おそらく力道山ではなくテレビ・サイドの意向ではないかということだった。六〇年代のテレビには今と違ってある種猥雑なエネルギーが存在していた。面白いものは何でも取り上げてやろう、そんな気持ちが力道山を押し切ったのではないか、と。

なるほど、これは納得できる推測である。六一年四月といえば、グレート・アントニオが話題となった「第三回ワールドリーグ戦」の開幕直前である。テレビ的には巨漢のアントニオの引き立て役としての役割もあったのだろう。アントニオが神宮外苑でバス三台を引っ張って怪力ぶりをアピールしたその夜に、小人レスラーたちは力道山の主催するリングに登場していたのである。レスラーの怪物ぶりの演出としては、小人レスラーは使えるということだったのだろう。小島貞二はこの点に関して「小人は男子だから力道山のリングに上がれた」との見解を示していたが。

女子や小人は特殊な世界か

女子や小人プロレスを特殊な世界としたのは、まさに力道山の戦略だった。われわれはいまだに力道山の掌の上に乗っている観がある。それは女子や小人をテーマとした書物への評価にも表れている。

女子プロレスに井田真木子『プロレス少女伝説』、小人プロレスには前述の高部雨市『異端の笑国』という労作がある。いずれも賞を獲得したり、賞候補になったりという作品であるが、講評では、せっかくの労作でありながら、テーマが特殊すぎるといった評価が見られた。ノンフィクション作品にはテーマの一般性が求められているようなのだ。もしもこれが男子プロレスに関する作品であれば、どのような評価が下されていたのであろうか。

なお、女子プロレスに関しては民俗学的アプローチからの研究があることを付言しておきたい。亀井好恵『女子プロレス民俗誌』はその成果である。

女子プロレスと民俗学とは不思議な取り合わせと思われるかもしれない。民俗学といえば農村の習俗が対象と思われているが、都市民俗学というものがあるし、女子プロレスを芸能として扱えば、立派な民俗学的テーマである。この道の第一人者である亀井好恵には女相撲も視野に入っているのである。

女子プロレスはビューティー・ペアでプロレスをまったく知らない少女ファンを獲得し、クラッシュ・ギャルズでプロレスに少し関心のある少女ファンを惹き付け、団体対抗戦で男性ファンの動員に成功したといわれているが、なかには堺屋太一のように一貫して女子プロのみのファンも存在することを併記しておきたい（本書xviii～xix頁、「日本のプロレス団体系図（女子）」参照）。

6　騒ぐ観客

シャープ兄弟戦で一躍人気者となった力道山は、五月二日にNHKラジオのクイズ番組「私は誰でしょう」にゲスト出演した。解答者が目隠しをしたところで力道山が登場。会場からどよめきと拍手が起こる。力道山自身が「私は関脇でしたが……」とヒントを出すと、すかさず解答者は「力道山」と言い当てた。他に中村メイコや無着成恭《むちゃくせいきょう》、そして田中栄一警視総監（メーデーの翌日!）がゲスト出演していたが、主要メディアがラジオだった時代に、ヒントを司会者ではなく本人が出すという形式はクイズとして果たして成り立っていたのか、との感想を抱いてしまった。それはともかく、どよめきと拍手は他の出演者が登場したときには起こらないものだった。

力道山の二回目のプロレス興行は、五四年八月にハンス・シュナーベル（Hans Schnabel）、ルー・ニューマン（Lou Newman）を招いて開催された。シュナーベル、ニューマン組はシャープ兄弟に比べると、はるかに知名度は落ちるし、映像で見るかぎり動きもよくない小悪党タイプといったところだろう。ただ、「プロレス文化」的にみると、二カ月に及んだ興行は面白いテーマを含んでいた。八月八日の開幕戦で興味深いのは、観客席で小糸源太郎《こいとげんたろう》、東郷青児《とうごうせいじ》という洋画壇の巨匠たちが試合をスケッチしていたという事実である。『毎日新聞』は「力の芸術」と表現しているが、プロレスを真剣勝負か八百長かと二元論的に見る見方とは別に、「芸術」視する向きもあった。五五年一二月の『読売新聞』

書評

〃プロレス的なエネルギー〃

土方定一編—原色美術らいぶらりー　〃メキシコ絵画〃

メキシコの現代絵画についてある批評家があれはプロレスだといったのをよんだことがある。この批評家の直感はあるていど正しいと思う。ただしプロレスが何よりも現代のある一面を象徴しているという意味である。力道山は一日に五百匁牛肉を食べるそうだが、じっさい現代を生きるためにはそれほどのエネルギーがいる。オネスト・ジョンや水爆は悪魔の道具になっているから善良な民衆は空手チョップを信じるしかない。いま開かれているメキシコ美術展を見てわれわれが何より魅せられるのは、絵ではなくその猛烈なエネルギーだ。美術はついに嘔吐を催させる。その色調はわれわれの秋空にはない太陽エネルギーの不協和音である。

本書はもう幾冊か出たみすず版原色美術らいぶらりーの一冊だが、既刊の書が優美なエコール・ド・パリに偏りすぎた点から見て、異彩を放つ一冊だ。編者の土方氏はメキシコ美術がヨーロッパのそれとはまったくちがう造形体系をもっていることを強調し、それをマヤ、アステカ文明から解き明かしている。それはまた簡潔なメキシコ社会史にもなっている。極端ないいかたをするならこの国には、美の詩神はいないでいつもただ国土の神がいるのだ。この国では革命と国土のファナチズムが絵を生み、ヨーロッパではミューズが絵をはらます。どちらが人間的か。簡単にはいえないが、編者はオロスコとルオーをならべ、これを思想に奉仕する絵画として、ある暗示を与えているのは注目に価する。

図版はリヴェラ、シケイロス、オロスコ、タマヨを中心にいずれも今回の原画からとったもの。版画の縮小はやむをえないとしてもやはり迫力を欠く。タブロオはそれぞれに印刷の出来栄えが上々だ。むしろ思い切って、今回来なかった未知の絵のみで編集してもらえたらと思ったのは筆者のみであろうか。小さいだけにエネルギーを閉じこめた箱のようなかんじがする好著である。（みすず書房、二〇〇円）宇佐見英治

「プロレス的」という言葉が肯定的に使われている
（『読売新聞』1955年12月1日）

には、『メキシコ絵画』という本についての書評の見出しが「プロレス的なエネルギー」と打たれている。普通「プロレス的」というと、暴力的イメージか八百長的イメージが通り相場だろうが、芸術と関連づけられた肯定的イメージがかつて存在していたのである。

左翼雑誌のプロレス論

一九五四年八月九日、東京都体育館での力道山・遠藤幸吉 対 シュナーベル、ニューマンの一戦は試合後に観客の大騒ぎを引き起こした。試合はシュナーベルの反則攻撃に遠藤が敗れてしまったのだが、観客から「ワケがわからぬ」「反則ばかりやりやがって」「ジェスチュアも過ぎる。不真面目だ」という声が猛然と起こり、シュナーベル組に優勝杯を渡すまいとリング上に駆け上がってしまったのだ。結局、警官隊が説得して事態が収まるのに一時間以上もかかったという。

このような観客の怒りぶりを反米感情の発露と見なす向きがある。たとえば、左翼系雑誌『真相』（五四年一一月号）は「アメリカの植民地政策つまり三S政策―シネマ・スポーツ・セックスが、敗戦国民の思想をむしばみ、変形させている」という認識の下に、「こんなことでアメリカにたいする日本人の怒りが発散してしまったら」と心配してみせる。同誌は、プロレスが観客の心理を巧みに操作するショーであることを明かしながら、「戦争に負けても、勝負ごとには多分に民族的な血道をあげる」日本人の特性を指摘する。この雑誌は五五年一一月号でも「敗戦＝占領の十年間、日本の国土の上で勝手に振舞う外人のやり方を『敗けたのだから仕方がない』と見て見ぬふりをしてきた大部分の日本人には、力道山の演じてみせるプロ・レス試合が、インフェリオリティ・コンプレックス（劣等感）を吹き飛ばしてくれる清涼剤の役をつとめてくれたことは間違いない」との認識を示している。われわれが力道山プロレスの隆盛を「解釈」するとき、このような見方が現在一般的となっている。しかし、当時の新聞の投書を見る限り、反米感情や「外人」コンプレックスとは異なる文脈が見出されるのである。

対照的な投書

一九五四年八月一一日の『毎日新聞』の投書欄には、二日前の力道山・遠藤　対　シュナーベル・ニューマン戦での観客の騒ぎに関して、対照的な二つの意見が掲載されている。一つはショーとして割り切って見るべきだという見方。「プロ・レスはあくまでショー（見世もの《ママ》）なのだから、勝った負けたでケンカ騒ぎを起すのは、ショーの何たるを知らぬバカ者である。カップを持って行かれるからと眼の色を変える輩《やから》のいるうちは、プロと名のつく競技は日本では開催できない」とある種高踏的な価値観を披露している。ちなみに、五四年当時プロ野球には長嶋茂雄はまだいない。大相撲はあったものの、プロスポーツ自体の社会的認知度は低かったと言える。

もう一つの投書はより純粋な見方と言えるだろうか。「プロ・レスはスポーツにあらず、ショーだというが、おのずから限界があるはず。あの日の試合は観客をバカにしたようなものであった。……肝心の時にはやはり勝敗をきちんと決めるように願ってやまない」とある。プロレスのショー的要素を認めつつ、勝負へのこだわりを捨てられない。

もちろん、前者の見方によって後者の投書を批判するのはたやすい。「お前たちはプロレスがわかっていない」と。しかし、後者寄りのファンが多数を占めてきたという事実はプロレスにとって「勝負」という要素がいかに重要かということを示しているのだ。スポーツなのか、ショーなのか。この当時はプロレスのジャンル論の全盛期であった。スポーツとしての正当性を問う姿勢が、反米感情や「外人」コンプレックスと並存していたのである。

7　相撲協会とのトラブル

力道山がシュナーベルらを招いての第二弾興行をもっぱらプロレスのジャンル論と絡めて述べてきた。ファンの間にはショーと割り切って見るべきだという意見と、スポーツなのだから勝負はちゃんとしてほしいという意見があることも紹介した。

財団法人化問題

しかるに、プロレスはスポーツなのか、ショーなのかという問題は単にファンのプロレス観に依存した主観的な問題にとどまらない。プロレスが社会的に「スポーツ」として見なされるかどうかは納税の問題にまで影響するのである。第二弾興行が終了して間もなく、日本プロレス協会は財団法人としての認可を文部省体育課に求めたが、「社会に奉仕しない」「不健全である」という理由で断られた。このことが日本相撲協会と日本プロレス協会の間でのトラブルにつながった。

『週刊サンケイ』と『読売新聞』の報道をまとめると、財団法人になると社会に貢献する義務が生じるが、一方で税金に優遇措置が講じられる。ところが、一九二五年に財団法人となった日本相撲協会については教育関係者から「単なる興行団体で社会奉仕していない」との声があり、文部省はその点を再検討し始めた。その時期に日本プロレス協会の認可申請が拒否されたため、プロレス・サイドが相撲もプロレスと同じく興行性が強いではないかと嚙みついたのである。『週刊サンケイ』はプロ野球もボクシングも興行の収支はコミッショナー事務局から公表されるが、相撲とプロレスにはそれがないことを指摘している（『週刊サンケイ』一九五四年一〇月一〇日号、『読売新聞』一二月五日付）。

このような批判にもかかわらず、今日まで日本相撲協会は財団法人であり続けた。財団法人化は公共性の強い「スポーツ」として制度的に認められることを意味する。プロレスは制度的に「スポーツ」になることはできなかったのである。

スポーツとしての認知

日本相撲協会が財団法人となったのが一九二五年。日本ボクシングコミッションは設立が一九五二年で財団法人化は一九七八年と二六年の歳月を費やしている。ボクシングの全盛期は週に三、四本もレギュラー番組があった六〇年代であるが、競技の制度化と人気のピークは必ずしも一致しない。プロレスは最初の興行の大成功の勢いに乗って、一九五四年に財団法人としての認可を申請したが「不健全」と拒否された。プロレスは公的に「スポーツ」ではないと烙印を押されたようなものである。

初期の力道山はプロレスの「スポーツ」としての認知を求めていた。その一つの例として、力道山は一九五九年まで覆面レスラーをリングに上げていないことが挙げられる。数ある「プロレス八百長論」の中で、プロレスにはマスクマンがいるから八百長だという意見はあまり聞くことがない。考えてみれば、マスクマンという存在は不思議だ。視野は狭くなり、呼吸は苦しいだろうし、最初からハンディを背負っているようなものだ。そういう存在自体プロレスが競技でないことを示しているのである。ニューヨーク州ではプロレスがスポーツとしての税制措置を受けるために一九七二年までマスクマンは禁止されていた。ドイツでも同様の事情があった。これに対して、日本のファンはザ・デストロイヤーを指差して「インチキだ！」とは言わなかった。日本は覆面に寛容な文化を持っているのだろうか。

第四章　木村政彦戦

1　対戦まで

純日本人のヒーロー

さて、一九五四年末といえば、力道山 対 木村政彦戦に尽きる。高齢者を対象に実施した前述のアンケートで、「力道山でいちばん印象に残っていることは何か」と尋ねた際、試合に関しては、「木村政彦戦」が「ルー・テーズ（Lou Thesz）戦」や「シャープ兄弟戦」を抑えていちばん多い回答であった。力道山 対 木村戦はいまだに印象深い試合なのである。

『新潮45』二〇〇六年六月号は「昭和史13のライバル『怪』事件簿」という特集の中で、この一戦に一章を割いている。ノンフィクションライター菊地正憲の文章に格別目新しい記述はない。ただ、文中の村松友視のコメントが興味深い。

植民地時代の朝鮮から来た朝鮮人の力道山に対して、『純日本人のヒーロー』を作りたいという勢力があったはずだ。

村松の一連の著作にこのような視点はあるにはあったけれども、村松本人もどこかで語っていたが、韓日映画『力道山』を観てから、その思いがよりシャープになったようだ。映画『力道山』では、マスコミが元関脇力道山よりも元柔道日本一の木村にシンパシーを感じている場面が描かれていたが、シャープ兄弟、シュナーベルに続く興行第三弾にして、力道山は「日本人のヒーロー」問題に直面することとなったのである。

反プロレスのメディア

力道山と木村政彦が対戦するきっかけとなったのは、木村が『朝日新聞』に寄せたコメントとされている。原康史『激録　力道山』によれば、一九五四年一一月一日付の『朝日新聞』社会面に木村が巡業先の岐阜市民センターで語ったコメントが載っていたという。「力道山のレスリングはゼスチュアの多いショーだ。ショーではないレスリングで力道山とプロレスラー実力日本一を決したい。実力なら自分は力道山に負けないと思う」(第一巻、二九六頁)。私は当時の『朝日新聞』を調べたが、いまだにこの記事を確認できていない。『力道山がいた』を著した村松友視も同じことを書いていた。村松も私もそろってこの記事を見落としたのだろうか。

ただ、一一月四日の『毎日新聞』に「木村、力道山に挑戦」という短い記事が載っている。力道山が二日夜に挑戦に応じた旨は載っているが、木村がいつ挑戦の意向を表したかについては触れていない。原によると、『朝日』は、プロレスを後援している『毎日』への対抗心からか「プロレスに対する〝社会的アレルギー反応〟をあおって」きたとある（第一巻、二九八頁）。

しかし、当時の『朝日』を調べても、『毎日』に比べてプロレスを取り上げている量が圧倒的に少ないだけで、ネガティブ・キャンペーンを張っているとの印象はない。せいぜいシャープ兄弟来日直前に掲載されたプロレス紹介記事に「観客本位の見世物」という表現が出てくる（一九五四年二月一六日付）のと、清美川というレスラーが過去の不祥事で巡業中に取調べを受けたという記事（一九五四年三月四日付）が目立つくらいだ。木村が『朝日』の記者に前記のようなコメントを寄せた事実があったとしても、プロレスというストーリーの中で『朝日新聞』は「反プロレスのメディア」という役割をすでに与えられていたとの印象を受けるのだ。

世間の批判を意識して

力道山と木村政彦の対決は、木村が力道山に挑戦を表明して力道山がそれを受諾して実現したということになっている。しかし、木村が『朝日新聞』の記者に語ったとされる「挑戦表明」自体記事としては確認できないことは前に書いた。

一一月四日の『毎日新聞』は二日夜に力道山が挑戦に応じたことを伝え、二八日の同紙は木村が「一一月二日岐阜市で来春早々力道山と日本選手権を決定したいと声明したが、これに対して力道山は渡米前に決戦したいと木村選手の挑戦に応じた」と伝えている。これらが正しければ、木村が挑戦を表明してからすぐに力道山が応じたことになり、ずいぶん手回しのいい話という印象を受ける。村松友視は「どこか力道山が木村政彦をおびき出したような印象」を受けたというが、すべて力道山の仕掛けと考えるのが自然であろう。

四日の『毎日』は、「こんどの挑戦はショー的な動きの多い現在のプロレス界の改革と、一方の旗頭である力道山が相撲出身であるため、柔道家の面目をかけたもの」と伝える。たかだか二シリーズのみを消化したにすぎないプロレスの「改革」とは大げさな気がするが、これは澎湃《ほうはい》と起こっていた「八百長論」を意識した表現であろう。力道山は『知性』五四年一一月号に掲載された「鍛錬一路」の中で「試合前に、どっちが勝つなどと決めておくようなことは、（外国では、下らない選手が時折そんなことをやっているが）私は絶対にやらない。絶対に許さない」と書いている。力道山 対 木村戦は世間の批判を十二分に意識して行われる運命にあったのである。

「真剣勝負」を売り物に

力道山 対 木村政彦戦の調印式は一九五四年一一月二七日、鎌倉市大船の松竹大船撮影所で行われている。力道山が松竹映画『激闘』（村松友視の本では『大学は出たけれど』になっている）に出演中だったからである。この時点で、木村はすでに力道山の掌の上で踊らされているという印象を受ける。
前日に熊本から上京した木村が、調印式に先駆けて「力道山が挑戦を受諾した」と記者会見で発表し、同席したマネージャー格の工藤雷介が日本プロレス協会に統一コミッションの設立を申し入れた、と発言したのは、せめてもの意趣返しだったのだろうか。二八日の『毎日新聞』に載った両者のコメントは以下の通りである。

木村談「自分は力道山に負けるとは思わない。一度真剣勝負をしたいと思っていた。」
力道山談「プロ・レスはとかくの批判はあるが、この試合はお互いに負けられない真剣なものとなろう。」

ここでのキーワードはいうまでもなく「真剣勝負」である。木村の言わんとするところは力道山のプロレスは真剣勝負ではなく、ショーだという点にある。プロレスの本格的興行がスタートしてから一年も経過しておらず、またわずか二シリーズしか消化していなかった時点で木村の力道山「批判」はインパクトがあったことだろう。しかし、同時に、その「批判」がこの試合の盛り上げに大いに貢献しているのである。

日本で初めて「真剣勝負」を売り物にする試合が始まろうとしていた。それはもちろん「真剣勝負」そのものではないのだけれど。

『週刊読売』への対応

「真剣勝負」との触れ込みで注目を集めた力道山 対 木村政彦戦に『週刊読売』が嚙みついた。同誌一九五四年一二月一九日号は「飛び出した八百長説!」と題して、この試合にはいろいろな見方があるし、真剣勝負であれば木村の方が強いという世評が高いが、結局のところ、ショーであって力道山の勝ちに決まっていると断じた。

これに対して、力道山は同誌に抗議を申し入れ、そのことが翌週の同誌で報じられた。抗議の趣旨は次の二点に尽きる。まず、八百長説に対しては不本意であり、真剣勝負であっても木村に負けるとは思っていない、ということ。それから、力士時代に元大阪花月の娘、光恵さん（当時千代の山夫人）に失恋したという記述があったが、事実無根である、ということ。

『週刊読売』は後者については事実と相違していたとして訂正したが、前者に関してはいっさい訂正しなかった。村松友視は『週刊読売』の報道が実際の試合に影響したのではないかと推測している。すなわち、このような報道が出て、しかも抗議までした以上、シャープ兄弟戦と同じような試合（典型的なショー的展開）をして勝つわけにはいかなくなったというのである（『力道山がいた』八五頁）。

たしかに、その可能性はあると思うが、いかんせん立証できる問題ではない。それよりも、今回『週刊読売』の記事を読み返してみて、力道山の抗議の仕方にプロレスの特徴が良く出ているように思われた。

力道山の『週刊読売』に対する抗議を引用してみよう。

「真剣勝負であっても、自分は木村に負けるとは思わない。シャープが来たとき、とくに木村をワキ役に回らせたという事もない。あれは全くの実力勝負だった」

「世間では、対木村戦につき、何か事前の協定でもあって、八百長試合を演じたすえ力道が勝つ、としているように見る向きもあるが、不本意だ。こんどの場合も、木村が挑戦を申込んできたから受けて立ったもので、自分はそのために二十《ママ》日のアメリカ行きまで延期している」

（『週刊読売』一九五四年一二月二六日号）

この抗議で感じられるのは、対木村戦は八百長に決まっているとする『週刊読売』に対して、「プロレスは真剣勝負だ」と真っ向から反論する強さがないということだ。それよりも、格下の木村に突然挑戦されて迷惑しているという雰囲気が漂っている。

一般に、プロレス業界は「プロレスはリアルファイトだ」などと馬鹿なことは言わないものだ。ただし、「八百長」批判には何らかの対応が必要となる。「八百長」という言葉は業界にとって差別用語に等しいからだ。したがって、力道山は『週刊読売』に真っ向から反論しているというより、木村はプロレスラーとして自分より格下だ、ということに力点を置いている感じがする。プロレスは試合で見えたものがすべてである。たとえ、元柔道日本一であろうが、シャープ兄弟に翻弄される木村の姿がレスラーとしての実力を物語っている。力道山はそう言いたかったのではないか。

しかし、同時にプロモーターとしての力道山は格下の木村との一戦を盛り上げるのに「真剣勝負」という要素がスパイスとして効いていることも知り抜いていたはずだ。

2 急変した試合展開

穏やかな序盤戦

力道山と木村政彦の一戦は凄惨な結末で知られている。そして、その結末の意味するところをめぐって、五〇年以上も経過したというのに、いまだに様々な文章が書かれるという有様である。実は、この試合は凄惨な結末とその「内幕」以外にも面白い要素を含んでいるので、まずはそこから書いてみたい。

私にとって面白いのは、凄惨な結末を迎えることになるこの試合の前半がたいへん穏やかな展開だったという点である。私は何度もこの試合のビデオを見ているが、前半は両者が適当な距離を取りながらお互いに技を繰り出しては離れるという実に紳士的な展開なのである。村松友視は『力道山がいた』で次のように書いている。

> 人々は、シャープ兄弟戦以来、こんな穏やかな進み方をするプロレスは初めて目にしたのであり、不満ではないが不安、とまどいが入りまじった雰囲気が生じていた。（九四頁）

また早稲田大学のラグビー部監督であった大西《おおにし》鉄《てつ》之祐《のすけ》は、『朝日新聞』に寄せた観戦記で「試合当初の真剣な態度、重量級が投げあいぶつかり合う試合振りはまさに壮観、かたずをのんだ」と評価している（一九五四年一二月二四日）。

「真剣勝負」との前評判に踊らされることなく、「移入以来なお浅いプロ・レスが果たしてこうしたフンイキでいかに行われるか」という点に関心を持っていたアマチュア・スポーツ界の大物をもうならせた前半ではあったのである。そして、この前半のある種不思議な展開は、フランスの思想家ロラン・バルト（Roland Barthes）『神話作用』の記述をいやおうなく想起させるのだ。

ロラン・バルトの「レッスルする世界」

ロラン・バルトの『神話作用』は、著名な思想家の手になるエッセー集である。この本の第一章は「レッスルする世界」といって、パリのプロレスがテーマとなっている。バルトはこの本の翻訳に際して、「レッスルする世界」を必ず最初に持ってくるように指示したという。また、数年前にパリでバルトを回顧するイベントが行われた際、場内のモニターは一九五〇年代のフランスのプロレスを流し続けていたらしい。要するに、バルトはプロレスに愛着を持っていたと言っていいだろう。

バルトは五〇年代初頭にエリゼ・モンマルトルでプロレスを見て、このエッセーを書いたという。私はそれから三〇年後、一九八一年春に所も同じエリゼ・モンマルトルでプロレスを見た。そして、三〇年前とパリのプロレス興行の流れがあまり変わっていないことを発見した。男子の試合は三試合あった。第一試合は相手の反則攻撃の前に何らなすすべのない弱い善玉の試合を見せられ、観客は消化不良となる（善玉は反則勝ちを拾う）。第二試合は善玉同士でお互いの技が決まるたびに握手するような実に紳士的な展開となる。観客はフェアな展開に拍手を送るが、やがて物足りなさを覚えてくる。

バルトは書いている。「もしレスラー達が、それだけが良いレスリングを成すものである悪感情の大狂宴にす早く戻らなければ、退屈と無関心で死ぬ思いだろう」（一五頁）。力道山と木村政彦の前半はまさにこのような展開ではなかったか。村松友視は次のように書いている。「このような紳士的な試合をしていて、いつ勝負が決するのかという気分が、館内を埋めた超満員の観客の中にふくらんでいった」（『力道山がいた』九四頁）。ちなみに、パリの第二試合は結局時間切れ引き分けに終わったのである。「悪感情の大狂宴」への期待を観客に残して。

空手チョップが出そうにない気配

プロレスは基本的には三カウントのフォールかギブアップかで決着がつくことになっている。特にフォールの場合、アマレスのように一瞬だけ両肩が着いたらOKではなく、三カウント両肩が着く状態を生まなければいけないわけで、そのためには相手にダメージを与えなければいけないということになる。つまり、アマレスでのフォールの意味が換骨奪胎され、フォールを追求する技術が求められるのではなく、本来フォールとは関係の薄い「ダメージ」という発想が導入されている。そして、相手にダメージを与えるということでいえば、相手をとんでもない角度で投げる「大技」か、打撃技、あるいは反則技が説得力を持ってくるのである。もちろん、相手にダメージを与えずにフォールを狙う返し技系も存在するが、それは相手にダメージを与えるという前提に対するアンチテーゼとして用意されている。

プロレスの草創期に力道山の空手チョップが人気を博したのは、三カウントのフォールを狙っていく上で相手にダメージを与える点において「理にかなっていた」からである。ただし、「プロ・レスリング」という形式の中で「チョップ」という行為が正統的ではないという感覚はあった。したがって、相手の反則攻撃がまずはあって、それに対する報復として空手チョップが正当化されるという流れが必要であった。

力道山　対　木村の穏やかな展開は空手チョップが出そうにもない静かな流れであり、それはそれで早稲田大学ラグビー部監督のようなスポーツ通には受けたものの、大衆にとっては、こんなことばかりやっていて、いつになったら決まるんだろう、という気持ちにさせられる退屈な試合運びだったのである。

暗黙の了解を破る瞬間

一九五四年一二月二三日付の『朝日新聞』は、力道山 対 木村政彦戦の試合経過をこう伝えている。

はじめ両選手ともすきをねらって慎重な運び、木村が逆をねらえば、力道は投の大技で応酬、力道のやや押し気味のうち十五分を過ぎるころ、はだしの木村がつま先で急所をけった反則に力道山が激怒したか、空手打、足けりを交互に木村の顔面と腹部に集中、木村はコーナーに追いつめられて見る見るグロッギーとなり、そのままリングにこん倒して起き上がれなかった。

試合の転機となった木村の急所蹴りについてはさまざまな解釈があるが、小島貞二は木村が力道山との距離をとるために出した軽い蹴りがたまたま急所に入ったと解釈している。つまり、木村には反則攻撃を行う意志はなかったというわけである。ところが、顔面を高潮させた力道山は突如として空手チョップというより張り手で木村を追いつめ、グロッギーに追い込んでいったのである。

後年、木村は力道山の「うまさ」を指摘している。木村は急所を蹴ったつもりはまったくないが、力道山が観客に木村の反則攻撃に見えるように大袈裟なリアクションをとったというのである。このリアクションをラフな展開へのきっかけと認識した木村は力道山が空手チョップを打ちやすいように

力道山 対 木村政彦戦（1954年12月22日）（毎日新聞社提供）
木村をかつぎ上げ，パワーを誇示する力道山

胸を出した、と述懐している（『ＮＵＭＢＥＲ』第七〇号「特集　力道山の真実」、一九八三年三月五日号、毎日放送「君は木村政彦を知っているか」二〇〇〇年八月二七日放送）。

ところが、そこへ張り手が飛んできた。世間には「真剣勝負では俺の方が上だ」と煽りながら普通のプロレスをやるつもりだった無防備の木村に、突然力道山のリアルな攻撃が襲ったのである。木村には酷な言い方だが、暗黙の了解に満ちた世界の中で突如了解を破ることが起こるのも、「プロレス」なのである。

カミングアウト

プロレスは格闘技ではない。競技としては壊れた存在である。プロレスにおいて反則は四カウントまで許される。つまり、反則を許容するルールであり、これ自体競技性を放棄していることを意味している。プロレスのようなものを競技化して勝利への最短距離を追求すれば、ＰＲＩＤＥのような総合格闘技になるだろう。

過日、ＮＨＫ・ＢＳの番組で夢枕獏《ゆめまくらばく》が、「カミングアウトしているので言いますが、プロレスはあらかじめ勝負を決めてやるんです」と発言した。司会の児玉清は「そうなんですか！」と大袈裟にリアクションしていた。世間ではプロレスとPRIDEの区別もついておらず、プロレスが勝敗を決めて行うと知っている人は多数派ではないのかもしれない。プロレスは競技ではない。しかし、勝敗をあらかじめ決めているがゆえにプロレスとしての秩序が保たれるのである。暗黙の了解に満ちているとはそういうことだ。

しかるに、時に暗黙の了解が破られることがあるジャンルでもある。力道山 対 木村はその好例であろう。なお、夢枕が触れた「カミングアウト」とは、元レフェリー、ミスター高橋の著書に代表される「暴露本」のことを指しているのだろう。いわば、間接的カミングアウトであり、日本ではプロレス団体が積極的にカミングアウトした例はない。ただし、レスラーがあの試合の真相はこうだったと暴露した例はある。もっとも有名な例は他ならぬ木村政彦である。「真剣勝負では力道山に負けない」と豪語していた木村は、引き分け試合のつもりであの試合に臨んでいたのである。

見てはいけないものを見た観客

力道山 対 木村戦の終盤の模様を、村松友視『力道山がいた』の記述で再現してみよう。

力道山の張り手が木村政彦の顔面をおそい、コーナーに倒れこんだところを蹴り上げると、頭をつかんでリング中央に引きずり出し、力道山は木村政彦の頭を上から踏みつけるように蹴りつけた。木村政彦は、何とか力道山の足に腕をからみつかせようとするが、足を引いた力道山はさらに蹴り上げ、棒立ちとなってあとずさる木村政彦に空手を一発放った。頸動脈のあたりを押さえた木村政彦は、反則をアピールする感じをあらわしたものの、ほとんど助けを求めるようにレフェリーのハロルド登喜《とき》の方へ顔と軀を向けた。そこへ、モーションをつけたような左右の張り手がおそい、木村政彦は俯けにリングへ倒れこんだ。

（九四頁）

翌日の『毎日新聞』はこの力道山の一連の攻撃に反則攻撃はなかったとしている。たしかに、その通りだろう。しかし、この間超満員の観客が静まり返ったという事実は、プロレスという何をやってもよいとされる荒行に実はやってはいけないことが多々あるという二重構造性に気づかせる。超満員の観客はシャープ兄弟来日から一〇カ月目にしてついに見てはいけないものを見てしまったのである。

中立ではないレフェリー

ところで、当の力道山は問題の攻撃についてどのように語ったのか。『毎日新聞』一二月二三日付紙面から再現しよう。

リングにのぼってから二度も木村は引分で行こうといった。自分から挑戦しておきながらこんなことをいうのはとんでもないことだと思った。……彼がぼくの急所をけってきたので、しゃくにさわり、遠慮していた空手打を用いてあのようにたたきのめす結果になってしまった。

（『毎日新聞』一九五四年一二月二三日付）

木村は力道山のコメントに当然反論した。

力道山はぼくが引分ようといったという話だが、そのようなことを彼がいったとしたら彼の心理状態を疑いたい。……私としては引分にしてくれなどスポーツマンシップに反するようなことは絶対いわない。（同前）

念のため、レフェリーのハロルド登喜の談話も載せておく。

木村君が最初引分に行こうといったのも、首じめされた時やめてくれといったのも私は聞かなかった。（同前）

レフェリーを中立の立場だと思ってはいけない。ハロルド登喜は力道山側の人間である。木村戦に向けての力道山のトレーニング風景を映像で見ることができるが、そのパートナーはハロルド登喜である。つまり、力道山サイドのレフェリーですら聞いていなかったということはやはりなかったと考えるほうが自然ではないだろうか。

ちなみに、夢枕獏は『薀蓄好きのための格闘噺』において、この一戦に関する実に詳細かつ緻密な推理を展開し、力道山がレフェリーを抱きこんでいた可能性に言及しているが、その推理の正しさはハロルド登喜が力道山の練習相手だったことを示す映像から実証されるのである。『新潮45』二〇〇六年六月号では、木村の言い分として「二人の間で、引き分けることで事前に話がついていた」と記してあるが、これはずいぶん後になってからの木村のコメントではないか。当初、木村は引き分け説を否定するような素振りだったのである。それは「真剣勝負では力道山に負けない」と豪語していた自分との矛盾を感じていたからだろうか。それもあっただろう。しかし、それ以上に木村に引き分け説を否定するように追い込んでいったのは他ならぬ力道山本人であった。力道山は木村の方から引き分けを申し入れてきたという「具体的証拠」まで用いて木村を窮地に追い込んでいった。いまやプロレスを守る立場に立つ力道山にとっては、木村一人を悪者にしていく必要があったのだ。

スポーツ化とショー化

亀田興毅《かめだこうき》が出場した世界戦の「疑惑の判定」が話題になったことがあった。ボクシングは一〇〇年ほど前には粗野な世界であり、レスリング同様、アメリカ社会では市民権を与えられたジャンルではなかった。しかし、ボクシングは「スポーツ」化の道をたどることで近代化していった。これに対し、レスリングは「プロレス化」＝「ショー化」の道を選択した。ちなみに、大相撲の近代化とは「スポーツ」化することであった。

ところが、どのジャンルも「興行」であるという事実から逃げることはできない。観客が見てこそのプロスポーツなのである。ボクシングや大相撲が競技性を維持しなければいけないことと興行システムは時に矛盾を生むことがある。端的に言えば、人気選手が負けることは興行的観点からいえば避けたいことなのである。そのために、どのジャンルにも「セーフティネット」が存在する。大相撲ではは星のやり取りがあるし、ボクシングで言えば亀田戦のような判定のグレーゾーンの存在だ。かつてビートたけしは、ボクシングはスポーツではないと発言した。ボクシングは勝つためには手段を選ばない「戦争」なのだ、と。私も同感だ。「スポーツ」化してきたボクシングではあるが、かつての荒々しさをまだ残しているのである。

ところで、プロレスはボクシングとは正反対に競技性を放棄し、興行に特化した世界である。あらかじめ勝敗が決定されているからこそ、プロレスが成立する。が、そこにも奥の深さは存在する。それを示したのが、木村を破った後の力道山の行動だった。

3　試合の波紋

力道山のリーク

一九五四年一二月二四日、夕刊紙の『内外タイムス』に「力道山・木村政彦戦は八百長試合！」との見出しが踊った。木村が力道山に渡した二枚の誓約書が力道山本人によって暴露されたのである。

確約、日本選手権試合に対する申し入れ、第一回〔筆者注、昭和二九年一二月二二日〕の日本選手権試合は引分試合をすること。一本目は君が取り、二本目は自分が取る。決勝の三本目は時間切れで無勝負とする。昭和二十九年十一月二十六日、右、木村政彦　拇印　力道山君」「確約、昭和三拾年第二回日本選手権試合ニ際シテワ力道山ニ対シ、勝ヲユズル事　右木村政彦　拇印　力道山君木村は最初の試合は引き分けにして、次は力道山に勝ちを譲り、そうやって全国を興行しようと考えていたのだ。このスクープは二三日に力道山が『内外タイムス』の門茂男《かどしげお》に情報提供して実現したものである。

門の『力道山の真実』によると、この記事が出た後、日本新聞協会の幹部から『内外タイムス』編集局長に次のようなクレームの電話が入ったという。

我が協会加盟の某紙の調査によると、木村政彦君は力道山に対して、試合の内容を書いた念書などは手渡した覚えはない、と、断言しているという。貴紙の記事が木村政彦君の言うようにデッチあげ記事であることが判然としたら、貴社の協会加盟の願いは当会としては当分認める訳にはいかない。

（『力道山の真実』六八頁）

某紙とは『朝日新聞』である。木村が「真剣勝負では力道山に負けない」と語ったのは同紙記者に対してであり、しかも同紙は長年全日本柔道優勝大会を後援してきた経緯があった。一方、『毎日新聞』は二五日の紙面で、プロレス擁護の観点から「ショーの線はずすな」と「プロ・レスのあり方」について提言した。力道山 対 木村は『毎日』対『朝日』、プロレス 対 柔道、との側面もあったのである。

アマチュア・スポーツの視点から

村松友視『力道山がいた』によると、試合から二週間ほど経過した新聞に「力道山光浩」という署名が入った力道山の意見が掲載されたという。内容

『毎日』はプロレス擁護の記事を載せた（『毎日新聞』1954年12月25日）

は前項に紹介した『内外タイムス』の記事と同様で、木村の八百長申し入れを暴露したものである。『力道山がいた』は二〇〇〇年に朝日新聞社から出版された本であるが、新聞からの引用が実に多い。しかも、出典が明記されているときと、そうでないときがあるため研究の立場からは厄介な部分がある。前述の力道山の意見が掲載された「新聞」も明らかにされていない。どうやら三大紙ではないようだ。かと言って、三大紙のときも「ある新聞」扱いになっているときがあるのだから、わかりづらい。早稲田大学講師の大西鉄之祐が「ある新聞」に「〝野獣の闘争〟力道・木村戦に想う」という文章を寄せた、とあるが、これは『朝日新聞』なのである。朝日新聞社から出された書物で『朝日新聞』が「ある新聞」扱いとは変な感じがする。大西は早稲田大学講師には違いなかったが、当時早大ラグビー部監督である。言わば、アマチュアスポーツ界の大物がプロレスを論じた貴重な資料である。しかも、その核心部分は現在の『朝日新聞』のプロ格闘技観を表しているようである。

木村が急所をけった後の乱闘は、あたかも神につかれた狂人の如く、飢餓にひんした野獣の闘争の如き感をいだいたのは私一人であったろうか。それは既にショウでもなく、スポーツでもなく、血にうえた野獣の本能そのものであった。……プロ・スポーツがショウであるならショウマンシップが、スポーツであるならスポーツマン・シップが、職業であるならビジネスマンシップが、その根底をなすべきではないだろうか。プロ・レスもまた真に洗練された知性を根底として、闘争本能を十分満足させるような興行物にならなければ、それがいかに発展しても社会的価値を有するものとはなり得ないであろう。

（『朝日新聞』一九五四年一二月二四日付）

大西鉄之祐が言う「真に洗練された知性を根底として、闘争本能を十分満足させるような興行物」の実現は可能だろうか。これが『朝日新聞』のスタンスとするならば、『読売新聞』とは微妙に違うような気がする。

『朝日新聞』のセンス

『読売』は力道山全盛期に運動面の片隅に試合結果のみを載せ続けた新聞であり、一九五八年以降プロレスをまったく載せなくなった『朝日』とは対応が微妙に異なっている。『読売』は「なぜあんなすごい試合があったのに、結果しか載せないのか」というファンの疑問に「プロレスはショーだから」という回答を繰り返した。つまり、プロレスはスポーツ扱いしないけれども、あまりにもすごい人気なので結果ぐらいは載せますよ、と大衆に一定の気を遣っている感じがする。

これに対して『朝日』が立脚するのは知識人層なのであろうか。『読売』に比べて大衆の人気は重視しない。ただ、プロレスはスポーツ扱いしない点では読売と共通しているものの、プロレスがときに社会現象化することに関しては『読売』以上の関心を示す傾向がある。

かつて一九八八年から九〇年にかけて社会現象化したＵＷＦというプロレス団体に関する資料を読み漁ったことがあるが、『朝日』は団体のリーダー前田日明《まえだあきら》について好意的な記事を載せているのだ。それは九〇年四月一一日夕刊第一面に掲載された「現代人物誌」というコラムで、前田日明の大きな写真が入っていた。「こんなに知的で、ストイックで、前向きの青年がこうした分野にいる。」と前田を絶賛している。ただ、「こうした分野」という表現に『朝日』のプロレス観が垣間見えるようであるが。プロレスのようなとんでもない世界に前田のような改革的な人間がいるのに驚いてみせているような記事ではある。当の前田はＵＷＦの旗揚げ戦の挨拶で太宰治の小説の冒頭に掲げられたヴェルレーヌの言葉を引用し「選ばれし者の恍惚と不安、ふたつ我にあり」と語った。リング上での太宰治あるいはヴェルレーヌ、このようなセンスは従来のプロレスを見てきたような大衆ではなく知識人層に向けられたものではないだろうか。いずれにせよ、『朝日』はこのような「芸当」には『読売』以上に「弱い」気がするのである。

放送されなかった試合

力道山 対 木村戦はＮＨＫと日本テレビによって同時中継されたことはよく知られている。したがって、多くの人が街頭テレビなどによってあの試合を見たと最近まで思っていた。ところが、五四年一二月三一日の『毎日新聞』にこんな記事が出ていた。

二十二日夜蔵前国技館で行われたプロ・レス日本選手権試合の開始時間が遅れたため、肝心の力道山対木村戦が実況放送できなかったと、放送局側と興行者の間で契約違反、損害賠償論まで飛びだし冷戦状態を続けていた。

（『毎日新聞』一九五四年一二月三一日付）

当日の放送枠は午後八〜九時であったが、前座試合が長引いたせいか力道山 対 木村のゴングが鳴ったのは九時一九分だったのである。この記事によると、木村の郷里の熊本などは相当「いきり立った」らしい。

それはともかく、当時の人々はあの試合を新聞などでまず活字として読み、それからしばらくしてニュース映画で一部分を見たということになる。力道山が起こした問題の場面を映像で確認する以前に、たとえば『朝日新聞』による「酷評」を読んでいたわけである。

穿《うが》った見方をすると、木村に対する「裏切り」を実行に移そうとしていた力道山にすれば、そのようなシーンはテレビでオンエアされない方がプラスなわけで、そのために前座試合を長引かせていたとすら考えられるのだ。あれだけ注目されながらリアルタイムで放送されない試合。その枠組みだけで何かが起こることを予感するセンスは木村にはなかったと思う。何回も言うが、「裏切り」もプロレスの一部なのである。すべて予定調和で事が足りると考えていた木村が甘かったのだ。そして、木村は知らない間に「真剣勝負を挑むと言いながら、実は八百長を申し入れていた男」にされていったのである。

激昂する大山倍達

力道山の木村に対する「裏切り」にリングサイドで激昂し、リングに上がって力道山に一撃を加えんとする男がいた。空手家の大山倍達《おおやまますたつ》である。大山倍達こと崔永宜《チェヨンイ》の人生は伝説に包まれている。したがって、リングサイドで激怒した話も大山特有の「法螺話」と一笑する向きがあるらしい。しかし、小島一志・塚本佳子『大山倍達正伝』によると、大山がリングサイドで観戦していたのは事実である。

私自身も小島貞二の目撃談を聞いている。小島は書いている。

もし、この時、大山が躍り上がり、もし力道山が身構えたとしたら、おそらく別の血がマットの上に散っていただろう。……まず下から目を突き、相手は本能的に目を覆う。がらあきの金的めがけて蹴りがとぶ。相手は悲鳴をあげて股間をおさえる。そして当然、前にかがみ込む。そのみずおちめがけて、正拳一発をぶち込めばことがすむ。

（『力道山以前の力道山たち』一八八頁）

小島は私に言った。「もしそうなったら、日本のプロレスはそこで終わっていたでしょうね」。

大山はなぜ力道山の「裏切り」に激昂したのか。力道山と大山の出会いは一九四六年に遡るらしい。新朝鮮建設同盟（建同）結成大会の場で曹寧柱《そうねいちゅう》を介して知り合ったようだ。曹は当初共産主義に朝鮮独立の夢を託していたが、挫折を経験し、やがて石原莞爾《いしわらかんじ》の「民族協和」思想に共鳴し、石原が主催する東亜連盟に参加した、民族運動家にして空手家である。朝鮮半島から密航してきた崔永宜の空手の師匠にして大恩人である。しかるに、金信洛（力道山）と崔永宜（大山倍達）が建同の大会で出会ったという事実は両者の自伝を見ても絶対に出てこない話である。なぜなら、金は日本人「力道山光浩」であろうとし、崔は日本人「大山倍達」を演じ切ろうとしたからである。民族運動に関わっていた過去は両者にとって抹殺すべき過去であったのだ。

腕相撲の恨み

『大山倍達正伝』によると、大山と木村政彦の関係はそれほど深いものではなかった。大山は木村を武道家の「先輩」として尊敬していたが、両者に密接な関係はなかった。にもかかわらず、力道山の木村に対する「裏切り」になぜ大山は激昂したのか。

前述のように、力道山と大山は一九五三年七月に『オール讀物』誌上で対談したが（ちなみに、『大山倍達正伝』には一九五四年とあるが、五三年が正しい）、この対談の後に余興で二人が腕相撲を行ったらしい。両者の顔を立てるため引き分けにすると申し合わせたそうだ。ところが、記者がカメラのシャッターを切った瞬間に力道山が猛烈な力を入れて勝ってしまったというのだ。その後、力道山は腕相撲で大山に勝ったと吹聴したという。大山にすれば、力道山が木村を破ったのはあの腕相撲のときと同じ手口で許せないというわけである。ただの腕相撲と侮るなかれ。勝負の世界に生きる人間にとって、一度ついた負のイメージは大きいものである。大山は今度こそ実戦で力道山を倒さなければならないと考えていたようなのだ。

ここからは私の推測になるが、腕相撲での屈辱に加えて、力道山が空手チョップで売り出したという事実も大山に忸怩《じくじ》たる思いを抱かせていたのではないだろうか。『丸』という雑誌の一九五五年四月号は「日本一の空手チョップ　大山倍達七段」という特集を掲載しているが、明らかに力道山への当てつけであろう。空手という当時マイナーなジャンルがプロレスの「空手チョップ」で注目を浴びたということは空手界にとってはあまり面白くない事実であったろう。あるいは、空手界にあって自己顕示欲がひときわ強く、後に完全な異端となってしまう大山にとっては「空手チョップ」の力道山はパフォーマーとして不倶戴天の敵だったと言うべきかもしれない。

プロレスに取り組む姿勢

力道山 対 木村政彦について、大山倍達の師匠である曹寧柱は、両者のプロレスに対する姿勢の違いを強調している。

力道山と木村が練習しているのを見たが、力道山は木村に歯が立たなかった。足払いだけで力道山は立つことも出来ない。それくらいの差がありました。ところが木村は稼いだ金で、あの時代、三百万円で『キャバレー木村』というのを熊本駅前に作り、ほとんど練習をしなかった。木村はもともと武道家だから単純でしょ。力道山はプロレスという商売を熱心にやっていこうとして汗を流したが、木村はプロレスは見世物といって馬鹿にしていた。そんな姿勢があいう結果になったのでしょう。

（『大山倍達正伝』五〇九頁）

この証言からわかることは、まず力道山と木村がいっしょに練習をしていたことであるが、いつの時期かわからないので、両者の対戦に向けての練習かどうかは定かではない。しかし、それ以上に重要なのは両者のプロレスに賭ける情熱の違いである。力道山はプロレスに真面目に取り組んだが、木村はそうではなかった。この違いである。プロレスは言うまでもなく真剣勝負ではない。だから、武道家の体質を残していた木村は真剣に取り組めなかった。しかし、力道山はプロレスという職業と懸命に格闘したのである。力道山に「真剣勝負」を挑んだ男としてのストーリーを木村は演じきることができなかった。そのプロとしての甘さを力道山に突かれたのである。プロレスラーに武道家としての強さを求めるのは間違いである。それはたとえて言えば、演歌歌手に声楽の基礎を求めるようなものなのだ。評価の高い声楽家が人気歌手になった例はあるのだろうか。木村政彦や大山倍達は大衆のヒーローと言えるだろうか。そうは言えまい。ひとり力道山だけがヒーローになったのである。それは彼が格闘家としてではなく、プロレスラーとして優秀だったからなのだ。

事態の収拾

力道山と木村を分けたのはプロレスについての情熱の違いと書いた。プロレスは「見るスポーツ」として周縁的な存在である。すなわち、蔑視の対象になりやすい「被差別のスポーツ」ということなのだ。力道山自身もシャープ兄弟興行以前には「八百長」という言葉を平気で使っている。

しかし、シャープ兄弟興行以降は、そういう発言はしなくなる。つまり、力道山も時間をかけて職業としてのプロレスへの情熱を獲得していったということなのである。プロレスというジャンルがやっかいなのは、木村のようにプロレスへの情熱を持っていなくとも柔道家としての名声だけでリングに上がれてしまう、そのようなことが後を絶たないことである。極端な言い方をすれば、プロレスをじゅうぶん理解していなくてもプロレスラーを名乗る可能性があるのだ。

このようなことが起こるのはプロレスが興行に特化したジャンルだからである。金儲けのビジネスというシビアな一面が「被差別スポーツ」と合体している、というか支配している。力道山当時、「エンタテインメント」などというしゃれた言葉はなかった。力道山をエンタテイナーとして評価しようという文化はなかった。

だから、力道山が木村を破ったという事実に対しては非文化的な直接的反響しか起こらなかった。力道山は試合後数日間自宅に籠ったという。配下のレスラーに猟銃を持たせて。木村が主催する「国際プロレス団」の興行主が山口組だったからである。前述のように、大山倍達も力道山を付け狙った。

複数の書物を総合すると、力道山と木村、力道山と大山の「手打ち」が成立したのはいずれも五五年二月のことである。それらの背後に田岡一雄（山口組三代目組長）や町井久之（鄭建永《チョンゴニョン》。後の東声会）ら裏社会の顔役が介在したのは言うまでもない。彼らは力道山の興行を仕切っていた新田新作、永田貞雄ら俠客あがりの人物とのネットワークの中で事態を収拾していったのである。

このような生々しい舞台裏においてはプロレスの文化的特性などは青臭い話でしかないのだ。が、青臭いからこそ、現実のプロレスとは無関係に、知的かつ文化的にプロレスを語る場が成立しうると私は考えているのだが。

4　山口利夫戦

東京への対抗意識

木村政彦を破った力道山に山口利夫が挑戦した日本選手権試合が行われたのは一九五五年一月二六日のことであった。山口は木村同様柔道家あがりで、プロ柔道を経てレスラーとしての活動を始め、力道山よりも早く大阪で興行を開催したことは前述した。ところで、力道山 対 山口戦の影が薄いのはどうしてであろうか。

直前に行われた力道山 対 木村戦があまりにも強烈な印象を与えたことが大きいのは言うまでもない。力道山 対 木村戦以降二〇年間メインイベントでの「日本人対決」は行われなかった、という風に書いているプロレス雑誌もあったほどだ。力道山フリークだった村松友視は「試合は、大阪で行われたせいもあって、見に行きたいという気持ちが強く湧かなかった」と書いている（『力道山がいた』一一三頁）。村松の関心のなさの主たる理由は山口が木村よりも格下だった点にある。木村に勝った力道山が山口に負けるはずがない、と一四歳の村松少年は考えたのである。

しかし、山口には熊本を拠点とする木村とちがって大都市大阪で興行を打ってきた実績があった。山口の最大の後援者は酒梅組の松山庄次郎組長である。力道山がシャープ兄弟を招聘しての興行は大阪でも連戦で行われたが、初日のメインでは力道山、山口組がシャープ兄弟をノンタイトルで破っている（この勝利は関西の親分衆へのサービスだったのだろうか）。二日目は力道山、木村組がシャープ兄弟の選手権に挑戦したが破れた。この結果に松山が「山口なら勝てた」と日本プロレスに怒鳴り込み、永田貞雄と林弘高がなだめたというエピソードが残されている。在阪の新聞も「山口なら勝てた」の大合唱を起こしたという。山口の背後には大阪の東京への対抗意識が存在していた。毎日新聞大阪本社運動部の谷口勝久はこう証言している。

木村のような目に遭わせたら力道山を殺すと威嚇するヤクザもいた。力道山の側には永田貞雄を通して田岡一雄がついており大阪の試合も殺気だっていた。

（猪瀬直樹『欲望のメディア』二九三〜二九四頁）

しかるに、試合そのものは殺気立つどころか、ごく普通のプロレス的展開に終始するのであった。

力道山と対戦した山口利夫の脇腹には大きな白い絆創膏が貼られていた。たしかに、試合前には山口がアバラ骨を痛めているという噂が流れていた。が、これは山口の敗北をより不可抗力的なものにする演出と考えてよさそうである。普通のプロレスのセオリーで考えれば、アウェーに乗り込んできたチャンピオンの力道山がどこかを痛めていて、地元大阪のチャレンジャー山口がそこを狙っていくというパターンがいちばん盛り上がるはずだ。

ところが、劣勢を伝えられる山口が脇腹を痛めているというのは、端的に言って、関西のヤクザの期待を背負っていた山口が彼らを体よく裏切らなければならなかったからである。試合は三本勝負であったが、一本目は力道山が逆エビ固めで山口からギブアップを奪い、二本目は山口が場外に転落し、そのまま起き上がれずリングアウト負けとなった。山口が一本を取れば、場内の期待感が高まってしまうのでストレート負けとし、しかも二本目のフィニッシュは山口の不可抗力的な負けにして過熱気味のヤクザに介入の余地を与えなかったのである。

毎日新聞大阪本社の谷口勝久もこう語っている。

不可抗力的な負け方

リングアウトは、跳びかかるふりをして、じつは自分から落下したのだ。そのまま起き上がらないので山口の背後にいた大阪のヤクザも手をだす機会を失ってしまったんです。

（猪瀬直樹『欲望のメディア』二九四頁）

場外への転落が自作自演であることは今日では常識であって、現在のマニアックなファンは誰の転落の仕方が自然かをレスラーの「技量」として見極めようとしているほどだが、当時はまだプロレスが「スポーツ」と考えられていたのである。

そう言えば、一本目の途中で力道山が試合を止め、リングサイドに陣取っていたカメラマンを後方へ下がらせている。そして、一本を取った後もリングサイドの方を気にしていたという。力道山も山口の自然な負け方に相当気を遣っていたのだろう。あるいは、力道山にそんな気を遣わせるほど山口が負けの技術に自信がなかったのだろう。実は、山口の未熟ぶりは試合の途中にも露呈しているのである。

素人のようなかわし方

プロレスはさまざまな様式に満ちたジャンルである。たとえば、ロープに飛ばされた選手はロープまで走っていって跳ね返ってきて基本的には相手の技を受ける。これは「ロープワーク」と呼ばれる一つの様式である。これだけの動作の中に跳ね返り方など所作が決まっており、レスラーによって上手い下手がある。

しかし、このことは一般には理解されていないといっていいだろう。プロレス側のカムアウトがない限り、人々はどうしてもプロレスをスポーツ的に見てしまう。八〇年代末に前田日明率いるＵＷＦが「社会現象」とまで言われるほどの人気を博した一因は、ロープワークを用いないスタイルが妙なリアリティを持ち、「真剣勝負」であるかのように喧伝されたからである。様式を様式として受け止めることはかように難しいのだ。

さて、山口利夫が場外への転落という不可抗力的な負け方を演出するのに力道山も相当気を遣っていたと述べた。それだけ山口がレスラーとして未熟だったわけで、たとえば力道山が山口に体当たりを敢行したとき、山口は素人のようなかわし方を見せてしまう。

両者が対戦した一九五五年にこの様式が確立していたかどうかは不明であるが、今日では体当たりのかわし方としては、自ら高々とジャンプして、その股の下を体当たりする相手がくぐっていくリープフロッグ（蛙飛び）という方法か、あるいは素早くうつ伏せになって、背中の上を力道山が飛び越えていく、というのが代表的なものであろう。いずれも体当たりをかわす方の素早い動作の美しさがポイントであり、その美しさの前にリアリティは犠牲となっている。

ところが、このときの山口は身体を必死にひねりながら横に飛びのいてしまっている。まるで力道山の体当たりが恐ろしくて逃げたというような印象を与えてしまっている。私はこの動作に山口の素人っぽさを感じてしまったのである。ひょっとすると、山口は試合中どうやったら場外にうまく落ちることができるか、そのことばかりを気にしていたのではないだろうか。木村政彦もそうだが、力道山より早くプロレスを始めた山口はプロレスの何を勉強していたのだろうか。少なくとも、力道山は木村や山口よりもプロレスを深く理解し、きちんと学習していた。そういう意味で、力道山が木村、山口に連勝したのは必然なのである。

第五章　プロレス・ブームの光と影

1　新田新作の反撃

観客動員力

プロレスラーの強さとは一体何なのか。荒っぽい言い方をすれば、それはつまるところ観客動員力ということになるのではないか。どんなに格闘家として優れていようとも客を呼べなければ、そのレスラーに価値はない。一九七〇年代における元柔道金メダリスト、アントン・ヘーシンク（Antone Geesink）の失敗など典型的な例である。プロレスが興行に特化したジャンルである以上、観客動員力がもっとも評価されるのは当然のことである。

したがって、団体のエースがもっとも強い選手とは限らないという事態が生じる。また、エースが社長を兼ねるケースが多いため、エースは配下の選手を統率するため広い意味での政治力を発揮しなければならない（一般のスポーツであれば選手の実績がものをいうのであろうが、プロレスには当てはまらない)。このこととスポーツ選手出身の国会議員のうちレスラーの比率が高いという事実は無関係ではないように思う。

さて、木村と山口が力道山に敗れたのは観客動員力の差でもあった。力道山のシャープ兄弟興行が大成功に終わった後、大阪で木村と山口を中心とした興行が企画された。この興行に関わっていた田岡一雄は永田貞雄に、「力道山をレフェリーとして出場させてくれ」と要請した。永田は即座に断った。永田は浪曲界出身の興行師で、このころは自らの料亭を売却してまで力道山のプロレス興行に賭けていた。シャープ兄弟で成功した力道山を三流の興行に出すことはできない。そういう判断だった。大阪の興行は惨敗に終わった。その後、それぞれの団体の興行に力を入れた木村と山口ではあったが行き詰まり、力道山との対戦に走ったのである。その意味でも木村と山口の敗戦は必然であり、力道山はマット界を統一することに成功した。

力道山には永田以外に新田新作という侠客あがりの有力後援者がいた。力道山が大相撲をやめた後新田建設で世話になった最大の恩人である。新田は力道山のプロレス入りにはむしろ反対であったが、永田の説得で渋々許した経緯があった。その新田がシャープ兄弟興行成功の後、プロレスは儲かる商売と認識を変えていった。しかし、皮肉なことに、この頃から力道山は新田あるいは永田の言うことをだんだん聞かなくなっていく。特に、新田が横綱東富士《あずまふじ》のプロレス入りを画策するに及んで、両者の確執は決定的になっていくのだ。

元横綱で元関脇を抑える

新田新作は博徒の人であったが、戦中米軍捕虜収容所に勤めた折に捕虜に親切にした縁から、戦後GHQから東京下町一帯の焼け跡の復旧作業を依頼された。そのための土建会社が新田建設の前身であり、とりわけ戦災で焼けた明治座の復旧作業を松竹から頼まれて成し遂げ、明治座の興行を引き受けるに至った。相撲界との関わりは一九四九年かららで浜町河岸に仮設国技館を建設し、相撲協会に提供している。力道山とは横綱東富士を通じて知り合った。一九五六年の『毎日新聞』が伝える訃報には、「明治座社長。新田建設社長。…戦後明治座の復興に力を尽くしたほか力道山の育ての親として知られ、プロ・レスリング、都市対抗野球にも貢献した。」とある。「力道山の育ての親」には間違いない。しかし、力道山のプロレス転向には反対で、興行師永田貞雄の説得で渋々承認した経緯はすでに書いたとおりだ。

力道山の周辺には意外にも「プロレス嫌い」が少なくないように思う。新田が相撲の方に強いシンパシーを感じていたことは間違いないし、力道山の私設秘書吉村義雄はその著書でボクシングへの思い入れを語り、プロレスに抱く違和感を隠さない。つまるところ、力道山の時代はプロレスが大人気を博しながらも、ジャンルとしては確立していなかった時代と言える。シャープ兄弟興行の折に看板に力道山を元関脇ではなく、「元大関」と偽ったのは永田あたりのセンスだったのか。

シャープ兄弟興行、次の夏の興行が立て続けに成功を収めたあたりから、力道山と新田、永田の間でプロレスをめぐる主導権争いが持ち上がってくる。外国人レスラーのブッキング権、マッチメーク権、つまり現場の実権を掌握した力道山は、ファイトマネーの配分権を握るべく永田にこう持ちかけた。

アメリカは、日本の習慣で考えるとうまく行かない。選手に支払うギャランティのことは、永田さんの方からは何も言わないで欲しい。すべては、わたしにまかせた方がうまくいく。

（猪野健治『興行界の顔役』一八二頁）

続いて、日本人選手のギャラ配分権をも掌握した力道山に対して、選手から「約束されたギャラが支払われていない」と不満が噴出し始めた。力道山はギャラのピンハネをやっていたのだ。

当初永田を「社長」と呼んでいた力道山は、この頃には「永田さん」と呼ぶようになっていた。日本プロレス協会理事長の新田にはさすがに「会長」と呼んでいたものの、まったく聞く耳を持たなくなっていたという。新田は主導権を力道山から取り戻すべく「元横綱」東富士のプロレス転向を急いだ。東富士は当初乗り気ではなかったが、有力後援者である新田の勧めとあって断りきれなかったのである。「元関脇」であれば、「元横綱」で抑えることができる。新田の発想はそういうことではなかったか。

東富士の担ぎ出し

横綱東富士が現役引退を表明したのは一九五四年一〇月のことである。その後は年寄錦戸を襲名したものの、一二月には年寄も廃業して相撲界を去り、後援者の新田新作が経営する明治座の取締役に就任していた。五五年一月には力道山と山口利夫の日本選手権をリングサイドで観戦し、マスコミからはプロレス入り確実と見られていた。しかし、本人は明言を避け続け、二月に帝国ホテルで行われた力道山と東富士の「渡米壮行会」においては、東富士の渡米目的は「ハワイ相撲協会からの招きで在ハワイ日本人の相撲技術指導のため」と説明されていた。もちろんこれは表面的な理由で、渡米はプロレス入りへの布石であった。二人が渡米（三〜六月）している間に、力道山とは別に東富士中心の団体を作る構想があったようだが、定かではない。

東富士の担ぎ出しは新田新作の演出で、言うことを聞かなくなった力道山への反撃であった。力道山にしてみれば、現場の権限は獲得したものの、興行権は新田らが抑えており、活躍に見合う報酬を得ていないという恨みがあった。元横綱東富士の力で元関脇力道山を支配する。たしかに相撲だけで判断すれば、力道山は東富士より格下である。

李淳馹《リスンイル》『もうひとりの力道山』はここにもうひとつの視点を付け加える。日本のプロレスのヒーローは本当の日本人でなければいけないのではないか、ということだ。実は、ヒーローは日本人でなければいけないという思いは力道山自身が強く持っていたことだ。彼は生涯朝鮮半島出身であることを隠し続け、（妻を除いて）家族にすら語っていない。大山倍達が日本人を演じながらも、一方で出自についてオープンな面もあったのとは対照的に、力道山の「自己管理」は徹底していた。新田の胸中にヒーローは本当の日本人でなければいけないという考えがまったくなかったわけではないだろう。

しかし、それ以上に大相撲での力関係が優先していたように思う。相撲の実績だけで判断すれば、東富士の方がよりヒーローにふさわしいし、このことはいつ露呈するかわからない出自の問題とちがって世間に見えていたことだからである。だが、新田には見えていなかったものがある。それはプロレス自体である。プロレスは西洋の相撲ではなく、「プロレス」という独特のジャンルであるという事実。レスラーには力士とちがう能力が要求される。力道山はその能力によって東富士、そして、その背後にいる新田新作に反撃することになる。

ハワイで歓迎された横綱

元関脇よりも元横綱の方が強い。プロレスというジャンルへの認識が不十分だった時代に、こう考えた人は多かった。一九五五年二月に帝国ホテルで行われた「力道山、東富士壮行会」の席上で、大映の永田雅一社長は力道山に「いまに東富士がお前よりも強くなるぞ」と語り、力道山は複雑な表情を見せたという。

力道山と東富士がハワイへ渡ったのは三月二七日のことだったが、事態は彼の地でも同様であった。ホノルル空港のロビーにプロモーターのアル・カラシックが報道陣を集めていた。カラシックは報道陣に対して、東富士を「この男は日本の相撲のグランド・チャンピオンで三八〇ポンドある。ハワイでレスラーに転向する」と紹介した。まだ髷を結っていた東富士に報道陣の関心が集中したのは当然である。本場日本の大相撲で数カ月前まで現役の横綱を張っていた男が、ハワイでプロレスラーになる。ある意味では、日本における以上に地元では大きな反響があったのかもしれない。記者の中には力道山に、「あなたは相撲でどのくらいの地位にいたのか」とぶしつけにも聞く者もあったという。通訳の沖識名《おきしきな》は「彼はミドルチャンピオン」と答えたそうだが、力道山の心中は穏やかではなかっただろう。

東富士は早くも四月一〇日にデビュー戦を行うことになるのだが、日本のメディアではプロレスを後援している『毎日新聞』よりも『読売新聞』の方が熱心な印象を受ける。ハワイ遠征中の四～六月に『毎日』が東富士を中心に取り上げたのはわずか一回であるのに対し、『読売』は三回で、そのうち四月二〇日には「プロレス一年生東富士は語る」と題して、かなり詳しい記事を掲載している（いずれも大阪版調べ）。ちなみに、『読売』は力道山と東富士が帰国して行われた七月の国際試合の報道では「東富士、力道山組」と表記して、東富士を格上扱いしている。また、プロレスをいちばん取り上げない『朝日新聞』は六月に「東富士ら七月に帰国」と力道山をその他大勢扱いしている。『読売』、『朝日』にはプロレス＝力道山を後援してきた『毎日』への対抗心があったのだろうか。それとも横綱という「権威」の重みというべきなのだろうか。力道山にとっては、直接対戦した木村や山口以上に東富士は存在感の大きい「内なる敵」であったのである。

破格の扱い

大下英治『永遠の力道山』には、力道山が東富士とハワイへ渡った折、「三重県松坂のある筋から仕入れた大量の真珠を、東富士のでっぷりとした腹に巻かせて飛行機に乗り、ハワイで売りさばいたりした」と書いてある（一五〇頁）。この本でしかお目にかかれない記述であるが、力道山はすでにいろいろなビジネスに手を染めていたのだろう。ハワイでは力道山は東富士の引き立て役を演じさせられた。力道山が三五分かけて二対〇で破った相手をその翌週に東富士はデビュー戦として一〇分少しで片づけている（ただし一本勝負であるが）。観客は同じ対戦相手を通して二人のレスラーを比較するものだ。三五分で二本取った力道山より一〇分で一本取った東富士の方が上と思うわけである。

この手法はマット界でときどき使われる手口だ。有名なところでは、アントニオ猪木が引き分けたビル・ロビンソンをライバル団体のジャイアント馬場が引き抜き、二対一で勝利したことがある。馬場と猪木の直接対決が実現しない以上、馬場が自分は猪木より上だとアピールするにはこういう方法が効果的なのである。もっとも、このときの猪木はその後異種格闘技戦を連発して馬場プロレスと質的差異化を図る路線で巻き返すことになるのだが。

東富士に話を戻すと、彼のプロデュースは「横綱」の興行的魅力に惹かれたアル・カラシックの手になるものだった。東富士はデビュー第二戦で力道山と組んでハワイ・タッグ選手権を獲得している。破格の扱いというべきだろう。ただし、東富士はレスラーとしての自分にまったく自信がなかった。ハワイへ渡ってから一カ月して力道山が単身アメリカ本土に転戦することがわかると心細さを隠さなかったという。ハワイに残された東富士は九連勝を果たすも、一〇戦目で黒星がつくや、猛烈なホームシックに襲われて、マネージャー格の沖識名に「日本へ帰りたい」と言い出す始末。このあたりは力道山のたくましさとは対照的に東富士のプロとしての限界を感じさせるエピソードである。力道山も後年マネージャーの吉村義雄にこうこぼしたという。


弱っちゃうぜ、東関にも。風呂に入っても、自分で自分の体、洗えねえんだ。もう、口を酸っぱくしていうのだけどね――横綱、プロレスの世界は相撲とは違うんだから、自分のことは自分でやるようにしてくれって。でも、それがぜんぜんダメ。困ったもんだ。

（吉村義雄『君は力道山を見たか』一一二頁）

プロレス界に順応できない東富士は五五年七月に力道山とともに帰国を果たすが、「元横綱」の肩書きに期待が高まる中、ある国際試合で「元関脇」の力道山よりレスラーとしてははるかに下であることが露呈される瞬間を迎えるのである。

ブームの頂点

プロレス・ブームの頂点はひょっとすると一九五五年七月だったかもしれない。二日に力道山と東富士が帰国し、七日に東京・大手町の産経ホールで東富士の断髪式、二八日には日本橋浪花町にプロレスリング・センターが落成開場した（口絵2頁下参照）。そして、一一日、プリモ・カルネラ（Primo Carnera）、ジェス・オルテガ（Jesse Ortega）ら四選手が来日を果たすというふうに華やかな話題が相次いだ。プロレスリング・センターは鉄筋五階建てのビルで当然のことながら新田建設の新田新作が五カ月をかけて完成したものだった。このビルの開場式では力道山と東富士が一〇分間のスパーリングを披露しているが、力道山は新田に気を遣ったのか東富士の技を受け続け、引き立て役に徹した。

なお、東富士の断髪式が産経ホールで行われたのは、『産経新聞』が新田に接近した結果である。あくまで断髪式であるから日本プロレスを後援する『毎日新聞』も正面切って反対できなかったのである。また、カルネラを招聘する計画は当初『産経』が立てたものだったという。この計画はうまく行かなかったが、次に『読売新聞』がカルネラに食指を動かしたという。カルネラは戦前にボクシング世界ヘビー級チャンピオンになったことがある巨漢であり、『読売』にとって魅力ある人材だったのだろう。日本プロレス協会とタッグを組んでいる『毎日』は協会に圧力をかけ、『読売』に手を引かせた。ただし、『読売』は撤退する代わりに、協会に対してテレビ放送を日本テレビに独占させる条件を出し、協会はこれを飲んだ。

ラジオ東京テレビ（現・TBS）も新田にアプローチし、毎月の試合放送権を獲得した。五四年二月の段階では海のものとも山のものともわからなかったプロレスが一年半後には、『朝日』を除く新聞メディアの関心を引くビッグ・イベントと化していた。『読売』あたりは元横綱と元ボクシング・ヘビー級王者のからみに価値を見出していたのだろうか。実際に、主役を張ったのは力道山とオルテガではあったが。

2　プロレス遊びの流行

教師たちの苦しみ

ところで、ブームの過熱ぶりはメディアの熱狂以外の視点からも推し量れる。それはプロレス人気の子供への浸透である。一九五五年はプロレス遊びで子供が死亡する事故が顕在化した年でもあったのだ。

一九五五年三月プロレス遊びが原因で横浜の中学生が死亡するという事件が起こった。『読売新聞』

は「空手チョップで死亡」という見出しをつけて、「級友のA君とレスリングをやり、猛烈な空手チョップを頭に食って倒れ、……」と報じている（三月三日付）。いちばん詳しく報じたのは『朝日新聞』で、それによると死亡した中学生は同級生に対し、「おれの友達を空手で殴ったから今度はおれが殴ってやる。明朝八時までに学校に来い」と呼び出し、校庭で同級生と顔面、胸などを殴りあい、それが原因で死亡したものである。いずれにせよ、当時の子供の間ではプロレス遊びが大流行しており、当該の校長も「このごろ生徒がプロ・レスの真似をし殴り合いをして困っている」という有様だった。

プロレスを後援していた『毎日新聞』はこの事件を報じていないが、「プロレス遊びはよそう」という主婦の投書を掲載している（三月八日付）。『朝日』には「プロ・レス廃止論」という高校生の投書が載っているが、この投書は「このように残虐野蛮な競技が存在する限り、明日の世界の平和を愛する市民は生まれて来ないだろう」と格調高く締めくくられている（三月五日付）。『読売』には横浜の事件以前に自営業者の投書「プロレスを法律で禁止せよ」があり、ここでも「平和国家を建設せんとする日本が血で血を洗う残忍な行為を許していることは何ごとであろう」（二月一一日付）と嘆いていて時代を感じさせるものの、事件後の投書は「禁じ手をもっと増やし、ショーであるプロレスではあるが真剣にやっても大きな危険はないプロボクシング程度にしたらよい」との医師の提案である（三月一五日付）。実際には、ボクシングの方がはるかに危険なのではあるが。

同年一一月にも前橋の小学生がプロレス風の蹴りを受けて死亡する事件が起こるや、『朝日』の報道姿勢はより積極的となる。「声」欄に小学校教師によって学校児童会の議事録が掲載され、子供たちがこの問題に取り組もうとする姿勢がうかがえる。この教師は「父母、教師ともに、プロレスについて悩み苦しんでいる」と告白する（一一月二九日付）が、大人も好きなプロレスで子供に痛ましい事故が起きていることに悩んでいたのだろうか。

プロレス遊び懇談会

このような状況の下、東京都大田区母の会は「プロ・レス遊び懇談会」を企画し、大田区在住の力道山をゲストに招いたのであった。

「プロ・レス遊び懇談会」は一九五五年一二月一九日に大田区民会館で開催された。大田区母の会が力道山、評論家の清水慶子、区内小中学校教師、ＰＴＡ有志を招いて行ったものだが、この会を伝える『朝日新聞』を読む限りでは、まるで「力道山を囲む会」のような様相を呈している。子供にプロレス遊びをやめろと言っても効果が薄いので、プロレス側が何か啓発を行うべきだという話の流れの中で、力道山が子供たちに一万枚ブロマイドを配る予定であるが、その裏に「皆さんは一八歳になるまでプロレス遊びをしてはいけない」とハンコを作って押すことを提案し、一同の賛成を得ている。清水慶子は「力道山さんの素直な態度に今まで暗かった気持ちも明るくなったようだ」と語ったという（一二月二〇日付）。つまり、事は力道山ペースで進んだということなのだろう。

翌年六月二一日には蔵前国技館で「レスリング教室」という入場無料のイベントが実現している。日本プロレス協会主催、東京都教育委員会、毎日新聞社後援の行事で、力道山は体力鍛錬の実演を披露した後、一万人の子供たちに「よい子は空手打ち、飛び蹴り、ひじ打ちなどは絶対にやってはいけません」と呼びかけた。

私は六〇年代から七〇年代にかけて中学、高校生活をすごしたが、プロレス遊びはまだ盛んであった。高校時代には柔道場を占拠して仲間と「プロレス興行」を実施した。出す技の順番まですべて決め、つまり完全なシナリオに基づいて試合を組み立て、観衆の喝采を浴びた。私の得意技「バックドロップ」で相手が失神し、保健室にかつぎ込まれるというハプニングもあった。柔道部顧問は「怪我をしないようにやれよ」と黙認していた。入場料を取ろうかという話まで出たが、結局は柔道部の同級生によって道場から追い出されて、「興行」は終わりを告げた。もちろん、一八歳になる前の話である。

時代はいわゆる「学園紛争」が終息しようとしていた頃だ。教師は総じて自信を失っているように見えた。私が大学に入る直前に連合赤軍による「あさま山荘事件」が起こっている。大学生になった私たちは「シラケ世代」とマスコミから命名された。

3 東富士デビュー

裏ワンマンショー

力道山時代に話を戻す。当時の警視庁少年課は、組織犯罪の増加を暴力犯罪映画やプロレスの影響と見ていたようだ。飛び出しナイフの代わりに飛び蹴り、膝蹴り、空手チョップが「不良仲間」のあいだで流行し、プロレスの街頭テレビ見物が原因で夜遊びの習慣が広まっていることを問題視している。

プロレスと同時期に注目されたのがボディビルで、『朝日新聞』の「声」欄には日本体育大学教授のボディビル批判（「肉体は盆栽ではない!」）（一一月三日付）および早稲田大学バーベル・クラブの反論（一一月二四日付）が載っている。一九五六年三月二日の『朝日』東京都版には「悪い遊びをなくしよう」という見出しで都青少年問題協議会が「青少年を育成する運動」を展開するという記事の横に、ボディビルがしたくて二人の少年が工場から機械のはずみ車を盗んだ話が紹介されている。『週刊読売』一九五五年九月一八日号が「M＋Mの魅力？」と題して、肉体に着目してプロレス、ボディビル特集記事を掲載していることからも、五五年あたりはプロレスの社会的影響力がもっとも大きくなった時期だと考えられる。プロレスを後援していた『毎日新聞』は同年七月一五日開幕の「ハワイ・中南米タッグ・チャンピオン・シリーズ」に先駆けて、紙面で来日四選手を紹介するのはもちろん、一三日には来日四選手の「座談会」まで行うほどの力の入れ様だった。

蔵前国技館三連戦で華々しく開幕したシリーズの目玉は当初東富士だった。元横綱がどこまでやれるのか。そして、元ボクシング・ヘビー級チャンピオンのプリモ・カルネラはどこまで凄いのか。そこへ、力道山がどのようにからむのか。そんなところだった。東富士は、第一戦は力道山とタッグを組んでカルネラ、ハーディ・クルスカンプ（Hardy Kluscamp）組に二対一で勝利している。一本目は東富士が二分少々でクルスカンプから反則勝ちを拾い、二本目は力道山がわずか二九秒でカルネラのパンチに沈み、三本目は力道山が空手チョップでクルスカンプからフォール勝ちという展開だった。

韓日映画『力道山』では、力道山が東富士を引き立てるために新田新作の命令でやられ役を演じるという演出になっていたが、事実は異なる。二九秒でカルネラに敗れたのはエースと目されていたカルネラを立て、同時に東富士も立てたということだろうが、東富士の力量ではきれいに負けることさえできないという事情もあったろう。プロレスでは「負ける」ことがたいへん重要になってくるが、それなりの技量がないと務まらない。また、二九秒という短時間はアクシデントっぽく、かえって観客の印象に残りにくい。「スター」力道山はそんなところまで計算していたのではないだろうか。また、トータルで六分程度の試合時間というのは東富士、カルネラのスタミナ不足にまで配慮していたという気さえしてくる。映画とちがって、東富士のデビュー戦は事実上力道山のワンマンショーだったのである。

強者が弱者を救済する

東富士の国内デビュー第二戦はジェス・オルテガとの三〇分一本勝負だった。最初の方こそ肉体のぶつかり合いを見せる展開だったものの、オルテガのパンチ攻撃に東富士は鼻血を流し、後ずさりするのみで戦意喪失の態となった。この様子に、次の試合を控えていた力道山が花道を颯爽と走りぬけリングへ上がりオルテガに空手チョップを叩き込んでリング下へ放り出した。東富士の不甲斐なさにいらだっていた観客は力道山の「乱入」に大いに溜飲を下げたことは言うまでもない。このシーンは村松友視のお気に入りで、静岡市役所前の街頭テレビで観戦していた当時中学生の村松は力道山の残した鮮やかな場面として強烈に記憶に残っていると述懐している。

東富士の反則勝ちという結末にはまったく意味がない。プロレスは記録より記憶である。この試合で評価を上げたのは力道山、ならびに東富士を追いつめたオルテガであり、ひとり東富士のみが評価を下落させたのである。強者が弱者を救済するシーンはプロレスで何度も繰り返されてきた。しかるに、一九五五年七月の段階では力道山と東富士のどちらが強者なのかはっきりしていなかった。新田新作は少なくとも東富士を強者にし、力道山を再び支配下に置こうとしていた。が、力道山は東富士を救うことによって自らが強者であること満天下に示し、新田の面目を失わせたのである。

大下英治『永遠の力道山』には、力道山に対する新田の不満を聞いたヤクザが力道山の弟分ともいうべき豊登《とよのぼり》の命を狙ったエピソードが紹介されている。また、安藤昇率いる安藤組があるトラブルから力道山をつけ狙うも、力道山をかばった東富士が自ら五〇万円を用意し、その誠実さにほだされた安藤組のヤクザが力道山の命を狙うことをやめたという話も披露されている。同書によると、後者のエピソードは一九五五年早春ということになっているが、この頃は力道山、東富士ともにハワイ遠征中で辻褄が合わない。一九五六年の間違いではないだろうか。それはともかく東富士の人の良さを示す逸話ではある。力道山をかばおうとした東富士はやがてプロレス界からいびり出されるように姿を消していく運命にあった。

反米感情へのアピール

力道山はヤクザ相手に限らず、短いレスラー人生の中で数多くの新聞ダネとなるようなトラブルを起こしている。ロバート・ホワイティングの『東京アンダーワールド』においては力道山自身が暴力団の構成員だったというような書き方をしているが、それはさすがに一方的すぎる見方だと思う。力道山の関わったトラブルは、彼がプロレスラーであったがゆえに起こったと考えたほうが自然である。

ジェス・オルテガが参加していたシリーズの終盤である五五年九月、各紙は力道山がキャバレーで外国人を殴り、負傷させ、告訴されたという記事を掲載した。『朝日新聞』夕刊などは、力道山に向かってわめきたてたオランダ人に力道山がいきなり殴りつけたような記事になっている（九月九日付）。

しかし、真相は違う、と商業紙の姿勢を厳しく批判したのが左翼雑誌『真相』五五年一一月号だ。同誌は「この事件では、被害者が外人で、加害者が力道山ということにされていたが、事実は逆で、日本人を劣等視する悪質外人の、人気者相手のユスリ」と真相を明らかにし、商業紙が力道山はどこでもすぐプロレスを実演してみせる乱暴者というイメージを広めている、とその姿勢を批判している。この記事は「敗戦＝占領の十年間、日本の国土の上で勝手に振舞う外人のやり方を〝負けたのだから仕方がない〟と見て見ないふりをして我慢してきた大部分の日本人には」力道山のプロレスが清涼剤の役割を果たしてきた、とプロレスの社会的役割に一定の理解を示している（五四年一一月号でも同様の見解が示されていた）。

プロレスというと、保守政界や右翼、暴力団との結びつきがすぐに取り沙汰されるし、そのことはすでに述べたけれども、左翼にある反米感情にアピールしている部分もあったのである。五七年一〇月のルー・テーズ来日歓迎レセプションには自民党の政治家だけではなく、社会党の浅沼稲次郎《あさぬまいねじろう》書記長も列席している。浅沼もプロレスファンだった。長嶋茂雄が「社会党が政権を取れば、プロ野球はどうなるのか」と不安を表明したのはいつの話だったのか。存在自体が「親米的」とも言えなくもないプロ野球と、一見「反米的」なプロレスの違いなのだろうか。

『朝日新聞』の非難

一九五五年七月二八日に後楽園球場で初めてプロレス興行が行われた。メインイベントは力道山・東富士組 対 ジェス・オルテガ、バット・カーチス（Bud Curtis）組の「ハワイ・中南米タッグ選手権試合」だった。この日を最後に帰国するプリモ・カルネラがリングに上がり、オルテガに握手を求めたが、オルテガは無視した。当初エースと見なされていたカルネラが日本の地を踏むことは二度となかった。

試合は荒れた。激しい場外戦でオルテガは額から出血した。東富士はオルテガの頭と鉄柱の間に左親指をはさんでしまい、脱臼したという。東富士の適応力のなさが偲ばれる。

試合はノーコンテストに終わったが、この試合を厳しく批判したのが三〇日付の『朝日新聞』である。「スポーツ週評」というコラムで「プロ・レス関係者の反省を望む」と題して流血戦を非難したのである。「プロ・レスとはスポーツ的な要素を多分に盛り込んだ一種のショーである」から、「観衆に楽しく面白く見せることが、プロ・レスの神髄でなければならない」のに、「日本のプロ・レス関係者は『プロ・レスがショーだ』と言われることを極端にきらう傾向」があり、「『選手権をかけた真剣勝負』を看板にせざるを得なく」なり、「あえて傷つけ合い流血を招く」。それは「スポーツでもショーでもなく、ケンカであり『人間の闘牛』だ」。ざっと、こんな調子である。力道山 対 木村政彦戦批判の論調とトーンは共通している。

『朝日』はこの記事をきっかけにプロレスの試合を報道する回数が激減していく。そして、五七年

スポーツ週評

プロ・レス関係者の反省を望む

二十八日夜後楽園で行われたプロ・レスリングの試合で、来日中のオルテガ（メキシコ）が額を傷つけ血にそまりながら、それでもなお力道山に向おうとして、リングの周囲を数十名の警官が取り巻くという騒動を演じた。

力道山は終了後「オルテガは試合が荒い。何度も反則を犯して挑戦的な態度に出たので構わずカーッとなってやった」と語ったが、そもそもプロ・レスの本質とは一体なにか、ということを日本のプロ・レス関係者もファンもこの辺で考え直して見る必要がないだろうか。

プロ・レスとはスポーツ的な要素を多分に盛り込んだ一種のショーであるはず。プロ・レスのルールにも一応いくつかの反則が規定されてある。しかしプロ・レスがあらゆるスポーツと異る性質である証拠は、これらの反則をレフェリーが五秒数えても止めぬ場合負けとするという点だ。つまりどんな反則でも四秒半まではやっても差支えないことになる。相手が負傷せぬ範囲内で止めるのは一に選手のショーマンとしての良識に負わねばならぬのである。

選手たちのこの良識の上に成立って、互いに激しいトレーニングで鍛え上げた肉体を躍動させ激しい攻防の技術をくりひろげるところに観衆は魅力を感ずる。悪玉、善玉が手よりも身ぶりを織りまぜて適当に観衆を笑わせる。こうして観衆に楽しく面白く見せることがプロ・レスの神髄でなければならないはずだ。

ところが日本のプロ・レス関係者は「プロ・レスがショーだ」と言われることを極端にきらう傾向がある。結局日本の選手は無表情だし、テクニックの点からも客がもてないので「選手権をかけた真剣勝負」を看板にせざるを得なくなるのではなかろうか。あえて傷つけ合い流血を招くのはスポーツでもショーでもなく、ケンカであり「人間の闘牛」だ。あくどいギャング映画、チャンバラもの、どぎついエロ・グロ漫画が問題になると同様に、もしプロ・レスが「真剣勝負」であり「人間闘牛」であるならば、興行の倫理性という立場から許さるべきではなかろう。

もう一つ重大なことはファンに少年層が相当いるということである。無心の子供がこれに熱狂する結果はどんなことになるか。現にオルテガの反則に興奮したせいもあってか、当夜の見物席は大人にまじって子供たちまでが「やっつけろ」「殺してしまえ」と口々にののしっていた。恐ろしいことだ。このふんいきが力道山のファイトを呼び起したといえぬこともない。「プロ・レスはあくまで楽しく面白く見るショーである」という反省は観衆の側にも必要であろう。当夜試合の合間に楽隊が軍艦マーチを奏でていたが、こんな点にも当事者の考慮が払われるべきだった。

この記事は『朝日』のプロレスに対する事実上の訣別宣言となった
（『朝日新聞』1955年７月30日）

一〇月を最後に運動面からプロレスは姿を消すのである。ただ、五五年七月以降の数少ない『朝日』のプロレス記事が「選手権試合」に限定されているのは皮肉な現象だが。

ところで、『毎日新聞』『読売新聞』とちがって早い段階でプロレスから足を洗った『朝日』が現在もっともプロレス／格闘技に熱心なように見えるのはなぜなのだろうか。運動面にこそ載らないが、夕刊に「格闘技」というタイトルの記事が不定期に掲載されているのは『朝日』ぐらいなのではないか。私が主宰するプロレス文化研究会でもたびたび話題になるが、『朝日』はかつてのように進歩的言説では売れなくなり、いつからかサブカルチャーに傾斜したのではないかという仮説がある。前述のように、九〇年の前田日明を絶賛した記事は「転向」のひとつの証左であろう。

空手チョップの危機

東富士を力道山に代わる主役にしようとして果たせなかった夏のシリーズが終了した後、力道山は東富士を伴って東南アジア遠征に出かけている。それまでアメリカの選手を中心に興行を展開してきたが、このあたりでアジアの選手を招聘して目先を変えようという意図があったのだろうか。あるいは、五五年といえばアジア・アフリカ会議がインドネシアで行われた年であるから、「アジア」がいつもより注目されていたという事情もあったのだろうか。一一月から、シンガポールで活躍するキング・コング（King Kong）やインド出身のダラ・シン（Dara Singh）らを中心とする「アジア選手権シリーズ」が開幕した。

特に話題となったのが、反則ひとつしないダラ・シンのフェア・プレイで、これには力道山も空手チョップを振るいにくかっただろうし、また、空手チョップはそもそもレスリングにおいては反則なのではないかという議論が起こったという。力道山の自伝『空手チョップ世界を行く』には、シン戦で空手チョップを使わなかった力道山に対して美空ひばりが「空手チョップのないリキさんてつまらない」と言ったエピソードが紹介されている（八二頁）。このエピソードは次のコング戦で力道山が空手チョップを使うことの正当化に使われている。この自伝のゴーストライターは当時日刊スポーツの鈴木庄一と言われているが、「空手チョップ」がタイトルに採用されている自伝としては、空手チョップをめぐる力道山の苦悩は美空ひばりという役者を得て、不可欠な題材だったというべきなのか。

前述したプロレス遊びによる子供の死亡が相次いだのはこの年のことだし、雑誌『丸』が「日本一の空手チョップ　大山倍達七段」という特集を組んだのも一九五五年のことだった。社会的影響力やリアリティの面からも空手チョップは危機を迎えていたと言えるかもしれない。もっとも、一九五五年は二年目にしてプロレス人気そのものはまだ健在で、その人気の陰に問題点が隠れていた観があった。ただ、三年目となる一九五六年はついにプロレスが初めて人気の下降を経験した初めての年となる。しかも、この年は、最悪なことに、外国人レスラーによる宝石強盗事件で幕を開けたのである。

第六章　プロレス人気下降す

1　宝石強盗事件で明けた一九五六年

レスラーか否か

一九五六年一月一六日の夕刊各紙は、アメリカ人ジョン・M・マックファーランド（John M. McFarland）が帝国ホテルで宝石強盗を働き、緊急手配されていることを伝えた。彼はその日の夜に永田町の「ラテンクォーター」で飲酒中に逮捕された。問題は彼が何者かということである。『毎日新聞』は、一六日には「同人は米国ネブラスカ州出身のプロ・レスラーといい」と伝え、翌日になると、「昨年一一月二四日米国ネブラスカ州オマハ市から来日、横浜で二回、大阪で一回日本のプロ・レスラーと対戦」と詳しくなるが、一八日の紙面にはオマハのプロモーター、マックス・クレイトンのコメントとして、そんな名前のレスラーは聞いたことがない、という言葉を紹介している。『朝日新聞』と『読売新聞』はマックファーランドが日本の力士二名と契約し、渡米させてプロレス興行を行う予定だったことを伝えているが、プロレスにいちばん詳しいはずの『毎日』がその計画にいっさい触れていないのは変な感じがする。『毎日』は力道山の意向を気にしていたのか、マックファーランドがさも自称レスラーであるかのように印象づけようとしていたのだろうか。実際にマックファーランドがゴージャス・マックというリングネームで上がっていたのは木村政彦のリング（国際プロレス団）であった。力道山は自分が呼んだレスラーでないにせよ、プロレスのマイナス・イメージになる事件をひどく気にしていたと伝えられる。

ロバート・ホワイティング（Robert Whiting）の『東京アンダーワールド』もこの事件に触れているが、この本によると、マックファーランドはプロレスで大変な人気を博したかのように書いてあり、おまけに木村のリングとは一言も書いていないので、力道山のリングで人気者だったという風に誤解している人も多いのではないだろうか（ホワイティング、六一～六五頁）。力道山のことをひたすら悪く書こうとしているホワイティング一流の誇張なのだろうが、マックファーランドはそんなにメジャーな存在ではなかったはずである。しかし、プロレスについての悪評がすべて自分に撥ね返ってくることを力道山は知り尽くしていたはずで、何とも幸先の悪い新年になったことは間違いない。

政治家とレスラー

当時は、木村の国際プロレス団も山口利夫の全日本プロレスも日本プロレスもプロレスコミッショナーからライセンスを発行されていた。つまり、今日のプロレス界とちがって統一コミッションが存在し、組織として「ちゃんと」していたのだ。

初代コミッショナーは酒井忠正《さかいただまさ》。元伯爵で戦前の阿部信行内閣では農林大臣を務めた。就任当時は横綱審議委員会の委員長で、相撲博物館の初代館長でもあった。プロレスの権威づけに元政治家を利用したというよりも大相撲の「権威」を利用する形でプロレスが立ち上がっていったという感が強い。第二代コミッショナーは大野伴睦《おおのばんぼく》。自民党副総裁にして党人派の代表的政治家だった。官僚派ではなく党人派が興行界と結びつきやすいことは言うまでもないだろう。力道山死後になるが、第三代は自民党副総裁の川島正次郎《かわしましょうじろう》で、「寝業師」と言われたこの人も党人派的色彩が濃い。第四代は川島派だった椎名悦三郎《しいなえつさぶろう》。統一コミッショナーではないが、猪木が創設した新日本プロレスがよくリングに上げていたのが二階堂進《にかいどうすすむ》で、この人もいかにも党人派っぽい。

大野伴睦（毎日新聞社提供）

力道山時代に話を戻せば、大野がコミッショナーに就任したのは五七年一〇月で、ルー・テーズとの世界選手権を権威あるものにする演出という一面もあった。力道山の弟子である大木金太郎ことキム・イルの追悼記事では「キム・イルは日本ではともかく、韓国では大変なヒーローだった。朴正熙もファンだった」という論調の記事があって、取り方によっては日本のプロレスファンの無知を笑われているような感じがしたが、朴正熙の時代に右のような文脈でキム・イルの活躍を紹介するような日本のマスコミがありえたであろうか。日本のファンにとって大木金太郎は「大木金太郎」にしか見えていなかったのである。

同様に、力道山が大野ら政治家と親交があったからすごかったとはならない。力道山のレスラーとしての力量がまずあり、プロレスに力があったからこそ、政治家の利用も可能になったし、政治家もプロレスを利用しようとした側面があったのだろう。今日のプロレスにどれだけの政治家が魅力を感じているというのだろうか。レスラー出身の国会議員はともかく。

三つの派閥

ゴージャス・マックらによる宝石強盗事件の報道が落ち着いた五六年一月下旬の『毎日新聞』社会面に、「力道山も脅さる　暴力団幹部も逮捕」という記事が載っている。五五年一二月に「サロン純情」で暴力団が力道山、東富士を脅したという内容だから、大下英治『永遠の力道山』が伝える、安藤組が関与した事件のことであろう。大下の本は後日談を記している。逮捕後、被害者の東富士が渋谷署まで来て、脅しに使われた拳銃は本物だったとは言い切れないと暴力団をかばい、その結果逮捕された七人はわずかの拘留で釈放された、という（一六〇頁）。この記事が掲載された頃、力道山は三カ月に及ぶ「世界武者修行」の旅に出発する直前だった。東富士は事態の収拾を力道山から託されていたのだろうか。あるいは、自分の責任で動いたのだろうか。

左翼系雑誌『真相』五六年五月号は日本プロレス協会のレスラーに三つの派閥が存在すると書いている。一つは、新田新作会長の後押しを受けた東富士、駿河海《するがうみ》らのグループ。二つ目は遠藤幸吉を中心とする柔道転向組。最後に、力道山、豊登、芳《よし》の里《さと》らの「主流派」である。『真相』は力道山の留守中に、豊登が廃業宣言を発表したもののすぐに翻意した問題をめぐって東富士派と豊登が激しく対立したと書いている。プロレスの試合は事の性格上信頼関係がないと創造できない一つの「作品」とする見方が最近有力であるが、たしかに信頼関係が崩れている対戦相手間では技をかけたり、受けたりはスムーズに行かないことがある。豊登 対 駿河海戦でもそういうことがあったようで、力道山派の豊登は東富士派の駿河海を脱臼させている。

「世界武者修行」に赴く直前の力道山はこういったことにも気を配っていたのか三階級を創設して、五五年一二月に「ウエート別全日本選手権東日本予選」を行った。レフェリーは力道山自身が務めている。その結果、ヘビー級は一位に東富士、二位に羅生門、ジュニアヘビー級一位は駿河海、二位は阿部修、ライトヘビー級はユセフ・トルコと芳の里が後日決勝を行うということに落ち着いた。なお、渡米中の遠藤と失踪中（このことが前述の「廃業宣言」につながった）の豊登は参加していない。豊登 対 駿河海のような「ガチンコ」（真剣勝負）が横行するようなマット界の秩序作りに自らも木村政彦に部分的「ガチンコ」を仕掛けた過去を持つ力道山は邁進していたということなのだろう。それはもちろん力道山を頂点とするピラミッドを完成させるということでもあったが。

2　盛り上がらないシリーズ

ブームの消長

力道山は五六年一月末に「世界武者修行」の旅に出発した。東南アジア、ヨーロッパ、アメリカと回り、ヨーロッパ以外では試合を行った。ヨーロッパでも試合をするつもりではあったが、少なくとも三カ月は当地に留まる契約をプロモーターと交わさなければ試合に出場できない仕組みであることがわかり、ローマ、パリ、ボン、ハンブルク、ロンドンを観光したにとどまった。つまるところは田舎相撲のようなもので、力道山は自伝で「ヨーロッパではプロレスリングは盛んだが、本格的な技もなければ迫力もない。アクロバットのように、とんだりはねたりするだけで」（八八頁）と酷評しているが、やはりプロレスはアメリカでなければだめであることを痛感した旅ではあったようだ。四月に帰国を果たすが、最大のお土産はシャープ兄弟と再来日の契約を交わしたことだった。

四月下旬からスタートしたこのシリーズを展望して『週刊読売』五月六日号は実にクールな見方を披瀝している。「こんどの試合でシャープ兄弟が負けて、力道山組がタッグ・チームの世界のタイトルを獲得できるかどうか……ということよりも、むしろプロ・レスブームの〝消長〟のほうに、われわれの関心はよせられる」。五四年二月のシャープ兄弟来日から始まったプロレス・ブームの終焉を予見したかのような見解である。記事は、力道山の技の少なさを指摘したダラ・シンの言葉を紹介した後、こう続けている。

われわれは、ひとくちに〝プロ・レスブーム〟といっているけれど、せんじつめると、それは〝力道山ブーム〟であり〝空手チョップ・ブーム〟である。なぐり合いに興奮し、民族意識にかりたてられるだけのことなら、これでいいかもしれないが、多少ながらスポーツ的要素をもつ興行として、つねにファンにアッピールしたい……とあれば、〔中略〕レスリングの基本であるグレコ・ローマン型をマスターしなければなるまい。

この時期のプロレスは、後世には外国人コンプレックスやナショナリズムと結びつけて語られることが多いが、プロレスというジャンルの本質を見据えた実に冷静な議論が当時すでに存在したのである。

この議論の前では、ひたすらアメリカのプロレスにのみこだわる力道山の了見もさすがに狭く思えてくる。力道山が遠藤幸吉をパートナーにシャープ兄弟に挑戦したシリーズではあったが、さすがの力道山フリークの村松友視もこう書かざるをえなかった。

このシリーズはどこか盛り上がりに欠けていたという印象があった。力道山の描いたシリーズの目標も、……目新しさはない。

（『力道山がいた』一五二頁）

レンタル・チャンピオン

一九五六年といえば、石原慎太郎の『太陽の季節』が芥川賞を受賞し、石原裕次郎がスクリーンデビューしたが、いわゆる太陽族映画には婦人団体、ＰＴＡ、教育委員会などから上映禁止運動が起こり、また海外ではエルビス・プレスリーが登場し、ロカビリーブームの先鞭をつけた。この年の『経済白書』は「もはや〝戦後〟ではない」と記したが、風俗的な面で見ても、たしかに一九四五年から続いている時間とは質の違う流れが始まったという観がある。

その点で、力道山がシャープ兄弟を再来日させて遠藤幸吉とのタッグで世界選手権に挑戦するという物語は二年前の焼き直しに過ぎず、すでに時代遅れだったというべきかもしれない。唯一の新味は力道山組が世界タッグ選手権を奪取したことで、このことはプロレスを報道しなくなっていた『朝日新聞』ですら取り上げているのだから一定のインパクトはあったのだろう。もっとも、力道山組の戴冠は十五日天下に終わり、シャープ兄弟は王者のまま帰国した。力道山組はいわゆる「レンタル・チャンピオン」だったということだろう（「レンタル・チャンピオン」とは、地元のヒーローに花を持たせるため、アウェイのチャンピオンが地元のヒーローに敗れて王座は移動するが、帰国までには取り返すという、興行に特化したプロレス特有の用語である）。新鮮味はないものの興行そのものは盛況だったようだ。

シリーズ中の五月に『読売新聞』が「国民とスポーツ」というテーマで全国世論調査を実施した結果を発表している（実施は四月。回答数二六〇二）。「あなたはスポーツでどんなものがお好きですか。」という質問の回答（複数回答）では、野球（五七パーセント）、相撲（四一パーセント）、卓球（二四パーセント）がベスト三を占めるが、レスリングは一一パーセントで六位となり、ボクシング（七パーセント）を上回っている。「あなたはスポーツを見たり聞いたりするとき、主に何にたよりますか。」という質問にラジオが七六パーセント、一般新聞が五三パーセントに対して、テレビがわずか一〇パーセントという時代である。テレビが主たるメディアであった「レスリング」の六位は健闘している数字というべきか。もっとも、「レスリング」にアマチュア・レスリングも若干入っているかもしれないが（この年の一一月にメルボルンでオリンピックが開催され、レスリングは金メダルを二個獲得している）。参考までに、『朝日新聞』が二〇〇三年九月に実施した「スポーツに関する世論調査」での同様の質問（好きなスポーツ）に対しての回答（ただし、こちらは単数回答）は野球（四六パーセント）、サッカー（一三パーセント）、大相撲（六パーセント）が上位を占め、プロレスは一パーセントで一五位と低迷し、Ｋ－1やボクシングの後塵を拝している。

力道山当時、プロレスが今日よりも人気があったのは明白な事実であり、シャープ兄弟再来日シリーズもそれなりの人気を博しはしたが、プロレス熱は確実に冷え始めていた。

新田新作の死

シリーズ終了後の六月二五日に、日本プロレス協会理事長の新田新作が五〇歳の若さで急死した。

『毎日新聞』の訃報は「同氏は福井県出身、戦後明治座の復興に力を尽したほか力道山の育ての親として知られ、プロ・レスリング、都市対抗野球にも貢献した」と伝えている。『読売新聞』も「日本プロレス協会理事としてプロレス今日の隆盛を築いた」と書いているが、『朝日新聞』には「明治座の復興に貢献した」とあるのみで「プロレス」の文字はない。原康史『激録　力道山』は力道山が新田の遺体の前で号泣した話を紹介し、新田が力道山の恩人であったことを想起させる。

だが、猪野健治『興行界の顔役』や大下英治『永遠の力道山』は、こうした力道山の姿を「芝居」だと断定している。二冊とも、興行師永田貞雄の視点からそう決め付けている点が共通している。猪野の本によれば、力道山と新田はすでに決裂状態にあったが、力道山はそのことが発覚することを恐れていたという。「新田の〝力〟を継続的に利用しようとの腹づもりだったからだ」（猪野、一九六頁）。

大下は、力道山は「おのれのためなら、どんな芝居でも打てる男だと、永田は思うのだった」（大下、一六二頁）と記している。自民党の河野一郎を葬儀委員長として、会葬者三〇〇〇人という盛大な葬儀だ。力道山が周囲の目を意識していたことは間違いないだろう。

ただ、大下はバランスを保とうとしたのか、力道山の秘書吉村義雄の言葉を付け加えている。

力道山は新田さんの死を、深く悲しんでいたのは事実なんです。現にわたしは、力道山が新田さんの話をしながら、涙を浮かべているところを見ていますから。

（吉村義雄『君は力道山を見たか』一二二頁）

真実はどのあたりにあるのだろうか。はっきりとしたことはもちろんわからない。しかし、プロレスラーの行いはすべて芝居がかって見える傾向にあることは否定できないし、「力道山演技説」がどう考えても永田周辺から出ているらしいことから見れば、新田―力道山―永田という複雑なトライアングルに思いを馳せる必要もあるのではないか。吉村は後年、永田が私財を投げ打ってまで築いた日本プロレス興行の社長の座をあまりにもあっけなく力道山に譲った一件で永田を恐ろしい人物だと思ったと書いているが、新田―力道山ラインを興行師永田はどのような目線で見つめていたのだろうか。

いずれにせよ、新田の死で日本のプロレス界は新たな段階に入ったと言える。

3　プロレスの周縁化

わくわくした気分を出さずに

プロレスの周縁化はいつごろから進行したのだろうか。プロレスは力道山死後もしばらく大衆的人気を博し続けた。六〇年代末までは高視聴率番組であり続けたし、その後も何度かのブームは起こった。八八年までプロレスはゴールデンタイムの番組であり続けたのである。

しかし、人気を保ちながらもプロレスは公的空間からは排除されていった。一般紙で「スポーツ」として報道されたのは力道山時代までである。社会学者の吉見俊哉の講演「テレビと家電の戦後史──力道山からミッチー・ブームへ」を聞いたことがある（二〇〇六年一二月二日、京都）。吉見は、五五年に全国で子供たちの間に「プロレスごっこ」が蔓延し、死亡事故がたびたび起こったにもかかわらず、話はプロレスそのものの是非に向かわなかったことと、六三年に力道山が死亡したときの一般紙の扱いの小ささを比較して、力道山が「英雄」から「悪漢」に転落していくさまを指摘した。彼によれば、テレビ史的に見て五八〜五九年に大きな変化があったのではないかということである。

プロレスの公的言説からの排除は、たしかに一般紙の扱いを見ると五八年に大きな変化があったと言える。『朝日新聞』が運動面でプロレスをまともに取り上げたのは五七年までである。しかし、それ以前から新聞紙面にはプロレスに否定的なコメントが載せられている。たとえば、「はじめに」でも触れたが、五六年五月の『読売新聞』に、三カ月間アメリカ国務省の招きでアメリカのテレビ界を視察してきた日本テレビのディレクター松本紀彦の話が載っている。「プロレスはストリップ並み」という見出しが目を引く。本文にはこうある。

日本ではプロレス中継が大変なモテようだが、アメリカの場合プロレスは下品なものにされている。これは演出法のアクドサ、たとえば日本人レスラーは羽織、ハカマであらわれて醜態を演ずるというような見せ方に原因があるのだろうが、とにかくストリップなみに扱われており、ネット番組には流してはいない。

(『読売新聞』一九五六年五月二三日付)

日本テレビは言うまでもなくプロレス中継を中心的に担ってきた局である。初期のプロレスはNHKやラジオ東京テレビ(現・TBS)も中継していたが、五七年五月以降日本テレビの独占中継となり、五八年八月からは金曜八時に「ディズニーランド」と隔週中継となる。日本テレビの独占となってから、プロレスの演出が「アクド」くなっていったことは皮肉な話というべきか。

五六年に話を戻すと、シャープ兄弟再来日興行の後、力道山は七月からタム・ライスをメインとした興行を打っている。新田新作死後初めてのシリーズであった。力道山フリークの中学生だった村松友視は、力道山 対 ライス戦を友人の家で見たらしい。こう書いている。

友だちの両親も友だちも、私のためにプロレス番組を選んでくれたものの、もはやプロレスにはさしたる興味を抱いていないようだった。私も、その家庭の雰囲気に合わせ、あまりわくわくした気分を出さないようにしていたはずだ。

（『力道山がいた』一五五頁）

映画「ALWAYS　三丁目の夕日」は一九五八年の設定で、主人公が購入したばかりのテレビに近所の人々が大勢押しかけて力道山の試合に熱狂する様を描いていたが、ほんとうにそのような光景は一般的だったのだろうか。五四～五五年の街頭テレビや喫茶店のテレビならともかく。

一流ではなかった大同山

一九五六年夏、『毎日新聞』は社会面に「暴力新地図」という連載記事を掲載している。その第三三回には「興行と暴力」というタイトルで、一九五五年頃にヤクザがプロレスを脅した話が紹介されている。蔵前国技館のメインイベント前にＹ一家の若い者がリングサイドを占領し、プロレス協会が礼儀を尽くしていないと協会常務の永田貞雄を殴ったというのである。〝礼儀〟とは〝御酒代〟と〝御招待券〟を持って親分に挨拶をすることを意味する。結局、新田新作の裁定で、五万円の〝酒代〟が復活し、場外の空き地に一時間百円のＹ経営駐車場が出現したらしいが、新田の力はこういうときに発揮されたのだろうか。この記事は「プロレス協会のようなしっかりしたところ」で、この有様だと嘆いてみせる（八月二八日付）が、興行団体としてプロレスが「しっかりしている」という記者の認識自体が興味深い。

さて、その新田の葬儀が行われた翌日、一九五六年七月九日大阪府立体育会館で木村政彦 対 大同《だいどう》山又道《ざんまたみち》の一戦が行われている。木村は熊本から大阪に根拠地を移して「国際プロレス団」のエースとして活動していた。一方、大同山は「東亜プロレス」という団体のエースだ。「最も詳しい力道山伝記」である原康史『激録　力道山』はこの一戦について簡単に記すのみだ。木村が二対一で勝ったこと、日本プロレスコミッショナー（酒井忠正の退任にともない工藤雷介事務局長が代行）の認定を受けた試合だったこと、したがって中立のレフェリーとして日本プロレスから九州山が派遣されたこと、である。

ところが、プロレスの専門書でもないのに、この試合についてははるかに詳しい書物が存在した。鈴木琢磨『金正日と高英姫』である。木村と対戦した大同山は、金正日《キムジョンイル》の四番目の妻で二〇〇四年に死亡したとされる高英姫《コヨンヒ》の父親である。鈴木の本のメインテーマは高英姫にあり、彼女の父として大同山こと高太文《コテムン》がクローズアップされているわけだ。この本によると、試合は大同山の急所蹴りによって木村の反則勝ちになったということらしい。『激録　力道山』では木村の一本背負い、裸締めで快勝のように書いてあるが。要するに、プロレス・サイドではローカルな存在にすぎなかった大同山などたいした存在ではなく、きちんと資料を確認もせずに、木村の快勝が当たり前と思い込んでいたのだろう。

鈴木はユセフ・トルコへのインタビューを試みているが、トルコは大同山を「前座みたいなもの」とにべもない。トルコは高太文が六一年に北朝鮮に帰国した事実すら知らなかったようだが、プロレス界には大同山がレスラーとして「大物」のように扱われることに対する不快感が確実にあるようだ。私も大同山が一流レスラーだったとはとても思えない。ただ、力道山の成功によって大阪在住の在日朝鮮人で格闘技を経験している者がプロレスで成功を目指そうという機運が存在したことだけを確認しておきたい。そして、その関西のプロレス界が力道山を頂点とする東京のプロレスによってやがて統一されていくプロレス史の非情な流れも記しておこう。

力道山の関西制圧

一九五六年一〇月に「ウエート別統一日本選手権大会」が行われた。参加したのは、日本プロレス以外にアジアプロレス、東亜プロレス、山口道場で日本プロレスコミッショナーからレスラーライセンスを受けていた選手たちである。アジアプロレスというのは木村政彦の国際プロレスの選手たちが、木村がメキシコへ遠征している間に国際から抜けて結成した新団体である。山口道場は、山口利夫の全日本プロレスが興行不振から解散に追い込まれたが、傘下の選手が「日本選手権大会」に出場するために「山口道場」所属とした、いわば仮称である。したがって、「日本選手権大会」に木村は参加していない。アジアプロレスの結成を聞いて急遽帰国した木村は、プロレス界からフェードアウトしていった。木村以外で不参加選手としては「渡米をひかえているため」との理由で遠藤幸吉が出場を辞退している。

しかし、最大の欠場選手は力道山自身である。力道山はすでに日本選手権保持者であり、「日本選手権大会」のヘビー級部門は力道山への挑戦者決定戦の様相を帯びていたのである。村松友視はこう書いている。「力道山フリークの私は、力道山のサイド・ストーリーといった感じで受け取っていた。……日本を統一する選手権の結果より、ルー・テーズへの挑戦問題がどうなったのかということのほうが重大だった」（『力道山がいた』一五六頁）。

この大会は力道山率いる日本プロレスが関西の群小団体を制圧し、マット界を統一する役割を果たしたこと、さらに、力道山抜きの興行（力道山はレフェリーで登場）が成功するかという実験的意味合いが大きかったのではないだろうか。それ以外に注目すべきは、予選が非公開で行われた（マスコミにのみ公開）ことで、私が小島貞二にインタビューしたおり、「昔はセメント（真剣勝負）でやっていた」という趣旨の発言があったが、この予選のことを指すのではないかと思った。つまり、レスラーの格付け、ましてや複数の団体のレスラーの格を決めるのに、ベースの部分ではほんとうの強さが問われる部分があるということである。

二三、二四日の準決勝、決勝は両国の国際スタジアム（後の日大講堂）で行われたが、そこでは興行的思惑が当然働いたはずだ。優勝者のみを記すと、ライトヘビー級が芳の里。ジュニアヘビー級が駿河海。ヘビー級は東富士と山口利夫が痛み分けに終わり、一一月に大阪で再戦が決定した。東富士と山口では格付けが微妙でもあり、もはや興行能力を失っている山口に最後の花を持たせたと解釈すべきだろう。「勝者は力道山の王座に挑戦する権利を得る」という謳い文句の大阪での再戦は、果たせるかな東富士の勝利に終わり、三王者はすべて日本プロレスが独占し、関西の団体は息の根を止められた。三人のうち、二人が東富士派で一人が力道山派である。力道山が超別格の存在であることを考えると、きわめて派閥均衡的な結果ではあった。東富士に破れた山口はこの後プロレス界から姿を消した。

また、東亜プロレスの大同山はジュニアヘビー級準決勝で吉村道明《よしむらみちあき》（山口道場）に敗れ、二、三位決定戦で阿部修（日本プロレス）に勝った。この試合結果はさすがの『金正日と高英姫』にも載っていなかったので、ここにあえて掲載した次第である。

一九五六年秋に行われた「ウエート別統一日本選手権」は日本プロレスによるマット界統一を実現させた。いわば、力道山によるプロレス統一である。

最低のシリーズ

ただ、力道山には東富士派という内なる敵が存在したが、六月に東富士の最大の後援者だった新田新作が亡くなっていたので、力道山にとってはこの派をつぶすことは時間の問題と言ってよかった。東富士はヘビー級一位となり、力道山への「挑戦権」を獲得したものの、力道山との対戦を実現させる気力などもはやなかった。東富士は五六年一一月に日本橋浪花町のプロレスリング・センターの前に大衆割烹の店をオープンさせていた。東富士派でジュニアヘビー級チャンピオンとなった駿河海に対しては、全日本プロレス（山口道場）所属であった吉村道明を引き抜き、駿河海に挑戦させている。実態がほとんどなかったと考えられる全日本プロレスであるが、関西の親分衆が役員に名を連ねていたので、吉村の引き抜き料として日本プロレスは三〇〇万円を払わされたという。吉村が駿河海を破ったのは五七年四月。これ以降、吉村はスター選手となっていった（もっとも、吉村は七三年に引退するまで外様意識を持ち続けたというが）。

プロレス界を統一した日本プロレスではあるが、その直後の五七年一月のシリーズはひどかったと言われている。カナダから怪力レスラー、アデリアン・パイラージョン（Aderian Birajon）を招いてのシリーズではあったが、客入りはこれまでのシリーズで最低だったと言われる。村松友視はこう書いている。

力道山フリークにとっても、またふつうのファンにとっても、次はルー・テーズへの挑戦と信じていたので、さして有名でないパワー・ファイターに興味が湧かなかったのだろう。私の記憶の中に、このアデリアン・パイラージョンの闘いぶりは何も残っていない。（『力道山がいた』一五九頁）

このシリーズで唯一目を引くのは沖縄遠征が実現したことである。「沖縄駐留アメリカ軍の慰問」という名目で興行の許可をとったらしい。那覇の三日連続野外興行では六万人を動員したという。が、国内でのプロレスの落ち込みは前述のようにひどかった。

力道山にとって起死回生の策は、世界王者ルー・テーズへの日本での挑戦実現しか残されていなかった。二月に渡米した力道山はテーズへの挑戦交渉を行い、四月になって正式の契約を結ぶことに成功した。試合は一〇月、テーズがそれまでNWA世界王者であれば、という条件であった。力道山は意気揚々と五月に帰国したが、待っていたのは東富士の引退表明記事であった（六月）。結局、力道山の説得で東富士は引退を撤回したが、東富士派は事実上壊滅状態と言ってよかった。

一〇月のテーズ戦を目標にとりあえず興行の目途を立てた力道山であったが、ここに新たな問題が持ち上がった。プロレスをめぐるテレビ放送についてのトラブルである。

4　八欧から三菱電機へ

五七年までは単発放送

力道山のプロレスがテレビの普及に貢献したことはよく知られている。村松友視は一九八〇年に出版した『私、プロレスの味方です』に、「金曜午後八時の論理」と副題をつけた。プロレスといえば、金曜午後八時に日本テレビで放映され、スポンサーは三菱電機。このことは四〇代半ば以上の人には通用する暗黙の了解事項であろう。しかし、この連想があまりにも強すぎるゆえか、力道山時代のテレビ放送の内実は意外にはっきりとは記憶されていないのではないだろうか。プロレスが日本テレビで金曜午後八時に「ディズニーランド」と隔週放送されるようになったのは一九五八年八月からで、力道山時代の後半の出来事なのである。

それ以前はどうだったのか。五七年六月までのプロレスはあくまで単発放送であった。NHKも何回か放送しているが、基本的には日本テレビの独壇場と言ってよい。ただし、テレビ受像機の台数は一九五四年で五万台、五五年は一七万台、五六年四二万台、五七年にはようやく一〇〇万台に迫るが、それでも世帯普及率は五パーセント強といったところ。その後、五八年が一九八万台、五九年四一五万台と飛躍的な伸びを記している。

吉見俊哉は前述の講演で五八～五九年をテレビ普及の過渡期と考えていた。彼の講演の副題は「力道山からミッチー・ブームへ」であったが、皇太子成婚がテレビを家庭の中のものとした原動力というのだ。それでは、力道山はどうだったのか。力道山は街頭テレビ時代のヒーローだったというのだ。たしかに、これは間違ってはいない。新聞を中心とする一般メディアがプロレスをまともに扱っていたのはおおむね五七年までと言えるから、テレビの家庭への普及はまだまだだ。吉見の表現を借りれば、五八年以降「急速なプロレスの周縁化」が進行する。プロレスは大衆的人気を継続しながらも、公的言説において非難を浴びる存在となっていく。力道山は「英雄」から「悪漢」に転落していった。

私はこの講演会で質問用紙を通して吉見に疑問をぶつけた。「プロレスが公的な世界からパージされながらも、テレビの人気番組として力道山死後六〇年代末まで高視聴率を維持したということは、テレビは公共的な空間とは言えないのか」と。吉見の回答は五八年以降のテレビはプロレスをも包摂していく大きな存在になっていった、というようなことであった。

吉見の講演は私にとって力道山とメディアの関わりをうまく整理してくれる刺激的なものであった。しかし、それゆえに、より正確に両者の関係を描写したいという欲求をもたらした。たしかに五七年までは街頭テレビの時代と簡単に割り切れるが、前に述べたように力道山は五六〜五七年に興行的な落ち込みを初めて経験しているのだ。

三局同時中継

プロレスにとって初めての定期スポンサーは三菱電機ではなく、八欧電機《やおうでんき》である。ブランドはゼネラル。後年、富士通に吸収合併された。つまり、現在の富士通ゼネラルの前身である。八欧電機がテレビ受像機製造に乗り出したのは一九五一年のことで、大手メーカーは受像機の普及にまだ懐疑的だった時代のことだ。

同社はプロレス・ブームに目をつけ、定期スポンサーとなった。当時の新聞広告に力道山は「ミスター・ゼネラル」として登場している。五五年のテレビ受像機のシェアでいうと、早川電機（シャープ）一六・九パーセント、松下電器一五・七パーセントの大手を敵に回して、一二・七パーセントと健闘している。小さなメーカーが躍進した原動力のひとつは力道山のイメージにあったことは間違いない。ミスター・ゼネラルがシャープ（兄弟）を倒すという宣伝効果もあったのかもしれない。日本テレビからのスポンサー依頼に決断を下したのは、宣伝部長成瀬幸雄だった。やがて、成瀬は力道山のところに入り浸りとなり、会社の人間というよりは力道山の営業部長のように振る舞い始めたという。

折から、ラジオ東京にテレビ免許が下りた。ＴＢＳである。民放としては後発のＴＢＳはプロ野球中継の割り込みに失敗した後、プロレス中継を画策し、力道山に接近する中で成瀬との接点ができた。成瀬は八欧電機社長の八尾敬次郎に、日本テレビからＴＢＳへの乗換えを説得した。また、プロレスを後援していた『毎日新聞』もＴＢＳのプロレス参入を実現すべく、日本プロレス協会にプレッシャーをかけたようだ。かくして、五六年四月二六日に蔵前国技館で行われた力道山・遠藤幸吉組 対 シャープ兄弟戦の中継はＮＨＫ、日本テレビ、ＴＢＳの三社が同じ時間帯で行い、しかも民放二社のスポンサーはいずれも八欧電機という事態が生じた。三つしかチャンネルがない時代の話である。この試合以降はシャープ兄弟が帰国するまでＴＢＳがプロレス中継を独占した。

ただ、ＴＢＳにとって運が悪かったのは、シャープ兄弟再来日は二年前の初来日に比べて思ったほど盛り上がらなかったことだ。前述のように、五六年から五七年にかけてプロレスの人気は下降していったのである。八欧電機は弱小メーカーの売り出しにプロレスを利用したが、その魅力は半減しつつあった。また、推進役の成瀬の振る舞いにも社内から批判が絶えなかった。八欧電機とプロレスの関係は冷却していった。入れ替わるように登場したのが、三菱電機である。八欧側も三菱の参入、さらにソフトとして久しぶりに魅力的な力道山　対　テーズ戦の実現という新事態を受けてプロレスに「再接近」した一幕もあったが、ここでは省略する。

結局は八欧電機と絶縁した力道山が、五七年五月三一日に日本テレビの正力松太郎《しょうりきまつたろう》会長に「プロレス安定路線確立のためのテレビ企画を、今後日本テレビに一切おまかせ致します」と報告するに及んで、力道山―日本テレビ―三菱電機のトライアングルが完成したのである。しかし、四十代後半以上の人には印象深い「金曜八時」の放送にはまだ一年以上が必要であった。五七年六月から始まった「ファイトメンアワー」は土曜五時からの中継であり、しかも力道山の試合はあまり放送されなかったのである。

力道山の出ない「ファイトメンアワー」

日本テレビが毎週土曜五時に三菱電機提供で「ファイトメンアワー」を開始したのは、五七年六月一五日のことであった。その陰には力道山が八欧電機およびTBSとの関係を断ち切るという決断があったことは前述した。力道山の決断に日本テレビ会長正力松太郎は、「力道山君、日本人の誇りを回復してくれるのは、きみのプロレスなんだよ。……これからも精いっぱい活躍して、国民に勇気と力を与えてやってくれ」（大下英治『永遠の力道山』一七三頁）と応じたという。三菱電機がプロレスのスポンサーになるのに応じたのは正力じきじきの説得があった。正力が説く、力道山プロレスによる社会的志気の振興という意義を同社の最高首脳が受け容れたのである。言い換えれば、正力はプロレス自体を認めていたわけではなく、プロレスの社会的意義を評価していたのである。元来、反共産主義のメディアとしてテレビを評価し、日本への導入を早めた正力の政治的判断というべきか。正力は「日本プロ野球の父」という呼称を気に入っていたが、「日本プロレスの父」とは呼ばれたくなかったようだ。なお、三菱電機に白羽の矢が立ったのは、同社が竣工したばかりの読売会館（有楽町）の新築工事に関係していた事情もあるようだ。

猪瀬直樹『欲望のメディア』は、「ファイトメンアワー」を隔週金曜日のゴールデンタイムとしているが、これは明らかな誤りである。むろん、この程度のミスは同書にとって些細な瑕疵にすぎない。ただ、プロレスというとある世代以上には「金曜八時」というイメージがいかに強いかの証明として指摘しておきたい。

「ファイトメンアワー」は人形町のプロレスセンターからの実況中継で、力道山を除くメンバー、つまり吉村道明、芳の里、東富士ら中心のラインアップであった。五八年八月の「金曜八時」隔週放送実現まで毎週オンエアされたと思っていたが、調べてみると、五八年三月までの一八回にすぎず、力道山抜きでは人気はあまり出なかったのではないだろうか。力道山は五七年八月にボボ・ブラジル（Bobo Brazil）、一〇月にルー・テーズを迎えての国際試合に専念しており、そのシリーズの間は「ファイトメンアワー」は休みで、プロレスは特別番組として放送されている。同年一二月に力道山の試合が「ファイトメンアワー」に初登場しているが、力道山を出さなければどうしようもなかったのかもしれない。「ファイトメンアワー」という番組は一〇月のテーズ来日へ向けての盛り上げ役以上の意味はなかったというべきかもしれない。

第七章　興行からテレビへ

1　ルー・テーズ来日

永田貞雄の辞任

ルー・テーズ初来日決定のインパクトは大きかった。沈滞気味のプロレス人気ではあったが、世界チャンピオンの登場はそんなムードを跳ね飛ばすだけの力があった。これは、一九五七年頃までのプロレスにはまだ「スポーツ」としての信用が幾分残っていたということを意味する。テーズへの期待が高まる中で前哨戦として行われた八月のシリーズは久しぶりに盛り上がった。主力選手はボボ・ブラジル。初めての黒人選手であり、頭突きという技のインパクトで、強烈な印象を残しているレスラーだ。相当人気があった。にもかかわらず、力道山はブラジルをこの一回しか呼んでいない。力道山にとってやりづらい相手だったのだろう。いずれにせよ、前哨戦としては申し分のないシリーズであった。

ところが、その陰に隠れて、興行面での大きな変化が起こりつつあった。当初から興行の中核的存在であった永田貞雄のプロレス撤退である。新田新作が五六年に死んでから、力道山の横暴はますます強まり、プロモーターの永田を無視する行動が目立っていた。永田の撤退は時間の問題であった。旗揚げのとき、料亭を売り払い、電話を引き、リングを作ったのはすべて永田であったが、永田に決断の瞬間が迫っていた。永田が決断した時期を、猪野健治『興行界の顔役』は五七年一一月、大下英治『永遠の力道山』は同年初夏としているが、大きな問題ではないだろう。どちらにせよ、一〇月のテーズ興行は永田が嚙んだ最後の興行だったということである。

力道山は永田に決断を促す使者として萩原祥宏を送り込んでいる。萩原は戦前の「黒龍会」の内田良平門下の右翼である。力道山は萩原に、自分がいくら頑張ってもいいところは永田ら役員に持っていかれると不満をもらし、力道山ファンで永田とも親しかった萩原が永田に引導を渡す役を買って出たという。永田が日本プロレス興業社長と日本プロレス協会常務理事を辞任すると、他の役員、すなわち吉本興業の林正之助、弘高兄弟、日本ドリーム観光社長松尾国三、日本精工社長今里広記もいっせいに辞任した。林らには永田こそ日本のプロレスの創始者という思いがあったので、永田が辞任した以上役員に留まる理由はなかったのである。

私はテーズ戦までを力道山前期と捉えている。テーズ戦の後、プロレス界は再び落ち込む。それは五四年のシャープ兄弟以降永田貞雄という正統的興行師が引っ張ってきた時代の終わりがもたらしたエアポケットであった。しかも、この空白の時期は、テレビが街頭テレビ中心の時代からお茶の間に受像機が入り込んでくる時代への転換期とも一致していた。プロレスは興行師に代わってテレビというパートナーを見出し、テレビ向きにその姿を変えていくのである。だが、その姿を見る前に永田最後の興行である力道山 対 テーズ戦を見なければならない。

社会学の関心

大下英治『永遠の力道山』によると、一九五七年一〇月の力道山 対 ルー・テーズ戦は日本プロレス興業の役員を退いた永田貞雄、林正之助、林弘高の三人と力道山の歩合興業であった。永田ら三人は総売り上げの五五パーセント、力道山は四五パーセントという約束であった。力道山の取り分にはテーズへのギャラ、旅費、滞在費が含まれていたが、テーズ来日直前に、力道山は永田に「あと五パーセントをよこせ」と申し入れたという。永田はわざわざ力道山が宿泊している大阪のホテルに乗り込んでまで翻意させようとしたが、結局は力道山に根負けしている。

しかも、そこに「お別れ興行であれば」ということで、住吉一家が使いを永田によこして、「新田新作の仏前にいくらか供えてくれ」と要求してきた。永田は力道山と協議の上、双方が二・五パーセントずつを新田の仏前に供えることで決着したという。また、横綱審議会会長の酒井忠正が辞任して空位になっていたコミッショナーには自民党副総裁の大野伴睦、日本プロレス協会会長には同じく自民党の楢橋渡がテーズ来日前に決まったが、大野は柔道新聞の工藤雷介、楢橋は永田の人脈がなせる技であった。さらに、三菱電機がテレビのスポンサーを引き受けたそもそものきっかけは日本精工社長の今里広記のセッティングであった。

つまり、永田が退いた後、力道山にとって重要となる人物、企業はすべて力道山が直接引っ張ってきたのではない、ということなのだ。力道山の強運と言ってしまえばそれまでであるが、五八年以降のテレビ・プロレス時代を支えた根幹の部分を永田周辺が準備し、テーズ戦を最後に退き、力道山はテレビ・プロレス時代を享受した。そんな印象がつきまとう。

ただ、吉見俊哉の講演でも感じたことだが、社会学の関心はあくまで街頭テレビ時代の力道山にあり、テレビが急速に家庭に普及していく五八年以降の力道山にはあまり関心を払わない。五七年生まれの吉見はリアルタイムの力道山はほとんど記憶していないと考えられるが、この社会学の関心のありさまは戦後風俗を振り返るような企画でも共通しており、たとえば芝山幹郎は「力道山とプロレス元年」という文章（『日本風俗じてん　アメリカンカルチャー① '45―'50ｓ』）において、「プロレスが〝現象〟として人々の目に最もヴィヴィッドに映ったのは、やはり〝戦後〟がなまなましく息づいていた、あの数年間だったのではないだろうか。」（一三九頁）と書いている。たしかに、その通りなのだろう。ビデオで確認するかぎり、力道山がレスラーとしての動きが躍動していたのも五七年までだったと思う。

しかし、五四年生まれで力道山の最初の明確な記憶が六一年に始まるような私にとっては、「そう言われてもなあ」という部分が残るのは偽りのない事実である。ある意味では、「そう言われてもなあ」という部分が私を突き動かしているとも言えるのだ。

「テーズは本物」という神話

世界チャンピオン、ルー・テーズは五七年一〇月二日に初来日した。『毎日新聞』は二日付の紙面でテーズのプロフィールを詳しく載せ、『読売新聞』は中学生向け紙面でテーズの横顔を紹介した。『朝日新聞』はテーズのプロフィールを載せるようなことはしなかったが、試合に関しては一年三カ月ぶりに運動面で報道した。もっとも、『朝日』が運動面でプロレスをまともに取り上げたのはこれが最後となるが。

『毎日』の記事から一部引用する。


プロ・レスが隆盛となってくるにしたがってアメリカのそれはだじゃれ、いわゆるショーマン的傾向が強くなり、八百長化して世の非難を浴びた。彼はこうした点に非常に厳正で実力、人格ともに世界のチャンピオンたるの資格を持っている。アメリカのプロ・レスはまさに彼によって正統化されつつあり、プロレス・ファンも彼の出現によって本来の真剣勝負の試合を望む傾向が非常に強くなった。

（『毎日新聞』一九五七年一〇月三日付）


このような言説が日本において「テーズ神話」を形成していった。要するに、「他のレスラーはともかく、テーズは本物だ」という神話である。

ここでプロレス史について少し述べてみる。プロレスが成立したのはいつごろか。実は今日みられるプロレスの前史としてプロフェッショナル・レスリングの時代があったと考えられている。この時代はまだ真剣勝負を前提としていた。プロフェッショナル・レスラー第一号はアメリカのウィリアム・マルドゥーン（William Muldoon）という選手で一八七〇年代から一八八〇年代にかけて活躍した。真剣勝負の時代であったがゆえに、何時間戦っても決着がつかないということもざらにあった。マルドゥーンも八時間戦った記録が残っている。しかし、これでは見せるスポーツとしては大きな欠陥を有していると言わざるをえない。また、死亡事故もときおり起こっていた。そこで、選手の負傷を防ぎ、見せるスポーツとしての洗練が必要とされた。

ジャンルの洗練のためには、あらかじめ勝敗を決めて行うという工夫の導入が不可欠であった。つまり、興行のためには競技性を放棄するという決断である。この改革は一九一〇年代に行われたと考えられている。すなわち、プロフェッショナル・レスリング時代の終焉である。もちろんこの改革は一朝一夕になされたわけではないだろう。二〇～三〇年代はプロフェッショナル・レスリングから「プロレス」という演劇的空間に変質を遂げていった過渡期だったと考えてよいだろう。ルー・テーズが初めて世界チャンピオンになったのは一九三七年のことであるが、プロフェッショナル・レスリング時代の空気を知るレスラーがまだ存在しながらも「プロレス」が一応の完成を見ていた時期のことである。

プロレスがショーアップの速度をさらに速めたのが、一九四〇年代末から一九五〇年代初頭の時期である。アメリカでは日本より少し早くテレビの時代を迎えたが、草創期の人気番組はプロレスであった。最大のスターはゴージャス・ジョージ（Gorgeous George）というレスラーだった。髪を金色に染め、豪華な衣装を身にまとい、執事役がリングに香水をまき、女性マネージャーがバラの花を観客席に投げ込む演出が人気を呼んだ。選手達はロープワーク、ドロップキックなどテレビ映えのするムーブを次々に開発していき、見せる要素がより多いタッグマッチが人気を集めていった。

テーズ来日までにアメリカはテレビ・プロレスとしての変質を遂げていたのである。むろん、テーズのレスリングがそのような二度目の変質に完全にマッチしていたかどうかはともかく、彼はけっして主流とは言えないシリアス・スタイル（あくまでスタイルであって、真剣勝負そのものではない）の頂点に立つ存在ではあった。テーズの商品価値の高さは七〇年代に入ってからも、アントニオ猪木の新日本プロレスが「ストロングスタイル」の本家として一時期テーズを崇《あが》め、九〇年代にいたるまで日本のいろいろな団体がテーズの威光に頼ったほどだった。

『鉄人ルー・テーズ自伝』という本がある。テーズの自伝をライターの流智美《ながれともみ》が翻訳したということになっているが、オリジナルである“HOOKER”を下敷きに、流が自由に意訳、編集した「評伝」というべきであろう。流版ではテーズはあくまで「史上最強レスラー」とのイメージは崩れないが、オリジナルの読後感はまったく違う。勝敗をめぐる生々しい会話などが堂々と語られており、プロレスという奇妙な世界を格闘芸人がいかに泳いでいったか、といった趣の話である。さすがにこのままでは出版できないと流は判断したのかもしれない。

そんな神話に包まれがちなテーズが来日した折、羽田空港周辺には一万五〇〇〇人の群衆が押し寄せたらしいが、テーズ自身は誰か映画スターが飛行機に同乗しているのかと当たりを見回したほどだった。まさか自分が歓迎されているとは夢にも思わなかったらしい。そして、力道山、自民党副総裁大野伴睦、数百人の報道陣の出迎え（数には誇張がありそうだ）。テーズはアメリカではこんな歓迎は一度も受けたことがないと書いている。むろん、この話はオリジナル自伝にのみ書かれているエピソードである。

日本での高い評価

妻とともに来日したルー・テーズの宿泊先は帝国ホテルだった。シャープ兄弟も帝国ホテルには泊まっていない。VIP待遇に当のテーズは戸惑っていたのではないだろうか。このあたりから、アメリカのレスラーの間に「日本ではレスラーが社会的に尊敬されている」といった伝説が広がっていったような気がする。アメリカでプロレスラーがメジャーだった時期はまず一九四八年から五〇年代前半にかけてニューヨークのCBS、シカゴのABC、ロサンゼルスのWNBTといったネットワーク局がプロレス番組を制作していた頃が挙げられる。最大のスターは前述のゴージャス・ジョージ（未来日）である。プロレス番組は経費が安く済み、草創期のテレビにとっては好都合なソフトだった。

やがて、プロレスは使命を果たしたかのようにメジャーなテレビからは姿を消していく。日本テレビの松本紀彦ディレクターがアメリカのテレビを視察し、「とにかくストリップなみに扱われて」いると『読売新聞』に語ったのは五六年五月のことである。アメリカで久しぶりにプロレスがメジャーな存在となったのが八四年。ニューヨークに本拠を置くWWE（当時はWWF。二〇〇一年に世界自然保護基金WWFから商標問題で訴えられ、裁判に敗れて二〇〇二年に名称変更した）が全米マーケット進出を企て、ローカル団体をことごとく破壊し始めた年である。WWEによる全米統一には一七年を要したが、この過程でプロレスは巨大なエンタテインメント産業に生まれ変わり、知識人が注目するほど（WWFが裁判を起こすほど）の存在に変身した。レスラーで最大の立役者はハルク・ホーガン（Hulk Horgan）である。

つまり、五〇年代のゴージャス・ジョージと八〇年代のホーガンとの間の空白の三〇年間、プロレスはローカルな存在にとどまったということである。極端な言い方をすれば、ルー・テーズをはじめとした五〇年代後半から八〇年代前半に来日した日本のオールド・ファンにとっては最もポピュラーな一連のレスラーはローカル・レスラーだったということである。大衆文化、いや文化全般において日本と欧米の評価が大きく異なるという話は何も珍しいことではない。たとえば、ジャズの世界でいうと、マイルス・デイビスやジョン・コルトレーンは日本では神格化されているが、アメリカではどの程度の社会的位置を占めるのであろうか。ミレーやゴッホは日本のみで過大な評価を受けてはいないか。プロレスも「テーズの時代」は日本のみで神格化されている可能性が高い。

しかも、テーズが初来日したときの年齢は四一歳である。テーズのピークは六〇年代まで継続するものの、三〇年代に二一歳で世界チャンピオンとなったテーズの「過去」が力道山自身、あるいはメディアによって「堕落したプロレス界の中の正統派」として神格化されたのではないだろうか。いずれにせよ、レスラー力道山にとって、テーズは前半期の最大のテーマだった。

雨天延期問題

ルー・テーズ夫妻の歓迎レセプションが一九五七年一〇月三日東京会館で開かれた。大野伴睦の日本プロレスリングコミッショナー就任披露を兼ねていた。永田貞雄や林弘高ら興行関係者以外の列席者には、自民党から河野一郎、楢橋渡、社会党からは浅沼稲次郎、加藤勘十《かとうかんじゅう》、日本住宅公団総裁加納久朗《かのうひさあきら》、そしてA級戦犯で当時仮釈放中だった賀屋興宣《かやおきのり》の姿があった。河野や賀屋はコミッショナー候補者にも名前が取りざたされていた人物である。あらためて、興行の世界は自民党党人派の得意分野であることが確認できる。コミッショナーが大野に落ち着いたのは、大野が大のプロレスファンだったということらしい。現在でも、保守系政治家がプロレス会場で挨拶する光景をたまに目にするが、印象に残ることはまずない。当然、プロレスを賞賛したような挨拶となるが、歯の浮いたセリフにしか聞こえない。唯一、民主党の石井一がアドリブっぽい挨拶で地元神戸の会場ということもあったのかけっこう受けていたのを記憶しているが。

力道山がテーズの世界選手権に挑戦する初戦は一〇月六日に後楽園スタジアム特設リングで行われる予定だった。リングサイドが三六〇〇円。大学卒初任給が八三〇〇円、映画館の入場料が一五〇円の時代である。力道山はテーズのギャラを一試合一五〇〇〇ドル、つまり五四〇万円と明かしている。プロレスの試合というより、一つのイベントとしては何もかも破格のスケールであったことがわかる。ただし、六日は雨天となり、翌日に延期された。そして、このことがある混乱を招いた。六日は日本テレビによる独占中継が予定されていた。したがって、ファンは七日も当然放送があるものと思っていた。ところが、『毎日新聞』朝刊に「テレビ実況放送は中止」と載った。ファンは半信半疑の有様で日本テレビへの問い合わせが殺到し、交換台は機能停止に追い込まれたという。ファンはテレビに客足を喰われる心配から興行側が発表を遅らせているのではないか、と疑念を持ったようだ。このあたり、当時のプロレスファンにはすでに興行的思惑を邪推する習性が身についていたことがうかがえる。

日本テレビは『朝日新聞』の取材にこう回答している。

この興行は日本プロレス協会の主催になっているが、実情はいろんな興行会社が入りこんでいる。六日の雨で一日延期と決って、すぐ交渉をはじめたが、七日ではテレビは全国ネットできないという点をタテにとられて、話がすすまない。交渉は翌日に持ちこしになったところ、朝刊の広告にあんな風に出てしまった。

(『朝日新聞』一九五七年一〇月一三日付)

力道山と永田が興行の取り分をめぐって駆け引きする中で、新田新作筋が割って入ってきた経緯が想起される。

結局、中継を行うことが決定したのは午後一時三〇分であったが、午後三時に文化放送が興行会社のスポット広告として「プロレス中継はやりません」と放送した事実がある。スポット注文を受けたのが午後一時頃のようで、興行サイドが中継に相当難色を示していたことが推察できるのである。『毎日新聞』は夕刊に訂正記事を載せ、文化放送にも午後五時二〇分頃訂正の申し込みがあったそうだ。

テーズ興行は永田が関わる最後のプロレス興行だった。興行のイニシアチブは興行師が握るのか、テレビのものなのか。五八年以降はプロレスの主導権は興行師からテレビに移っていく。雨天順延をめぐる混乱はプロレス興行の大きな転換点を象徴する出来事と言えないだろうか。

ルー・テーズと力道山の世界選手権試合は後楽園球場と大阪扇町プールの二カ所で行われ、いずれも引き分けに終わった（口絵1頁参照）。このうち大阪の試合をビデオで見たが、面白い試合だった。一本目、過剰なまでに空手チョップを警戒するテーズが一瞬のスキを突いたバックドロップ（当時は「岩石落とし」という言い方があり、この表現の方が何だか怖かった）で先制すると、二本目はロープの反動で返ってくるテーズに逆水平式の空手チョップが決まり、力道山がタイに追いつく。三本目はテーズのバックドロップを河津掛《かわづが》けで防いだ力道山がキーロックで反撃するも、テーズにエアプレイン・スピン（飛行機投げ）でかつがれてしまう。が、バランスを崩したテーズは力道山を担ぎ上げたままリング下に転落し、そのまま両者リングアウトの引き分け、というわけである。

何が面白かったかというと、この試合のためにわざわざ箱根で一週間のトレーニングキャンプを張った力道山の動きがよいため、流れるような展開が生み出されている点だ。私はリアルタイムでは六一年以降の力道山しか記憶していないが、いつももたもたしている印象がつきまとっていた。しかし、テーズと対戦した力道山の動きは素晴らしい。これに対してテーズはアウェイのチャンピオンとして小さな反則を随所に交えたヒール（悪役）を演じ、観客のフラストレーションを募らせていく。度重なる反則に怒った力道山が空手チョップを繰り出そうとするとオーバーアクションで逃げる。こういう光景が繰り返されるからこそ、二本目のたった一発の空手チョップの重みが増し説得力が出る、演劇的文脈の鮮やかさこそこの試合の魅力だと思う。

もっとも、プロレスを演劇的に見るという態度は万人に通用するものではない。いつかの「プロレス文化研究会」でこの試合のビデオを流したところ、ある大学生は、なぜ空手チョップ一発で決まるのか理解できないと首をかしげていた。彼の世代が見てきたプロレスではそんな試合はありえないからである。脳天から逆さまに落とすような技でもない限り、彼の世代は納得しないのだろう。技の文脈よりも直接的な「ダメージ」を重く見るのだろう。だが、プロレスには事実上の「芸術点」も存在するのだ。

ところで、女医で作家として著名なドクトル・チエコが『週刊サンケイ』（一九五七年一一月三日号）でプロレス・マスコミがけっして聞くことのない質問をテーズにしているのが面白いので引用する。

「先日の試合をテレビで拝見して、痛がるのがとてもお上手のように見えました。あのようなことも訓練するんですか？　それとももともとから芝居気がおありなんでしょうか？」

テーズが答える。

とんでもない。僕にはショーマンシップは全然ないのだ。僕が習った昔のレスラーたちはそんな事を少しも教えてくれなかった。

公の場では、プロレスの演劇的側面に関する質問にはナーバスになるのがレスラーの昔気質というものだろう。そういえば、現役レスラーである天龍源一郎《てんりゅうげんいちろう》は、「ヒール」（悪役）という言葉を平然と使った記者に怒ったことがあるとどこかで聞いた。

ルー・テーズ戦を最後に永田貞雄はプロレス興行から撤退した。というよりも、力道山と訣別したと言った方がいいかもしれない。永田には「日本のプロレスを育てたのはオレだ」という自負があったという。だから、力道山の死後、新団体「国際プロレス」に協力して、日本プロレス興行者懇話会を立ち上げたりもしている。永田は山口組二代目組長山口登と兄弟分だった関係から任俠界の長老に顔が広く、そのことがプロレス興行にずいぶん役立った。

「興行師のプロレス」の終焉

その永田がプロレスから去るとなると、さすがに力道山は心細くなったようだ。力道山は有力な親分のもとに挨拶に出かける一方、それだけでは不十分と思ったのか永田自身に泣きついている。永田は突き放そうとしたが、力道山の粘りを前に、社員を日本プロレス興業に出向させることを約束した。浪曲興行で地方巡業の経験豊富な加藤昭である。後に、この加藤がプロレスの興行不振を打ち破るホームラン級の新興行を提案することになる。

永田の退場は「興行師のプロレス」の終焉を意味していた。一九五七年までプロレスは基本的にスペシャル・イベントであった。テレビのレギュラー枠はなく、プロレスというイベントをテレビが不定期に放送する。このことがプロレスの「スポーツ」感を支えたように思う。あざとい演出をこらさなくとも、「スポーツ」を装うことがプロレスのリアリティを支え得た。三大紙は、温度差はあるにせよプロレスを運動面で取り上げ続けた。一九五五年に子供たちの間でプロレス遊びが流行し、痛ましい事故が続発しても、「プロレス禁止論」は高まることなく、新興プロスポーツとして存在し続けた。一般誌は、プロレスは果たしてスポーツかショーかとジャンル論にこだわりをみせることによって、プロレスそのものへの関心を失うことがなかった。

この状況が五八年から一変する。プロレスはテレビのレギュラー枠を獲得し、隔週（後に毎週）の放送に耐えるだけのストーリー作り、過剰なほどの演出に走らざるを得なくなる。新聞は運動面にプロレスを載せる頻度を極度に減らしてスポーツ新聞にその座を譲り、一般誌の関心はプロレスそのものからスターならびに実業家力道山にシフトを見せる。一九六二年の「老人ショック死事件」では、『朝日新聞』を中心にネガティブ・キャンペーンが展開される。吉見俊哉は、力道山は「英雄」から「悪漢」に転じたと語ったが、たしかに五八年はプロレスにとっての大きな転換点なのである。

2 「金曜八時」放送のスタート

エアポケット

ルー・テーズ興行が終わった後、『週刊サンケイ』一九五七年一一月二四日号に力道山の妻、百田文子《ももたふみこ》のインタビュー記事が出ている。「たとえばホテルやレストランで主人が食事したりしますと、「ステーキを何枚食べるか」などの興味で見られ、一事が万事、敷居を一歩出ますと否応なしに演技者にさせられるようで」と嘆いたり、力道山がたいへんキレイ好きであることを披露している。最後は、ファンに惜しまれるうちに早く引退してほしいと結んでいる。

この年の暮れ、文子は大田区の力道山邸を出、別居している。文子が力道山の妻だったのか、内縁の妻だったのかは本によってまちまちである。

力道山には三人の子供がいた。長女・千栄子（千恵子と記す本もある）、長男・義浩《よしひろ》、次男・光雄《みつお》である。いずれも百田文子こと小沢ふみ子との間の子供ではない。力士時代に知り合った京都の別の女性が母親である。長女は呉服屋関係と推察されるその女性によって育てられ、長男、次男は小沢ふみ子によって育てられた。もっとも、結局は三人とも力道山が引き取り、最晩年の六三年に田中敬子と結婚するまでは男手ひとつで育てられることになるのだが。

力士時代からレスラー転向期にかけて力道山を支えた小沢ふみ子の存在は、韓日映画『力道山』を見るまでもなく、力道山にとって大きい存在だったろう。映画では、スターになった力道山がふみ子（中谷美紀が演じていた）にとって遠い存在になっていく様を描いていたが、早く引退してほしいという思いは、ふみ子にとって切実な願いだったのだろう。

五八年の幕開けは、プロレスにおいては前年のテーズ戦実現で大きな目標を見失い、私生活においてもふみ子に去られるという、力道山にとってはエアポケットのような季節だった。現に、力道山は半年間もリングに上がらず、プロレスの人気は凋落の一途だった。日本テレビが放映していた「ファイトメン・アワー」に力道山は五七年末に登場しているものの、その後は他のメンバーの試合を流していた。それも三月八日を最後に打ち切りとなった。

この日は浅草公会堂で「力道山渡米歓送試合」と銘打って東富士組 対 豊登組の六人タッグが行われ、力道山は解説者を務めていたが、皮肉にもこの日、前年一一月にテーズが世界選手権を失ったというニュースを知り、テーズへの再挑戦をテーマとした渡米計画は中止されるという有様で、五八年上半期は歯車がすべて狂っているような様相を呈していたのである。

ミッチー・ブーム

力道山が半年もリングを離れていた一九五八年から翌五九年にかけては、メディアの歴史にとって大きな変動期だったと言えるだろう。ＮＨＫラジオ受信契約数は減少傾向を示し始めたのに対して、テレビ世帯数は増加の一途をたどった。五九年四月から『読売新聞』は番組欄の構成を変え、ラジオ欄を下に移動させ、テレビ上位とした。テレビの勢いはすでに識者によってある種の危機感をともなってチェックされていた。

大宅壮一の有名なコラムは、五七年二月『週刊東京』に発表されていた。

今日のマスコミのあり方を見るに、大衆の喜びそうなものには何にでも食いついてゆく。そこには価値判断というものがない。量があって質がない。この傾向は新聞、雑誌、放送、テレビと、より新しいものに進むにつれてますます激しくなる。テレビにいたっては紙芝居同様、いや紙芝居以下の白痴番組が毎日ずらりとならんでいる。ラジオ、テレビというもっとも進歩したマスコミ機関によって〝一億白痴化〟運動が展開されているといってよい。

（『週刊東京』一九五七年二月二日号）

大宅は「一億白痴化」と書いたが、同じ年の夏頃からあちこちで「総白痴化」と言われ始め、「一億総白痴化」という言葉が定着していったようだ。

大宅の〝一億総白痴化〟発言は後発の民放テレビ局に制約を与えたという。

フジテレビに対する免許条件は報道番組一一パーセント以上、社会教養番組三三パーセント以上であり、その番組基準は「社会の秩序、公共の福祉に寄与するとともに民族の平和的発展に貢献するようつとめる」というものであった。また、NET（現・テレビ朝日）の場合は、「日本教育テレビ」の名が示すように教育局としての開局であり、教育番組五三パーセント以上、社会教養番組三〇パーセント以上、であった。両局とも五九年の開局であるが、その「堅さ」ゆえに当初は低迷することとなる。

テレビの時代が〝一億総白痴化〟と切り捨てられたこの時期は、大宅が収集に力を注いだ週刊誌時代の幕開けでもあった。週刊誌ブームの先鞭をつけたのは五六年の『週刊新潮』であるが、五八年には『週刊明星』『週刊女性』『女性自身』『週刊大衆』などが創刊された。このうち『週刊明星』がこの年の一一月にスッパ抜いた（報道管制を破った）のが、皇太子明仁《あきひと》と日清製粉社長の長女正田美智子《しょうだみちこ》の婚約であった。皇太子「御成婚」は「ミッチー・ブーム」を巻き起こし、五九年四月一〇日の結婚パレードでピークを迎えるが、パレードの生中継に向けてテレビ受像機は普及を加速させ、フジテレビもNETも泥沼から抜け出すことができたと言われている。「ミッチー・ブーム」はいわば〝一億総白痴化〟を無化するような効果を果たしたと言える。

さらに、五九年は映画の斜陽化がささやかれ始めた年でもある。五八年六月の『読売新聞』大阪版は早くも映画館の苦境を伝えている。映画興行が苦しくなってきたので、映画館はお客を繋ぎとめる

映画館がサービス合戦

減る"客足"にやっき

幕間レスリングも登場

休憩時間を利用してレスリングを公開（大阪千日前の国際シネマ）

百貨店なみの教養課

映画の休憩時間にプロレスが行われたこともあった（『読売新聞』1958年6月8日）

ためサービス合戦を展開しているという内容の記事である。大阪千日前の国際シネマでは休憩時間を利用してリングを組み立て「幕間レスリング」を公開した（六月八日付）。力道山の興行自体は休業中であったが、プロレスそのものにはまだ集客効果があったということだろうか。

さて、このような激変期にプロレスを取り巻く環境も大きく変わった。五八年八月からいよいよ本格的なレギュラー番組がスタートしたのである。

『スポーツニッポン』の後援　昔ささやかれた「プロレス八百長論」に、「なぜプロレスは放送時間内にきちんと試合が終わるのか。おかしいではないか」というのがあった。これはプロレスが基本的に生中継だった五八年〜七〇年代に言われた話である。もちろんそれは視聴者へのサービスがいちばん重要だったからである。しかし、プロレスの〝リアリティ〟を守るためには、ときに放送時間を無視した場合もあった。が、これは同時に力道山一流のスポーツ新聞への配慮だったという説がある。放送時間内に試合が終わらなければ、翌日のスポーツ紙の売れ行きは増えたからである。

草創期からプロレスを後援してきた『毎日新聞』の運動面にプロレスが取り上げられる回数が減っていくのは、五八年あたりからである。『毎日』に取って代わるようにプロレスを紙面の中心にすえたのが『スポーツニッポン』東京版（略称『スポニチ』）である。プロレス報道の中心は一般紙からスポーツ紙へ移行していったのである。

『スポニチ』は『毎日』の系列紙で、大阪で一九四九年に創刊された。東京版は一九五〇年からである。『毎日』がプロ野球への参入を表明したのは四九年九月のことで、これを契機にプロ野球はセ・パ二リーグに分裂するに至る。五〇年からパ・リーグの覇者を目指すべくスタートした毎日オリオンズはその地位にふさわしい機関紙を求めていた。ところが、当時は用紙が当局の統制を受けていたために新しい新聞を出すとなると時間がかかる。そこで、『スポニチ』の東京版という形で機関紙が出された。つまり、『スポニチ』は最初からオリオンズの機関紙として発足したのだ。同じころ、『読売新聞』も系列の『報知新聞』をジャイアンツの機関紙に衣替えしている。二リーグは『読売』対『毎日』という新聞戦争の側面を持ち合わせていた。ところが、オリオンズは強いものの人気が出なかった。そのため『スポニチ』はスポーツ紙としては下位に甘んじた。五〇年代半ばからは『スポニチ』でさえ人気のジャイアンツを中心的に取り上げる有様だった。

この流れを変えたのが、五六年から編集長に就任した宮本義男（『毎日新聞』整理部出身）である。宮本の就任第一声は「わがスポニチはプロレスを看板にしよう。それで巨人の報知に対抗する」というものであった。社内の反発ものともせず、宮本は力道山の興行手腕を評価し、紙面で取り上げるだけではなく積極的支援に乗り出していった。『スポニチ』販売企画部はプロレスの地方興行を請け負い、前売り所への切符手配、集金、興行時の警備、金勘定まで行ったのである。力道山にとっても地方の公共施設を借りる場合、新聞の後援がついていることは好都合だった。

五八年から『スポニチ』主催興行が増え、五九年には販売企画部は事業企画部と名前を変え、会社としてプロモーターの資格を取得している。『スポニチ』のプロレス興行への関わりは力道山死後の七〇年まで続くのである。記者で有名なのは松前邦彦で、外国人レスラーのニックネーム、〝黒い魔神〟ボボ・ブラジル、〝鉄人〟ルー・テーズ、〝人間空母〟ヘイスタック・カルホーンなどは彼のアイデアだったという。整理部から「外人のカタカナ名は長くて見出しに困る。アダ名をつけろ」という要請に応えたものだった。

宮本のプロレスへの肩入れは、多分にビジネスライクなものだったと言えるのではないだろうか。『スポニチ』の部数は力道山のおかげで倍増を果たした。力道山の葬儀が終わった後、力道山番の記者が「スポニチは今後もプロレス新聞でいくおつもりですか」と聞くと、こう答えたという。「冗談じゃないよ君、力道山亡きあとのプロレスじゃ商売にならん。実力のついたスポニチはこれから是々非々主義でいく」（深見喜久男『スポニチ三国志　スポーツ記者が泣いた日』八二頁）。

日本テレビと読売テレビの温度差

日本テレビ系列でプロレスが「ディズニーランド」と隔週で金曜午後八時に放送されるようになったのは、一九五八年八月二八日からである。それ以前にプロレスのレギュラー番組としては五七年六月に始まった「ファイトメンアワー」があるにはあったが、五八年三月を最後に打ち切られていた。基本的に力道山抜きでの放送には限界があったということだろう。力道山は特別番組枠でしかその試合が見られない存在だったのである。つまり、力道山の試合を定期的に見ることができるようになったのは五八年八月以降の五年間にすぎない。

私見ではあるが、力道山のレスラーとしてのピークは五四年から五七年までの時期にあったと思う。五八年上半期の「沈黙」を経て力道山はレスラーとしては下り坂にさしかかり、一方実業家としては上昇し始めたと言えるのではないだろうか。村松友視は「力道山の打ち出すプロレスに、仕掛けや演出の色が濃くなってゆく」のは、「自らの体力の限界を知ってのことでもあり、〝力道山を演じる〟ことに疲れたせいでも」あると分析している（『力道山がいた』一八二頁）が、力道山の本当の意味での全盛期をリアルタイムで見ていない私にも納得できる意見だ。付言するならば、力道山のピークを恒常的に眺めることができなかった（興行そのものが恒常的ではなかった）がゆえに、五八年八月からの定例化は「力道山解禁」的効果を生み出し、それがプロレスの驚異的高視聴率を支え、その余韻は力道山死後六〇年代末まで続いたと言えるのではないだろうか。

ところで、五八年八月二八日は読売テレビの開局の日に当たっている。日本テレビは関西に有力な系列局を持つにいたったということである。ただそのことを伝える『読売新聞』の紙面（八月二二日）はプロレスをめぐる日本テレビと読売テレビの温度差がほのかに感じられるので、ここに紹介したい。「讀賣テレビスタート」と銘打たれた二面にまたがるこの紹介記事は、同局が一番力を入れているのはスポーツ中継として、「プロ野球ナイター」をできるだけ試合終了まで放送することを最大の売り物にしている。そして金曜八時からのプロレスと火曜一〇時からのプロボクシングがそれに続いている。フィルム番組では「子供に夢を与える」ディズニーランドが「教養映画」と位置づけられ大きな目玉になっている。

興味深いのは「主眼はスポーツ放送」と題した編制局長田中幸利の原稿である。そのような見出しがつきながら、田中はプロレスのことにいっさい触れていない。プロ野球のことに詳しく触れた後で、ボクシングに簡単な言及があるだけだ。しかも、「プロ・ボクシングの如きも」と書いているところからそれほど乗り気ではないのかなという気がする。ましてやプロレスの如きなど触れてたまるかという感じだろうか。田中の原稿の後半に、同局が準教育放送局として免許が下りた旨が書いてある。免許の条件は教育放送二〇パーセント、教養放送三〇パーセントということである。「ディズニーランド」は教養放送という位置づけだったのだろうか。あるいは教育放送だったのか。いずれにせよ、準教育放送局の編成局長としてはプロレスには言及しづらいということがあったのだろうか。日本テレビが読売テレビの開局に合わせてプロレスとディズニーのパッケージを作ったとするならば、そのことが読売側にはある種の困惑を与えたとも考えられる。

時刻	曜日	金曜日	土曜日
5時25	トパターン	テストパターン	テストパターン
40	らせ	お知らせ	お知らせ
45	ニュース	読売ニュース	読売ニュース
55	たのお天気	あしたのお天気	あしたのお天気
6時	先生 ドタイム	鼎先生 ガイドタイム	鼎先生 ガイドタイム
15	ードゲーム	演芸館	素人のど競べ
30	Vニュース フラッシュ	YTVニュース フラッシュ	YTVニュース フラッシュ
55	ニュース	国際ニュース	国際ニュース
7時	コラ劇場 雑草の歌	ミュージカル・コメディ	映画 我等のキャシディ
30	のパレード	ワンダフルタイズ	何でもやりまショー
8時0	しみ演芸館	☆プロレス 映画☆ディズニーランド（隔週）	プロ野球ナイター
30	ムコメディ た男たち （仮題）		
9時	の出来事	今日の出来事	今日の出来事
10	ガニュース	マンガニュース	マンガニュース
15	聞く話題 雨・風・雲	名作劇場	芝居時代劇
45	スポーツ特集	芸能トピックス	芸能ニュース
10時	偉人伝	ミュジカルショー ハニータイム	映画 ハリウッド劇場
30	ーツニュース（天）	スポーツニュース（天）	スポーツニュース（天）
40	音楽番組	テレビ寄席 又は茶の間の話	ファンシイメロディ
55	ニュース	テレニュース	テレニュース
11時10	予告	番組予告	番組予告

金曜8時はプロレスとディズニーランドだった（『読売新聞』1958年8月21日）

「はじめに」でも述べたように、プロレスとディズニーランドという異色の組み合わせについて、日本テレビのプロデューサー京谷泰弘はこう語っている。

プロレス放映は、金曜の夜八時からでしたが、この時刻はゴールデン・タイムで、それまでNTVは〝ディズニーランド・シリーズ〟を三菱にあてていた。それとまさに反対のプロレスの交互中継で、ブルーカラーと、ホワイトカラーの両方をにぎろうとしたんです。

（牛島秀彦『力道山物語』一六〇頁）

後付けの理由のような気もするが、プロレスの大衆的人気とスポーツとしての正統性の間の溝、自民党人派ともつながるヒーロー力道山と興行が有するダーティ・イメージの相克、系列局どうしの思惑の違いなどさまざまな矛盾を抱えながら「金曜八時」の不思議なカップリングはスタートしたのである。

レギュラー化の景気づけに

『毎日新聞』一九五八年八月二九日の社会面に「力道、テーズに勝つ」という記事が載っている。記事の内容は二七日にロサンゼルスのオリンピック会館で力道山が世界チャンピオン、ルー・テーズに挑戦して二対〇で勝ち、「日本人として初めて世界チャンピオンの座についた」というものである。ところが、その後に【ロサンゼルス二十八日発UPI】として、「力道山は二十七日、世界ヘビー級選手権者と称しているルー・テーズと戦い勝利を収めた。同試合は……ノン・タイトル・マッチでメーン・エベントでもなかった」という記事が続いている。こんな記事を読まされたら混乱するのは当然だろう。事実としては、この時点でテーズは世界王者ではなかった。しかし、NWAという団体は長年NWAを支えてきたテーズの功績に対してインターナショナル・チャンピオンという座を与えた。力道山は二対一でテーズを破り、インターナショナルのベルトを獲得した。しかるに、プロレスにおいてベルトというのは個人が記念に作るものであって、テーズは勝った力道山にベルトを譲らなかった。そこで、力道山は後にベルトを自ら作ることになった（ちなみに、五七年来日時テーズはベルトを持ってきていない）。

以上が事の顚末である。かなり苦しい説明であるが、要はプロレス復興のため、金曜八時放送開始の景気づけとして力道山は世界に準ずるタイトルを必要としていたのである。インターナショナル選手権は事実上力道山が創始したのである。幻のようなタイトルを突然持ち出してくる手口はこれ以降のマット界では何度も繰り返されることとなる。

五八年八月から始まった日本テレビによる隔週中継の第一回は「ディズニーランド・未来の国」であった。したがって、プロレス中継は九月五日からスタートしたのである。来日外国人選手は三人いたが、来日早々の羽田空港でドン・レオ・ジョナサン（Don Leo Jonathan）とスカイ・ハイ・リー（Sky High Lee）が力道山のインター選手権への挑戦権をめぐって対立し、仲裁に入ったジョニー・バレンド（Johnny Barend）に暴行を加えたため、怒ったバレンドは力道山側に走り、開幕戦は力道山、バレンド組 対 ジョナサン、リー組というカードになった。

茶番劇と言ってしまえばそれまでであるが、これからのプロレスでは力道山のインターナショナル選手権に外国人選手が挑戦するというストーリーが主軸となることを予告する挿話であると同時に、必ずしも「日米対抗」にはこだわっていない鷹揚さも見受けられるのである。もっとも、バレンドの日本組加入はジョナサンやリーのような大型選手に対抗できる日本人選手がいなかったための苦肉の策ではあったろうが。結局、力道山への挑戦権を獲得したのはジョナサンで、当然力道山には敗れた。ジョナサンへの評価は高かったが、前年のボボ・ブラジル同様、力道山時代には再登場することはなかった。ブラジルもジョナサンも力道山が相手をするにはしんどい大型選手だったからではないだろうか。ついでながら、バレンドは最終戦では力道山に挑戦するジョナサンの味方に〝転向〟し、「日米対抗」ストーリーはかろうじて貫徹されたのであった。

なべ底不況

一九五八年九月から一一月にかけてのシリーズについては、『週刊サンケイスポーツ』一一月二六日号に興行成績の詳細が掲載されている。同誌は今回のシリーズをまずまずの成功と見ている。注目すべきは、力道山初めての単独興行だった点だ。永田貞雄の日新プロや吉本興業が前年のルー・テーズ興行を最後に撤退したために、力道山は準備金の調達から苦労しなければいけなかった。このため、力道山は大田区池上の自邸を担保に入れて金を借りたという。全四四試合中、力道山の〝手打ち〟興行(自主興行)は二五試合。残りは〝歩〟興行(損得を一定パーセントで分担する)か〝売り〟興行(力道山は一定ギャラをもらい、損得に無関係)で、特に〝歩〟興行を多くしたという。これには地方の興行主を奮起させる狙いがあったのだろう。

富山ではすべてのチケットが前売りで売れてしまい、当日券目当ての観客が怒り出す一幕があったため急遽市中パレードを行ったほどだったという。一方で、高知などは過去三回の興行は一万人を動員する大盛況だったのに、今回は半分以下の四〇〇〇人にとどまった。興行主が過去の成功にあぐらをかいて宣伝を怠ったためだという。また、開幕の蔵前国技館二連戦では初日が八〇〇〇で空席が目立ったが、二日目は一万人の満員となった。初日はテレビ放送があったが、二日目はそれがなかったためだという。このシリーズから金曜八時のレギュラー放送が始まったが、「ミッチー・ブーム」が巻き起こる直前でテレビ受像機は家庭に普及しきれておらず、構造的には街頭テレビ時代と大差がない段階だったのだろう。

当の力道山は「これで、どうやら安心した。普通の興行の状態になった。〔昭和〕二十九年のシャープ兄弟の初めての来日から二、三年間のバカ当たりは、あれは異常ブームで、興行をうつうえには何ら苦労がなかった。このセチ辛い世の中に、そんなことってあるわけがない。ことしの成功によって、とにかくプロレスの将来に明るい見通しができた」と総括したが、プロレス自体は飽きられ始めていたものの、まだまだ健在な力道山人気によって興行は成立していたのだ。同誌は「このナベ底景気〔＝なべ底不況〕の最中に、一万人を集める興行は、プロボクシングではできない」と断じている。同年の『読売新聞』四月一日のラジオ・テレビ欄には「さびれてゆくボクシング界」という記事が出ていて、「東京体育館あたりでタイトルマッチをやっても客は二、三十人しか入らない」とにわかに信じられないような記述があった。プロレスの場合もプロレス人気ではなく、あくまで力道山人気であった。力道山は秋季シリーズが終了すると芳の里を帯同して一カ月のブラジル遠征に出発した。次期シリーズは後楽園ジムでの定期的試合として、外国人選手を招聘し、東富士、豊登らが相手をするというものであった。過去に力道山抜きの興行は存在したが、外国人選手は呼ばずに失敗している。今回は外国人を投入しての力道山不在シリーズ。しかし、結局はこれが凶と出てしまうのであった。

東富士の引退

力道山と芳の里のブラジル遠征は約一カ月間だった。一九五八年は「ブラジル日本人移住五〇年祭」に当たっており、ブラジル日本人会が力道山を招請したのである。第一回のブラジル移民は一九〇八年、七八一人を乗せた笠戸丸が神戸港を出発した。敗戦後に、日本人会は日本の敗戦を信じない「勝ち組」と、「負け組」に分裂し、一九四六年には「勝ち組」による「負け組」リーダーへのテロ事件まで起こった。来伯した力道山に、「勝ち組」の日系一世が「日本人が戦争に負けるわけがない、そうだろう力道山先生」と迫り、力道山が困惑する一幕もあったという。なお、横浜の猪木一家が移民としてブラジルへ渡ったのは一九五七年のことであるが、力道山と猪木寛至（後のアントニオ猪木）の出会いは一九六〇年まで待たなければならない。

ブラジル遠征には、東富士、豊登ら残留組にひとつのシリーズを任せるという実験的意味合いもあった。しかし、後楽園ジムという小会場で行われた二試合は満員にならず、マスコミは「力道山のいないプロレスリングはやっぱり沸かない」とこき下ろした。

東富士が引退を発表したのは一九五九年一月八日のことだった。「横綱」東富士のプロレス入りは新田新作が「関脇」力道山の独断専行を抑えるために実現させたものであり、新田の急死後東富士は引退を決意したものの力道山の説得で思いとどまった経緯があった。東富士に欠けていたのはプロレスへの情熱であったろう。引退後の正業として五六年人形町にチャンコ料理店を開き、五八年には浜町明治座前にゴルフ練習場を開設し、肝心の試合はこなしているだけのような状態だった。今回の引退に関しては、力道山は引きとめもしなかったと言われている。引退後の東富士はフジテレビ、TBSの相撲解説者を経て、消費者金融「ファイナンス・フジ」を営むも、七三年に結腸癌で死亡した。享年五一歳。

キム・イル（大木金太郎）の密入国

なお、この年は大木金太郎のリングネームで有名だったキム・イル（金一）がプロレスに入門した年である。キム・イルが同胞の力道山に憧れて五八年に密入国したとされているが、これ自体、「力道山伝説」と言えなくもない。というのも、門茂男『群狼たちの真実』が伝えるところによると、キム・イルが密入国したのは、韓国相撲で培った怪力を生かして港湾荷役労務でもやろうと思ってのことだったという。つまり、力道山の名前すら知らなかったらしい。

横浜の焼肉店で働いているときにある雑誌ライターからプロレス入りを勧められ、「日本人」のプロレスラーとして力道山の名を知ったという。ほどなくキム・イルは不法入国者として横浜の拘置所に拘束されるが、所内から力道山に入門嘆願書を出し、力道山が自民党副総裁にして日本プロレス・コミッショナーだった大野伴睦に頼んで、強制送還を免れたのである。大野の命を受け、キム・イルを拘置所から出すべく実際に動いたのは秘書の中川一郎であった。

二〇〇七年一〇月二六日に亡くなったキム・イルの自伝『自伝大木金太郎　伝説のパッチギ王』はもちろん「公式見解」に従っており、密入国の詳細にも触れている（下関に上陸して東京に向かったとなっているが、門の本では尾道に上陸となっている）。この本では密入国の時期は五六年一一月としているが、日本のメディアは五八年秋としてきた。門の本でもそうだ。事の真偽はともかく、六〇年代〜七〇年代に韓国で国民的ヒーローとなったキム・イルの密入国が力道山の弟子になることが目的でなければいけなかったことは間違いない。

キム・イルが韓国でも活動を開始し始めた頃、チャン・ヨンチル（張永哲）がプロレス興行を行って人気を博していたが、キム・イルは、国内でしか活動していないライバルのチャンに対してレスラーとしての「正統性」をアピールするために力道山との結びつきを強調しなければいけなかった。「公式見解」は日本のプロレス関係者が「力道山伝説」として創作したものであろうが、キム・イルにとっても都合のいい話ではあったと思う。キム・イルが活躍したのは朴正熙《パクチョンヒ》政権時代に限定されている。正力松太郎が力道山のプロレスに社会的意義を見出したように、朴はキム・イルのプロレスを支援することに独裁者として政治的意味を認めていた。ただし、全斗煥《チョンドゥファン》政権になると、プロレスは冷遇されたから、朴はプロレス自体が好きだったという前提が重要なのかもしれないが（全はプロレス嫌いだった）。

見逃せないのは、キム・イルの主戦場が日本だったという点だ。一連の追悼記事から受ける印象では、主たる活躍の舞台が韓国のように思ってしまうが、キム・イルは大木金太郎として日本の長期シリーズに参加し、そのシリーズが終わるたびに日本やアメリカの選手を何人か引き連れて韓国で短期興行を打つということをもっぱら繰り返していたのである。

つまり、韓国ではプロレス興行はときどき行われるものであって、この点は五七年までの力道山時代前期に酷似していた。たまにしか行われないので、プロレスの鮮度はおおむね保たれ、キム・イルは朴大統領の要請を受けて反則をしないベビーフェースのヒーローとなることができた（大木は七〇年代後半日本ではもっぱらヒールだったが）。ただし、韓国のプロレス界はここまでだったと言える。日本では五八年八月からプロレスは本格的にレギュラー中継されることになり、「テレビ・プロレス」として新たな段階に進んだが、韓国はこの段階に進むことはなかった。

第八章　ヒット商品「ワールドリーグ戦」

1　第一回ワールドリーグ戦の成功

儀礼的な空間

一九五八年一一月末に皇太子の婚約が発表され、翌年四月の「御成婚」に向けて、「ミッチー・ブーム」が澎湃《ほうはい》と起こり、「岩戸景気」が始まる中で、ひとりプロレス界だけは「なべ底不況」に喘《あえ》いでいた。しかし、力道山はブラジルからアメリカへ向かい、ロサンゼルスでグレート東郷と接触して不況脱出に向けての新企画実現へ向けて動き出していた。新企画とは、日本に世界中の強豪を集めて総当たりリーグ戦を行おうという「ワールドリーグ戦」である。ただ新企画とはいっても、プロレスとは無関係な古い興行から発想された事実は意外に知られていない。

「ワールドリーグ戦」がプロレス界の不況を吹っ飛ばす大ヒット企画になったことは今日では定説になっている。世界中から強豪レスラーを集め、総当りリーグ戦を行って「世界一」を決める。このリーグ戦は一九五九年に第一回が開催され、日本プロレスが崩壊する前年の一九七二年まで「春の本場所」として第一四回まで行われた。

私は中学時代に友人から「プロレスはふだんは八百長やから見ない。けど、ワールドリーグだけは本気やから見るねん」という言葉を耳にしたことがある。たしかに、ワールドリーグ戦に関しては「真剣勝負幻想」が成立しているような印象があった。それは第一回の爆発的な成功のお蔭と言えるのではないだろうか。「真剣勝負幻想」はプロレスが提供する最大の「商品」のひとつであるからだ。

しかし、一四回実施されたこのリーグ戦の優勝者を並べてみると、第一～五回力道山、六、七回豊登、八～一〇回、一二～一四回ジャイアント馬場、一一回アントニオ猪木、とその時点のエースの顔が登場する。唯一の例外が第一一回（一九六九年）の猪木となるが、これも当時のプロレスをめぐるメディア状況がからんだ話ではあったと思う。

結局、ワールドリーグ戦は世界中から華やかな選手を集めた中で日本のエースが優勝を飾るという儀礼的な空間であった。つまり、その「よそ行き」感が他のシリーズとの差別化を生み、真剣勝負幻想を生み出していたように感じるのだ。

ところで、この「よそ行き」のシリーズは、『激録　力道山』では力道山自身が考案したことになっている。『激録　力道山』のベースになっているのが、力道山の自伝『空手チョップ世界を行く』である。この自伝は当然ながら力道山の存命中の一九六二年に発行されている。前述したように、ゴーストライターは日刊スポーツ運動部長だった鈴木庄一といわれている。『激録　力道山』の著者は原康史こと『東京スポーツ』の桜井康雄である。力道山番記者であった鈴木や桜井には、力道山を日本の英雄として描き、プロレスを「スポーツ」として守っていこうという姿勢が感じられる。だからこそ、彼らはテレビの解説者としても活躍した。プロレスを語る典型的な玄人《くろうと》といってよい。

しかるに、もうひとつの玄人が存在する。それはプロレスがすぐれて興行であるところから裏社会に詳しい者がプロレスを語るケースである。猪野健治『興行界の顔役』もそんな一冊だ。興行師永田貞雄についてのノンフィクションであるこの本は「ワールドリーグ戦」のヒントがプロレスとは似ても似つかぬ浪曲興行にあったことを教えてくれる。鈴木も桜井もそんなことは承知しているはずだが、「プロレス正史」においては、プロレスのヒントが他のスポーツにあるのならともかく浪曲ではまずいのであろう。プロレスはできるだけスポーツらしく飾られ、芸能とは遠ざけられる運命にあるのだ。それはプロレス自体に芸能的性格が強く、そのことはあからさまになっているにもかかわらず究極のところで隠蔽されるという根本的矛盾を抱えたジャンルだからであろう。

浪曲をヒントに

浪曲というジャンルは戦前が全盛期だった。運月《うんげつ》、米若《よねわか》といった大看板を座長にしてその弟子たちで一座をつくり、日本全国、台湾、朝鮮、旧満州、中国大陸を旅回りしたのである。さらに、年に二回程度大看板と新人の一流どころとのセットで、東西で浪曲大会を行ったという。しかし、戦後娯楽の多様化が進み、戦前の大看板を座長にした一座形式では観客は集まらなくなった。浪曲が戦中、軍部の戦意高揚に協力したこともマイナス要因だった。

そこで永田貞雄が考えたのが、新しい形態の浪曲大会であった。それは売れている浪曲師を一同に集めて全国を回るという興行、いわばオールスター興行であった。浪曲界にとっては背水の陣ともいうべきギャンブルであったが、これが大当たりし、浪曲は息を吹き返した。力道山がプロレス興行の行き詰まりの打開策を加藤昭に相談したとき、加藤が力道山に勧めたのはオールスター興行のプロレス版であった。加藤は永田貞雄がプロレス界を去るに当たって力道山の要望に応えて送り込んだ辣腕《らつわん》の興行師であり、浪曲を通して興行の表裏を知り抜いている男であった。「ワールドリーグ戦」のヒントは戦後の浪曲興行にあった。浪曲興行については猪野健治『興行界の顔役』に詳しく、前記の記述は猪野の本に拠っている。

ところが、猪野の記述をかなり参考にしている大下英治『永遠の力道山』では、「ワールドリーグ戦」のアイデアは約一〇年前にあたる永田の浪曲興行を記憶していた力道山の思いつきということになっている。猪野の記述はあまりに永田寄りすぎるということなのだろうか。いずれにせよ、「ワールドリーグ戦」のヒントが浪曲にあったことは動かないと思う。

力道山が「ワールドリーグ戦」を開催するに当たって全面協力を依頼したのはロサンゼルスのグレート東郷であった。東郷は日系レスラーの成功者で、当時引退してマンションをいくつも持っていて食べるには困っていないが、力道山の懇願に手伝うことを約束した。ただし、文字通り世界中から一流レスラーを集めての「ワールドリーグ戦」はアメリカ・マットに顔の広い東郷といえども実現不可能であった。そこで東郷は、もっぱらアメリカの選手を呼ぶけれども、生まれた国や見た目でカナダ代表とかドイツ代表とか決めて「ワールド」にしていったのである。一九五三年の『オール読物』での大山倍達との対談では東郷のことをさんざん毛嫌いしていた力道山が東郷に選手のブッキングを依頼してからは敬語で接するようになった。

力道山 対 ミスター・アトミック戦
アトミックは力道山によってマスクを剝がされた。
（1959年６月17日，第１回ワールドリーグ戦）（毎日新聞社提供）

マスクマンの人気

一九五九年二月力道山は、「第一回ワールドリーグ戦」の参加メンバーと契約を結ぶために渡米した。力道山の留守にテレビ・マッチ要員としてサンフランシスコから呼ばれたのが、赤い覆面レスラーのミスター・アトミック（Mr. Atomik）であった。覆面レスラーの来日は日本プロレス史上事実上初めてのことだった。厳密には、木村政彦主宰の国際プロレス団がメキシコのマスクマンをリングに上げたことがあるが、メジャー団体としてはアトミックが初のマスクマンである。

ところで、ミスター・アトミックという命名は日本プロレス興業の押山保明《おしやまやすあき》によるものであったという。アトミックはアメリカではザ・プリチュア（The Preacher）などと名乗っていたが、傷害事件を起こして執行猶予中の身でプロレス活動は禁止されていたという触れ込みであった。そこで、押山に別名を考えてもらったのである。押山は漫画雑誌に連載されていた杉浦幸雄の『あとみっくおぼん』の絵を見てこの名前を思いついたらしい。折からテレビドラマの『月光仮面』が人気で、アトミックの覆面人気に火がついた。

前述のように、日本のファンは覆面という存在に寛容である。ニューヨークやドイツのマットでは長い間覆面レスラーは禁止されていた。覆面という存在自体がプロレスのリアリティを損なうからである。視野が狭くなるとか、呼吸が苦しくなるとか最初からハンディを背負ったマスクマンの存在自体がスポーツというタテマエを崩してしまうからである。覆面野球選手、覆面ボクサーなどは存在し得ないのである。ところが、日本では覆面がいるからプロレスはおかしいという類の八百長論はあまり耳にしたことがない。アトミック以降、ザ・デストロイヤー（The Destroyer）、ミル・マスカラス（Mil Mascaras）、タイガーマスクなどプロレス界には常に人気マスクマンが存在してきた。それは自然な存在ですらある。ザ・グレート・サスケなどは覆面のまま県会議員になってしまったほどだ。

思うに、日本においてはプロレスを論理的に、というよりは情緒的に受容してきた気がする。強い者が集まって織り成す特殊な世界だから覆面はけっして特殊ではないという感覚があるのではないか。力道山がレスラー人生の前半期に覆面をリングに上げなかったのはアメリカのマット界ではマスクマンはキワモノ扱いされるというアメリカ的「常識」にこだわっていたからではないだろうか。プロレスを「スポーツ」として定着させようとしていた力道山にはマスクマンという選択肢はなかった。しかし、テレビのレギュラー番組となるに及んでプロレスは単なる「スポーツ」では物足りなくなって、新たなテレビ的刺激が求められるようになっていた。覆面の額の部分に何やら「凶器」を忍ばせて頭突きをやるアトミックの姿は当時の視聴者にはじゅうぶん刺激的だったのである。「凶器」入り頭突きの前に芳の里、吉村道明、遠藤幸吉が血だるまにされてファンのフラストレーションは頂点に達した。言い換えれば、アトミックの悪党人気はピークに至った。このタイミングで力道山はアトミックの「ワールドリーグ戦」参加を発表し、前人気はいやが上にも盛り上がったのである。

うまさより激しさを

「第一回ワールドリーグ戦」の興行的成功は凄まじく、プロレス人気は完全に息を吹き返したといわれている。出場全選手が羽田から品川、五反田、恵比寿、渋谷、新宿、四谷、神田、丸の内と毎日新聞社のニュース・カーを先頭に行ったパレードで前人気を煽ったせいか、一九五九年五月二一日の開幕戦から六月一五日の決勝戦まで全国各地で大入り、札止めの連続だった。決勝戦後に外国人選手の一部を残して「選抜シリーズ」として追加の興行を八月上旬まで行ったほどの大人気であった。二カ月半で全国五一都市、六〇試合を消化した。力道山は自伝で六〇万人を動員したと豪語しているが、これは過大評価としても相当の水揚げがあったことは間違いない。テレビ観戦も盛り上がったことだろう。

北村充史『テレビは日本人を「バカ」にしたか？』は、五三～五五年秋を「街頭テレビ時代」、五五年秋から五八年を「近隣テレビ時代」、五九年以降を「お茶の間テレビ時代」と分類しているが、「第一回ワールドリーグ戦」の頃は皇太子「御成婚」パレードの直後であり、「近隣テレビ時代」から「お茶の間テレビ時代」への移行期だったと考えてよいだろう。五九年六月の『読売新聞』大阪版のラジオ・テレビ欄には、喫茶店でプロレスを見ていた客が試合途中で放送時間が終わってしまったことに腹を立てた旨の投書が掲載されている。

豪華メンバーを集めたシリーズの内容について村松友視はこう分析している。

このシリーズの目玉商品は、エンリキ・トーレス、ロード・ブレアースなどクリーン・ファイトのテクニシャンよりも、オルテガ、アトミック、キング・コングらのラフ・ファイターたちだった。シャープ兄弟以来プロレスを見つづけてきたファンの好みが、そこへ落ち着いていたのかもしれないが、とにかく観客はうまさ、華麗、潔さなどよりも、激しさ、強さを求めはじめていたような気がする。

（『力道山がいた』一八六〜一八七頁）

NHKの名スポーツ・アナウンサーで草創期のプロレス映画の実況を手がけた志村正順は、五月二三日の『スポーツニッポン』に寄せた観戦記に、「場内の空気はひところの殺気立つものと違ってプロレスを楽しむ空気に変わっているのが注目された」と書いているが、プロレスは「スポーツ」というよりは「エンタテインメント」として受け容れられ始めたということではないだろうか。ただし、当時は「エンタテインメント」などという気の利いた表現はなく、プロレスは非「スポーツ」視されていっただけなのである。空前の興行的成功にもかかわらず、三大紙がプロレスを「スポーツ」として取り上げる頻度は確実に小さくなっていったのである。

なお、力道山は「ワールドリーグ戦」の興行的成功について、『報知新聞』の取材に次のように答えている。

私は最初に日本のファンはフェアな試合を好むと考えていたから、ファイトをフェアにやっていた。しかしプロ・レスである以上、ほかのスポーツでは味わえないもの、つまりファンの気持ちをカアーッとさせるものが必要だ。また何度も試合をやっているうちに日本人もそういうことが、やはり好きなことがしだいにはっきりしてきた。……プロ・レスは勝負の結果は、あまり問題ではない。ファンには過程を見てもらうのだ。プロ・レスは八百長だという見方があっても、われわれレスラーがリングの上で相手になぐられて怒る、その気持ちにはウソはない。現在の私は「プロ・レスは八百長だ」とか「真剣ではない」といって怒ってくれるファンを有難いとさえ思っている。

（『報知新聞』一九五九年五月二五日付）

ところで、「第一回ワールドリーグ戦」の真の立役者はミスター・アトミックかもしれない。大会前から来日し、当初メンバーに入っていなかったにもかかわらず、ハプニング的に参加を決め、決勝戦まで残り、なおかつ「選抜シリーズ」にも居残り、結局五カ月も滞在した事実がアトミックの人気を物語っている。覆面という出で立ち、凶器頭突きなどの反則のオンパレード、突然のシリーズ参加、こういったことがすべてテレビ的刺激に適っていたということなのだろう。テレビ受信契約数が二〇〇万件を越えたのは「ワールドリーグ戦」直前の五九年四月であったが、六〇年八月には五〇〇万件を突破する。「お茶の間テレビ時代」が本格化しつつある世相ではあった。

「第一回ワールドリーグ戦」の華々しい成功の後、一九五九年九月にグレート東郷が初来日を果たした。東郷はワールドリーグの陰の立役者ともいうべき存在であったが、力道山はレスラー東郷の扱いには苦慮したのではないだろうか。

グレート東郷

東郷といえば、一九一一年に生まれたオレゴン州出身の日系二世で、父親は熊本出身の移民。戦前はブル・イトーのリングネームで活躍したが、日本軍による真珠湾攻撃の後は日系人収容所に隔離された。終戦後はグレート東条を名乗るが、その名前の刺激が強すぎたのか興奮した観客からナイフで腹を刺されたため、グレート東郷に改名した。真珠湾の奇襲攻撃を想起させる、試合開始前に隠し持っていた塩やレンガを使っての攻撃が売り物の典型的なヒールだった。同時代には、ナチス・ドイツの残党を演じた一群のレスラーが存在したが、彼らとちがって東郷ら日系レスラーは日本の軍服をコスチュームには採用しなかった。戦士のイメージに程遠い田吾作スタイルに下駄、そして塩、薄笑いがトレードマークであった。それこそがプロレスという場での「日本」だったわけである。

村松友視は『力道山がいた』で、「そのグレート東郷と力道山が味方同士のようになっているのが、私にはやはり解せなかった。正義の力道山と邪悪の王者グレート東郷の組み合わせに、当時は納得がいかなかったのだ」と書いている（一九四頁）が、日系レスラーの納まりの悪さは私にもよく理解できる。一九七〇年にミツ・アラカワ（Mitsu Arakaw）という日系レスラーが来日したことがある。彼はアメリカ軍による原爆投下で両親を失ったため、その恨みを晴らすべくレスラーとして渡米し、白人相手に悪党ファイトを繰り広げているという触れ込みであった。その彼が「外人組」としてファイトしている姿に、日本の観客としてどう接したらよいのかという戸惑いだけがつきまとう有様だった。
ただ、村松が書くように、東郷と力道山は最初から「味方」だったわけではない。五九年九月のシリーズでは「敵」の間柄で、一〇月末には両者の一騎打ちが実現している。力道山の自伝では次のように書かれている。

東郷は場外でイスを振りかぶってきた。こっちも荒っぽいことではまず負けたことはないが、この東郷だけにはいささかカブトを脱ぐ。もっともこれが白人とか黒人とかいうなら、こっちも思い切っていけるのだが、同じ血の通う日本人ではどうも闘志が鈍る。東郷だってアメリカやカナダで試合するのと、いささか勝手がちがうんじゃないかな。そんなことから一本もとれないで時間切れ引き分けとなった。東郷のやつ、「リキ、なかなかいいじゃないか。ちょっとこたえたよ」とぬかしやがる。…そんなこんなで、私は東郷とすっかり意気投合した。

（力道山光浩『空手チョップ世界を行く』一三四頁）

つまり、この試合は両者が味方になるための通過儀礼のような位置づけで、村松が言及していないのはよっぽど印象が薄かったからではなかろうか。

力道山が語る「同じ血の通う日本人」には、もちろん保留が必要だ。力道山が朝鮮半島出身であることは言うまでもないが、東郷サイドにもさまざまな噂が存在した。そのあたりは森達也『悪役レスラーは笑う』に譲りたい。森は、「故郷喪失者である力道山と東郷は、プロレスというフェイクの究極を足場にして、大和魂というもうひとつのフェイクを偽装しながら、結果としてはテレビという最大のフェイクが発展することに、大きな貢献を果たしてきた。」（二四三頁）と総括している。力道山は通過儀礼のシリーズを経て東郷を「日本組」に迎え入れ、誰はばかることなく東郷に敬意を表することができるポジションを確保したのである。

力道山はグレート東郷を尊敬していた。憧れの対象だったと言ってもいいだろう。東郷は初来日時ですでに四八歳。レスラーとしてはリタイアしていたが、保険の代理店、スーパーマーケット、不動産、ヨットハーバーの経営など事業を手広く行い、悠々自適の身分であった。三〇代半ばを過ぎ、体力的な限界も考えていた力道山にとっては引退後の理想的な生き方に映っていたのだろう。文字通り、ワンマンの力道山が東郷に対してだけは「東郷さん」と、さんづけで呼び続けたのである。

重なり合わぬ関心事

一般紙の扱い方も、五〇年代まではプロレスの試合そのものや興行、あるいはプロレスのジャンル論などが多いのに対して、六〇年代に入ると、力道山の実業界やボクシング界への進出、あるいは私生活に関する記事が増加し始める。「力道山拳闘に転向？」（『週刊文春』一九六〇年一月二五日号）、「空手チョップの億万長者力道山実業界に乗り出す」（『サンデー毎日』六一年二月一九日号）、「拳闘界を震撼させたリキ発言」（『週刊文春』六一年九月四日号）、「億万長者をねらう〝怒涛〟の男」（『週刊文春』六一年一二月二五日号）、「リキさんの〝子供〟たちが語るプロレス世界チャンピオン力道山の家庭生活」（『週刊平凡』六二年五月一〇日号）といった具合である。リキ・スポーツ・パレス、リキ・アパートメント、ホテル・リキ、ゴルフ場、ボウリング……睡眠時間を削ってまで旺盛な事業欲を見せる一方で、肝心のプロレスはどうだったのか。

力道山 対 ジム・ライト戦（1960年1月30日）（毎日新聞社提供）
テレビでは高視聴率を稼いでいたが…。

五九年から六〇年にかけてのジム・ライト（Jim Wright）戦、四月にレオ・ノメリーニ（Leo Nomellin）らを招いての「第二回ワールドリーグ戦」、秋からはリッキー・ワルドー（Ricky Waldo）を中心とするシリーズと、リングはコンスタントに話題を提供し続け、人気を集めた。

しかし、村松友視はこの時期のプロレスの印象を次のように書いている。

プロレス中継の視聴率は三八パーセントという驚くべき数字を示していたが、一般人とプロレス・ファンの隔たりは大きくなる一方だった。関心事がかさなり合わぬ上、オリンピック的興味とも呼応せず、ダッコちゃんというグッズをイメージさせるワルドーの人気が、プロレスをせまいジャンルに閉じ込めている印象があった。私は大学二年になっており、八人いた下宿人の中で、プロレスの中継時間を気にしているのは、私ひとりだったはずだ。

（『力道山がいた』二〇四頁）

六〇年六月に、「木のぼりウインキー」と名づけたビニール製の黒人をイメージした人形が「ダッコちゃん」としてブームを呼び、これに目をつけた力道山が黒人レスラー、ワルドーを売り出したのである。八月にはローマ・オリンピックが開催され、力道山は視察に出かけているが、こちらの方はプロレスに反映されることはなかった。

六〇年はいうまでもなく、安保の年である。村松は安保是非の議論にも加わらず、デモに参加するでもなく、「ジャズ喫茶」でロックンロールを聴く毎日であった。

私は、この時期のプロレスがそれほどのテレビ視聴率をかせいだにもかかわらず、あまり強い印象として残っているものを感じない。もしかしたら、学生運動とそれに呼応する知的な空気が躍動している真っ只中で、ロックンロールやプロレスに神経を向けていた自分に対するうしろめたさが、現在の私の中にも残っているのかもしれない。

（『力道山がいた』二〇六頁）

「ダッコちゃん」を連想させるワルドーに夢中になっていたファンはどういう人たちなのだろうか。日本テレビのディレクターが語っていたように、プロレスはやはりブルーカラーの娯楽なのだろうか。それはあまりにも図式的な見方だろう。しかし、村松がワルドーの活躍を一大事と見なすにはあまりにも知性ある大学生になりすぎていたとは言えるかもしれない。

2　一九六〇年の断章

『東京スポーツ』の創刊

一九六〇年はプロレスとメディアの問題を考える上でたいへん重要な年である。というのも、四月一日に夕刊紙『東京スポーツ』（以下、『東スポ』と略す）が創刊されたからである。細かいことを言えば、当時の発行元は国民タイムズ新社である。東京スポーツ新聞社に社名が変更されたのはこの年の一二月のことだった。現在の東京スポーツ新聞社の会社案内には次のような言葉が見られる。

> 東京スポーツはプロレスと共に飛躍的な発展を遂げて、現在でもプロレス　ジャーナリズムとして第一人者の地位を自認しております。東スポ出版部は日本プロレスの発展・向上のためこれまでの蓄積とリーダーシップを持ってプロレス関連の書籍を多数出版しております。
>
> （『東京スポーツ』ホームページ　http://www.tokyo-sports.co.jp/company/）

『東スポ』は四社体制で、『大阪スポーツ』（六四年創刊）、『九州スポーツ』（六六年創刊、『九スポ』のみ朝刊）、『中京スポーツ』（六八年創刊）は『東スポ』と基本的に同じ新聞と考えてよい。

本書で最重要参考文献として活用している原康史『激録　力道山』全5巻は『東スポ』発行で、原康史は元東京スポーツ新聞社取締役でテレビの解説でも知られた桜井康雄のペンネームである。桜井がプロレス・マスコミの第一人者であることは疑いない。『激録　力道山』がもっとも詳しい力道山の伝記であることも間違いない。桜井には「力道山正史」を残したという自負もあるだろう。ただ、この「正史」は「東スポ史観」とでも言えるような価値観に裏づけされていることを指摘しておきたい。まず、『激録　力道山』には力道山の出自に関する記述が一切ない。末尾の年表には誕生日は書いてあるが、出身地には触れていない。この本の第一巻が出版されたのは九四年で、力道山の愛弟子アントニオ猪木が北朝鮮でプロレス・イベントを実施したのが九五年。九六年には李淳馹『もう一人の力道山』が上梓された。昨今の韓日映画『力道山』まで上映される状況の中で、『激録　力道山』の改訂はありうるのだろうか。

次に、どの「正史」にもありがちなことではあるが、『東スポ』以前のプロレス・メディア状況には詳しく触れていない点だ。「当時のプロレス報道のリーダーはプロレスを後援しているスポーツニッポン新聞社」という記述があり、『東スポ』は『スポニチ』に対抗すべくプロレスの勉強をした、と触れてはいるものの、それ以上の記述はない。『東スポ』が「プロレスと共に飛躍的な発展を遂げ」たことは紛れもない事実で、『東スポ』といえば「プロレス新聞」という異名もあったぐらいで、プロレス報道に関しては『東スポ』が最初から独占しているようなイメージすらある。しかし、プロレスに最初食い込んだスポーツ紙は『スポーツニッポン』であり、『スポニチ』事業部は力道山死後の七〇年くらいまでプロレス興行に関わっていたのである。『激録　力道山』は力道山のローマ・オリンピック視察（六〇年八月）に関して「日本選手団の応援」が目的とあっさり書いているが、実は『スポニチ』の特派員としての渡欧だった。力道山と『スポニチ』の宮本義男編集長の信頼関係には厚いものがあったのである。

話を『東スポ』に戻す。『東スポ』の実質上のオーナーが児玉誉士夫《こだまよしお》であったことは有名な話である（児玉は六三年には日本プロレス会長に就任している）。七六年のロッキード事件当時、『東スポ』は「ロッキード・スポーツ」と揶揄されたこともあるくらいだ。事実、『東スポ』が「プロレス新聞」として独特の光彩を放っていたのはこの頃までではなかったか。世間で何が起ころうと、プロレスが最大の関心事であるかのようなスタンスを取り続けることができたのは七六年あたりまでという気がするのだ。それはひょっとすると国民がプロレスに関心を持った最後の時代とも重なるかもしれない。

馬場、猪木のデビュー

さて、六〇年四月に創刊された『東スポ』は当初プロレスを取り上げていなかった。一面はプロ野球開幕特集であり、プロレスのプの字もない。プロレス色が強くなるのは一二月からである。『東スポ』の題字の右横に「プロレス特集・トウスポ」と赤い見出しが入るようになったのは六一年五月からである。この年に記者となった桜井康雄はプロレスにはさほど興味がなかったという。それどころか、プロレスに対していかがわしい感情すら抱いていたようだ。

しかし、最初の取材として羽田空港に赴いたところ、グレート東郷が鎖で引っ張るグレート・アントニオ（Great Antonio）が大暴れをして、その迫力に圧倒されたのである。力道山とアントニオによって「プロレスの東スポ」は確立した。

六〇年に話を戻す。プロレス史で六〇年といえば、猪木寛至《いのきかんじ》と馬場正平《ばばしょうへい》が入門を果たし、デビューした年として知られている。二月のブラジル遠征でサンパウロの青果市場で働いていた一七歳の猪木がスカウトされた。横浜の富裕な石炭商の子として生まれた猪木だが、その後家運が傾き、五七年にブラジルに移住していた。そして砲丸投げと円盤投げの選手として注目されていた猪木に、力道山は目をつけたのである。

猪木を連れて帰国した力道山を待っていたのが、二二歳の馬場である。猪木とちがって、馬場のプロレス入門は元巨人軍投手とあって注目され、『毎日新聞』も『読売新聞』も記事にしている。たとえば、『読売』は「馬場選手は現在身長二メートル、体重一二〇キロあり、日本プロレス界きっての〝巨人〟である。グラウンドから一転してリング上でどんな活躍をするか見ものである。」（一九六〇年四月一二日付）と『読売』らしく「巨人」に着目している（ちなみに、『毎日』の記事では身長が二メートル三センチ、体重が一二七・五キロとなっている）。

後に「ジャイアント馬場」のリングネームを名乗る馬場は文字通り巨人であったが、同時に読売ジャイアンツに五年間在籍したというキャリアは、まだ日本でも歴史が浅く少しでも価値の裏づけがほしいプロレスにとっては大きなヴァリューを有しており、馬場自身もそのことは知り抜いていただろう。事実、最初から馬場はアパート暮らしを許されるなど特別扱いを受け、力道山邸に住み込みの付け人にされた猪木とはスタートラインから大きな差がつけられていた。同年九月の同日デビュー戦でも馬場は田中米太郎に勝利し、猪木は大木金太郎に敗北と、力道山は両者の明暗を分けさせた。

二人が入門した四月に「第二回ワールドリーグ戦」が開幕している。このレセプションでは、半年後にテロに倒れることになる社会党の浅沼稲次郎委員長が挨拶している。

プロレスは私のエネルギーの源……私は力道山クンのファイトを見て、ますます世の中を正しくしようとする闘争心をかきたてられる。プロレスは大衆のもの、日本の社会、大衆のためにリーグ戦で優勝してほしい。

（原康史『激録　力道山』第三巻、一〇九頁）

プロレスは大衆娯楽という図式がまだ生きていたことがよくわかる激励だ。プロレス（力道山）は自民党党人派のみの独占物ではなく、革新政党的文脈でも受け容れられる存在だったというべきか。

「喧嘩」志向

一九六〇年から六一年にかけての力道山は実業家志向を強めつつあった一方、リング上ではラフファイト志向を鮮明にしていった時期である。特に、リッキー・ワルドーとの一連の試合は反則合戦の様相を呈して「スポーツ」から大きく逸脱し、スポーツ紙からも批判される有様だった。

ある記者が「プロレスはスポーツ、それほど喧嘩腰にならなくても堂々、技で決着をつければいいんじゃないですか」と意見を述べたのに対し、「プロレスは喧嘩ですよ。試合は戦い、決してきれいごとだけじゃない。反則も技のうちです」と力道山が強い調子で反論する一幕があったという（原、二〇六〜二〇七頁）。

力道山が「喧嘩」志向を強めた背景には、力道山自身の体力低下（当時公称三七歳）、プロレスの「スポーツ」化自体への、あるいはプロレスそのものへの情熱が薄れたこと、観客のニーズが変化したこと、などが挙げられるだろう。力道山は以前に比べてプロレスに対してよりビジネスライクな姿勢を強めていたはずだ。言い換えれば、より客観的になっていただろう。それだけに、テレビでは高視聴率を稼いでいるものの、一般紙がだんだん報道しなくなっている傾向は気になっていたのではないだろうか。

プロレスはマニアックになりがちなジャンルである。熱心なファンはスポーツ紙や専門誌を読んで満足するだろう。しかし、プロレスをビジネスにする者はマニアを相手にしているわけではない。あくまで一般層にアピールするようなことを打ち上げなければ業界の発展はない。こういう思いは力道山、そして後の猪木に共通する発想だった。これに対して馬場は熱心なファンをターゲットとするビジネスを堅実に行おうとした。世間とどうつながるか、あるいはつながらないか。このあたりが猪木、馬場のいずれを好むかの分かれ目でもある。

力道山のある種世間に対する開き直りとも取れる姿勢が明確になったのが、六一年の「第三回ワールドリーグ戦」である。村松友視は以前書いたように六〇年頃のプロレスの記憶はあいまいだが、このリーグ戦は「強烈な記憶を私に残している」と書いた。実は、私にとってもこのシリーズは印象深い。五四年生まれの私が覚えている最初のプロレスの記憶がこのシリーズなのである。一年前の六〇年に関しては近所の友だちと「安保反対ごっこ」をした思い出が残っている。「安保反対」と叫びながらデモのまねごとをしてそこらを走り回ったのである。プロレスの記憶はない。しかし、六一年となると、突如としてプロレスの記憶が始まるのである。

私の最初の記憶は、四月に来日した〝シベリアの密林男〟ことグレート・アントニオである。彼の試合を覚えているわけではない。リーグ戦開幕に先駆けて彼が行ったパフォーマンスをはっきりと記憶しているのである。グレート東郷が力道山に推薦したというアントニオの売り物は、大型バス三台を鎖につなげて引っ張るという怪力のデモンストレーションであった。四月二七日に東郷とともに来日したアントニオは羽田空港で大暴れを見せ、リーグ戦自体への興味以上に「ほんとうにバスを引っ張れるのか?」と好奇の視線を集めたのである。その眼差しの中に七歳の私の目も含まれていたというわけだ。

3　第三回ワールドリーグ戦

潰されたグレート・アントニオ

一九六一年四月二八日、グレート・アントニオは明治神宮外苑絵画館前広場で連結された大型バス三台を鎖で引っ張るデモンストレーションを見せた。一台目のバスには日本プロレス協会が招待した施設の子供たち五〇人が乗っており、総重量は約二五トン。アントニオはこれを約五メートル引っ張った。

アントニオのデモンストレーションは、彼の自己アピールというよりは力道山の演出だった。当時のリングアナウンサー小松敏雄が、大下英治『永遠の力道山』の中で述懐している。

あれだけのものを、いくらアントニオの力でも、なかなか引っ張れるわけではないんです。かれ自身、無理だといっていたほどでした。そこで力道山は、ロープは伸びる分だけ力が半減するといって、鎖を持たせたんです。鎖なら伸びないで、そのまま力を伝えることができますからね。それと、絵画館前の道路は、中央部が盛り上がっていた。端にいくほど、低くなっている。そこでバスを中央部から端っこに向けてななめにならべ、斜面をくだるようにセットしたんです。

（二二六〜二二七頁）

前述のように、アントニオはその夜には台東体育館の小人プロレスにも乱入した。テレビ放送されたはずだが、私はこちらの記憶はない。もちろん、アントニオの巨体を強調するために小人プロレスのマットに上がるという力道山の演出だったのだろう。試合では、アントニオはもっぱら若手選手三、四人を相手にするハンディキャップマッチ専門だった。四人でかかってもびくともしない巨体をアピールした上で、若手に圧勝する予定調和の世界だ。そこでは、若手は巨体の前に何らなすすべもないらである。

無力な存在を演じなければならない。若手がアピールする場ではなく、アントニオのための試合だか

アントニオの怪物ぶりに「第三回ワールドリーグ戦」の人気は全国各地で沸騰した。とりわけ、奈良市あやめ池公園大会には三万六〇〇〇人もの群集が押し寄せた。ところが、人気によってわがまま放題になり、増長したアントニオに対して他の外国人レスラーの反発が募った。「お前などもともとまともなレスラーじゃないのに」という思いもあったろう。五月二一日の岡山大会の試合後にアントニオは控え室でミスターX（Mr. X）、カール・クラウザー（Karl Crauser, 後のカール・ゴッチ〈Karl Gotch〉）、アイク・アーキンス（Ike Erkins）によってリンチを加えられた。六月二日に力道山のインターナショナル選手権に挑戦して敗れてからはアントニオへの「配慮」はさらになくなったようだ。ミスターXにリンチまがいの試合を仕掛けられて戦意喪失しているし、若手五人相手の試合でも鉄製のハンマーで殴られて敗れている。興行のためにアントニオの怪物ぶりが商品価値を生んでいるうちは予定調和の世界が保たれるが、他のレスラーがアントニオに「付き合う必要なし」と判断するや潰してしまうというきわめて人間臭い「現場のルール」があるようだ。

プロモーター力道山としては、自らがアントニオを倒すまではアントニオは強くなければいけなかったろうが、外国人選手の現場的判断が先行してしまったのである。

アントニオはシリーズ終了を待たずに帰国し、その後「リンチ事件」の詳細が明らかにされたのである。アントニオは一九七七年に二度目の来日を果たしているが、このときもハンディキャップマッ

チで快進撃したあげく最終戦で猪木にリンチ的な攻撃を仕掛けられて惨敗するという経過をたどり、ファンにある意味で強烈な印象を残した。興行に「怪物」は必要だが、興行の最後には「人間」によって「怪物」は処分される、という暗黙のストーリーがあるかのようだ。グレート・アントニオは、村松友視も森達也も好んで取り上げている題材である。

ラフファイト重視

グレート・アントニオが参加した「第三回ワールドリーグ戦」の決勝戦を力道山と争ったのは、覆面のミスターXであった。村松友視はこのレスラーへの違和感をこう表明している。

> 私にはこのビッグ・ミスターXのプロレスラーとしての魅力が、いまひとつ伝わってこなかった。それは、ビッグ・ミスターXが、力道山の空手チョップに対抗してくり出す、覆面の中に金属片を入れての頭突きのせいだった。ビッグ・ミスターXはたしかに大物レスラーなのだろうが、日本のマットにおけるキャラクターのつくり方が、私にはきわめて類型的という気がした。こういう役づくりなら、いずれ力道山にミスター・アトミックのような制裁を受け、覆面を剝がれて血だるま……というのが落ちだと思った。
>
> （『力道山がいた』二一一頁）

事実、ミスターXは村松が考えたような道を辿っていったのであるが、アトミックとちがう点はミスターXの正体はビル・ミラーというアメリカ東部出身の一流レスラーだったことである。そのミラーに覆面をかぶらせ、なおかつ凶器頭突きのアイデアを授けたのはいうまでもなく力道山本人である。大下英治『永遠の力道山』は、力道山が秘書を通じてミスターXにテープを巻いた一ドル銀貨を手渡したことを明かしている。ミスターXは銀貨を見ながら秘書に「えらいな、おまえのボスは……社長ならふんぞり返っていればいいのに、自分で血を流すんだからな」と語ったという（二二五頁）。村松の違和感は私もわかる。ミスターXの売り物を凶器頭突きに矮小化させ、結果、観客はミラーとしてのレスリングが堪能できないもどかしさに通じるからだ。

六一年あたりにはマニアックなファンも増えていたはずで、外国人選手に関する知識も蓄積されてきていたと思うが、力道山はたとえ一流であろうが日本向き、いや力道山向きのラフファイトをやらせたということだろう。そのあたりが目の肥えたファンとのギャップを生み始めていたのではないだろうか。翌六二年にルー・テーズが再来日しているが、五七年の初来日時とちがって相当ラフファイトの味付けが濃い試合になっていた。テーズでさえこうなのだから、他の選手は言わずもがなである。

私はこのラフファイト重視は七〇年代初頭の日本プロレス崩壊まで続いたと考えている。プロレスと聞いて連想するのは、チョップ、キックの打撃戦、反則、凶器、流血、場外乱闘であり、「レスリング」を思わせる動きは二の次。こういった風潮が力道山後半から馬場時代に至るまで支配的になっていった。私がプロレスファンになったのは馬場時代、もっと正確に言えば猪木がようやく台頭してくる六〇年代後半からである。それは猪木を中心に、従来の主流であるラフファイトとは一線を画した、「レスリング」的趣が出てきた時期である（日本の選手できれいなブリッジを初めて披露したのは猪木ではなかったろうか）。そういう意味では、私は一度も力道山ファンであったことはない。馬場ファンであったこともない。むしろ、力道山後半期以降のラフファイト偏重に飽き飽きし、より「レスリング」っぽい吉村道明の動きでかろうじて喉の渇きを癒しているような状態だった。力道山の全盛期を知らず、晩年にかろうじて間に合った世代、つまり五四年から五七年生まれあたりでどれだけ力道山ファンがいるのだろうか。

第九章　テレビ時代の陰影

1　リキ・スポーツパレス

レスラーより実業家

一九六一年七月三〇日、東京・渋谷区道玄坂に「リキ・スポーツパレス」が完成した。地上九階地下一階の豪華なビルである。一階はボウリング場とスナックバー、二階はスチームバス、レストラン、喫茶店、ボクシングとレスリングのジム、三階から五階が円型の体育館（ホール）で二〇〇〇人を収容できるプロレス常設会場である。他に、プロレスのオフィスもあった。四階にボディビルジムと社長室（力道山の部屋）、六、七階には女子ボディビルジムやチャームスクールとまさにスポーツ多目的ビルであり、「プロレスの殿堂」であった。完成式には約一五〇〇人の政財界、言論界、芸能スポーツ界の著名人がお祝いに駆けつけ、日本赤十字社から力道山に金色有功賞が贈られた。児玉誉士夫は「リキさん、あんたにとって生涯で最良の日だな」

と語ったという。

八月には渋谷区赤坂台町に地上六階地下一階の高級マンション「リキ・アパートメント」が完成している。力道山は前年末にすでにこのアパートに引っ越して来ていたが、八月に中庭的なスペースに専用プールが完成したのである。力道山は単なるプロレスラーではなく、実業家としての顔も持っていた。彼の肩書きは日本プロレス興業代表取締役以外にリキ・エンタープライズ社（不動産管理会社）社長であり、なおかつリキ・プロモーション（芸能関係プロモート）代表であった。

リキ・スポーツパレスでの初試合は八月一八日のことであったが、この日を機に日本テレビはプロレスを毎週放送することになった。金曜八時に「ディズニーランド」との隔週放送の枠は変わらないものの、「ディズニーランド」があるときには金曜一一時からの録画中継が行われることになったのである。つまり、字義通り、力道山が毎週見られたのは晩年の二年数カ月にすぎないのである（六三年一二月死去）。リキ・スポーツパレスで毎週のようにテレビマッチが行われたのは六六年一二月までの五年数カ月である。日本においてプロレスのハード面がこんなに充実した時期は他にない。

したがって、レスラー力道山には興味がないが、実業家としての彼に関心を持つ人も少なくないだろう。タレントの小島正雄は、「力さんのリング上のファイトは、万人認めるところだが、生活の上のファイトのほうが、もっともっと物すごい」と書いている（『週刊平凡』一九六一年一〇月二五日号）。力道山の私設秘書吉村義雄は、プロレスは好きになれなかったが、人間力道山に共感していたと本音を漏らしている。

プロレスにより密着して付言するならば、力道山はハード面を充実させながら、それに見合うソフト、すなわち試合内容の向上を伴わせることができなかった。リキ・パレス完成後も相変わらず覆面選手の凶器頭突きという使い古したアイデアに固執していたのである。村松友視は「『リキ・スポーツパレス』の完成で意気あがる力道山だったが、相手が物足りないから、試合はいきおい〝流血〟を頼りにするようになる」「視聴率をかせいではいたが、プロレスが一般の話題と隔離していく印象は否めなかった」と書いている(『力道山がいた』二二七頁)。

ちなみに、リキ・スポーツパレスの試合スペースはその後キャバレーのフロアとなり、ビル自体は一九九二年に取り壊された。現在はヒューマックス渋谷ビル「ケンウッド」が建っている。

ボクシング界進出

一九六一年七月三〇日に完成したリキ・スポーツパレスで注目されたのは、その中にボクシング・ジムがあったことである。力道山のボクシング界への並々ならぬ関心は以前から明らかであった。『週刊文春』六一年九月四日号に力道山自身のこんなコメントが載っている。

テレビでボクシングを見ていたら、ボクは腹がたってネ。あんなファイトは三歳の子でもできる。あんな試合をしてたんでは、日本のボクシングもやがては滅んでしまうと思ったネ。それに軽い者同士が打ち合ってもお客はつきませんよ。やはりボクシングもヘビー・ウエイトでなければ面白くない。

見せる格闘技には身体の大きさが必要だ、という考え方は今日でも根強い。ぴあ総研発行の『エンタテインメント白書2007』によると、二〇〇六年の格闘技業界市場規模（チケット売り上げ）シェアはプロレス四七・五パーセント、「その他格闘技」（K－1、PRIDEが中心）四〇・四パーセントに対して、ボクシングはわずか一二・一パーセントにすぎない。亀田人気が高まった二〇〇六年でも業界の一割程度のシェアしか持ち得ないのである。人気低迷の背景に、いつまで経っても重量級にスターが現れないということがあるかもしれない。

力道山は興行的思惑もあって早くからヘビー級ボクサーを養成しようと、子飼いの芳の里や猪木をボクサーに転向させようとしたこともあったし、六〇年には力道山自身のボクシング転向説すら流れた。もちろん、プロレスとボクシングはまったく違う業界であり、事はそう簡単に進まない。ボクシング界に進出するためにはコミッションのライセンスをとらなければいけないが、プロレスと兼業という点にネックがあった。またボクシング界には、こちらは真剣勝負だが、プロレスはショーだという抵抗感が強かった。ボクシングにショー的要素を持ち込んでもらっては困るというわけだ。

しかし、見方を変えれば、リアルファイトというプライドがボクシングの興行的成功を阻害してきた面がある。プロレスや「その他格闘技」にはない階級の細分化はチャンピオンの数を増やすことでしかなく、ひとりひとりのチャンピオンのインパクトを減らしてしまっている。生活に恵まれているとはいえない、軽量級の人が顔面を変形させてまで殴りあう姿はときに悲壮美を生み出し感動を呼ぶこともあるが、歴史に残したインパクトという点では大相撲やプロレスの後塵を拝してしまっている。

二〇〇三年に『朝日新聞』が実施した「スポーツに関する世論調査」において、「もっとも印象に残ったスポーツ選手」（回答数一九七八人で三票以上集めた人物）に力士が八人、柔道選手が四人、プロレスラーが二人、K－1選手が二人入っているが、ボクサーはひとりも入っていない。

力道山のボクシング界進出は吉村義雄『君は力道山を見たか』によると、力道山一流のビッグマウスで、記者の前で重量級ボクサーを養成するなんて簡単だと豪語して後に引けなくなった産物らしい。しかし、それにしてもリキ・スポーツパレスの中にジムを作るというところまでたどり着いたわけで、ボクシング界としても本気で対応を考えざるをえない事態に追い込まれたのである。

伊集院浩の自殺

力道山の進出にボクシング業界は戦々恐々といったところだったが、最終的には九月五日、力道山と本田明オーナークラブ会長ら実力者三氏との会談が実現し、力道山が第三者にジムを開かせて選手を養成することは認めるが、プロモーターとしてプロボクシングの興行をやることは認めない、という条件付きで力道山のプロボクシング進出は認められた。『週刊文春』は、本田明がNTV系「ダイナミック・グローブ」のプロモーターであることを指摘し、力道山と本田明の「妥協」の背景にはテレビの系列が同じことがあるとしている（一九六一年九月四日号）。力道山のプロボクシング進出が新聞発表になったのは一二月三日のことで、『毎日新聞』は「〝日本にもヘビー級のボクサー〟を念願してきた力道山が晴れて巨人ボクサー養成にあたれることになった。」と書いた。力道山の個人秘書吉村義雄によると、ボクシング業界内では、力道山にライセンスなんかやるなという声が圧倒的に多かったけれども、『毎日新聞』を定年になるところだった伊集院浩が会長で、吉村自身がマネージャーという条件だったら「ボクシング界の天皇」本田明も許可を出すということだったらしい。

伊集院浩は明治大学のラガーで、『毎日新聞』運動部記者になってからは相撲、ラグビーに加えてプロレスを担当した。力道山がアメリカ修行中からプロレスに好意的な記事を書き、社内でプロレスを後援すべきかどうかの議論が起こったとき職を賭して後援を主張した、プロレス界にとって恩人のような人物であった。プロレスにはなじめず、実はボクシングの大ファンであった吉村にとってはジムの運営はひとつの夢の実現であった。リキ・ボクシングジムからは後に藤猛《ふじたけし》という日系三世の世界チャンピオンが生まれることになるが、それは力道山死後のことだ。

オーナーの伊集院は、六三年二月二〇日自宅で割腹自殺した。力道山が死ぬ一〇カ月前のことである。伊集院の自殺に関しては、三顧の礼を持って迎えたのに力道山の態度が冷たく、ジムの運営についても力道山と考え方に隔たりがあったために抗議の自殺を決行したという見方がある。私も関係者からそういう見方を聞いたことがある。

ただ、吉村はこの見方を否定し、伊集院の病状の悪化にその原因を求めている。吉村によれば、伊集院の口から力道山を批判するような言動は一度も聞かれなかったということである（吉村義雄『君は力道山を見たか』二〇七頁）。もちろん、真相はわからない。ただ、伊集院のエピソードを読むたびに思い出すシーンがある。二〇〇一年に長崎放送の女性ディレクターが製作した「Hero　もう一人の力道山」という番組の中で、力道山が力士時代に実家のように出入りしていた千葉県八街市の〝妹〟

木下きみ江がディレクターに涙ながらに語った話だ。「これはあなたに初めてしゃべるんだけど」と前置きして木下きみ江は実の弟が力道山に請われてリキ・エンタープライズに就職したが、力道山から暴力を振るわれて歯をがたがたにされて悔しいと語っていた。力道山に裏切られた思いがあったのだろう。私が強調したいのは力道山の暴力性ではない。力道山の死後四〇年近くも経過して、この話が初めて語られたという時間の長さは、力道山がヒーローであったことの重みに起因するのではないかということだ。ましてや、本人が生きている時代にはあまりにも語られないことが多くあったのではないか。そんな気がしてならないのだ。

草創期から見続けてきた視点

リキ・スポーツパレスこけら落しの一戦は力道山・吉村道明組 対 ゼブラ・キッド（Zebra Kid）、ドン・マノキャン（Don Manokian）組であったが、大変な高視聴率を獲得した。トンプソン市場調査研究所が一九六一年八月一五日から二一日にかけて東京地区の一二歳以上の男女を対象にした調査によると、この試合は四四・八パーセントでこの週の一位であり、二位の西部劇「ローハイド」の三一・三パーセントを大きく引き離している。参考までに、三位以下を記す。③「私の秘密」、④「ララミー牧場」、⑤「プロ野球巨人対大洋」、⑥「モーガン警部」、⑦「ジェスチャー」、⑧「スポーツ芸能レポ」、⑨「指名手配」、⑩「スポーツニュース」（『読売新聞』一九六一年九月一五日付より）。

草創期から力道山を見続けてきた村松友視はこう記している。「このシリーズから、昭和三十七年までのプロレスは、プロレス・ファンの熱狂を浴びてはいたものの、どこか〝芯〟を欠いていたように思う」。この時期のプロレスに関する村松のコメントはネガティブなものばかりだ。「ファンを沸かせ視聴率をかせいではいたが、プロレスが一般の話題と隔離していく印象は否めなかった」。「このような演劇的構想では、プロレス・ファンの真っ只中に対する矢ともなりにくくなっていた」(『力道山がいた』二一六〜二一八頁)。

力道山によって二度も覆面を剝がされたゼブラ・キッドに続いて来日した二人のマスクマン、キング・オブ・マスク(King of Mask)、ミスター・フー(Mr. Who)は開幕戦で自ら覆面を脱いで素顔をさらした。正体はロニー・エチソン(Ronnie Etchison)とロッキー・ハミルトン(Rocky Hamilton)で素顔をさらすことにインパクトはなかった。サプライズ演出の失敗なのか、そもそも二人が覆面を拒否していたのか、どちらにせよ力道山演出の失敗であろう。シリーズの柱はエチソンら白人組とリッキー・ワルドーら黒人組の抗争となっていき、「中立」の力道山がレフェリーとして裁くところまで行くのだが、当時のアメリカにおける公民権運動の盛り上がりを取り入れた演出だったのだろうか。村松は力道山を最初から見続けてきたがゆえに高視聴率のプロレスに苦言を呈し得たのだ。

同様の視点は、六一年八月二〇日に「スーダラ節」を発売した植木等を語る、小林信彦に見出すことができる。クレイジー・キャッツ以前から植木を知っていた小林は、「スーダラ節」を初めて聴いたときに、これで植木はダメになると思ったという。二枚目がおかしなことをやるのが植木の真骨頂だったはずなのに、この歌では美声の持ち主がコミックソングを歌う形に変質してしまっているというのだ(小林信彦『植木等と藤山寛美』三三〜三四頁)。同様の感想は小林よりはるかに若い橋本治も持っていたようだ。そんなうるさい植木ファンも翌年七月の「ハイそれまでヨ」でやっと納得したらしい。フランク永井調のラブソングで始まり、転調してツイストになるこの曲は子供心にも大きなインパクトがあったが、植木の二面性を生かしたと通をもうならせたのである。橋本はクレイジー・キャッツについて語っている。「つまらなくなるということがこの人たちにはないんだという、何かそういう信じられ方ができるというね。ほとんど、それは信仰でしたね」（小林、二六頁）。

クレイジー・キャッツは永遠に面白い。たしかに橋本より少し年下の私もそんな印象を受けていた。しかし、六〇年代末に至ってクレイジー・キャッツはコミック・バンドとしてつまらなくなっていき、橋本はそのことにショックを受けた。私も同感だ。そして、テレビの前で面白くなくなったクレージーのコントを無理して笑おうとする自分が存在したことを思い出す。

この心理は、ピークを過ぎて説得力を失ったレスラーの技が決まるとき、頭の中でその説得力を補おうと一生懸命になっているときの心持ちに似ている。村松は晩年の力道山をどのような気分で見ていたのだろうか。

社会学者の力道山論

吉見俊哉『親米と反米――戦後日本の政治的無意識』は、日本人の親米意識についての歴史的考察である。黒船来航の幕末から説き起こし、高度経済成長期の家電文化に至るまで幅が広いが、白眉は占領軍としての「アメリカ」と題して、マッカーサーと昭和天皇の関係性、米軍基地文化を述べたくだりであろう。さらに、大衆文化への目配りが行き届いているのも本書の特徴で、浅草オペラ、モダンガール、パンパン、歌謡曲、ジャズ、『ブロンディ』、アメリカ製テレビドラマと話題は豊富である。

そして、当然力道山についての言及がある。その内容は二〇〇六年の京都での講演とほぼ同じである。吉見にとって、街頭テレビで大人気を博した力道山プロレスとは、「『アメリカ』に空手チョップを食らわす『日本』というパフォーマンス、朝鮮半島出身者が演じる『日本人』というパフォーマンス、そうした身体によって占領期アメリカニズムが体現されていくパフォーマンスといった複数の文化的上演」(一七八頁)であった。だが、五〇年代後半に家庭テレビの比率が増していくにしたがって、テレビは脱プロレス化していった。高い視聴率は維持しているものの、プロレスは家庭で見るのにふさわしくない番組との評価を受け、力道山が死んだときの全国紙の扱いは彼の人気からすると冷淡なものだったという。吉見は力道山を通してのテレビ文化の普及と、テレビ文化の進化による力道山のパージを鮮やかに描出し、この国の人々が「力道山の身体が表象するような『戦後』と訣別」する様子を印象づける。たいへん説得力のある議論だ。

ただ、あまりにも鮮やかすぎるきらいがある。特に、テレビが家庭にやってきてからプロレスはそれまでと違って胡散臭いものに見られ始めたということであるが、「英雄」力道山が「悪党」として死んだことの証拠を全国紙の扱いに求めるのであれば、しかも吉見がイメージする全国紙は『朝日新聞』のような気がするが、力道山がヒーロー視されていた街頭テレビ時代からすでに『朝日』は力道山に冷淡であったという事実は無視すべきではないだろう。ここまで読まれた方であればお気づきのように、力道山をめぐる全国紙とテレビの扱いは一様ではない。しかも、『毎日新聞』と『読売新聞』、

『朝日』の間でも相当の温度差がある。『朝日』は最初からプロレスに距離を置き、『読売』は終始無関心という感じで、これに対し、紙上後援していた『毎日』は徐々にプロレスから手を引いていったという印象がある。

また、週刊誌は六一年のリキ・スポーツパレス完成で実業家力道山への関心を高めている。テレビは最晩年のデストロイヤー戦で最高視聴率を記録している。たしかに、プロレスに対するバッシングは以前より強かったろうが、それを補って余りある人気ぶりで、少なくとも手のひらを返したように力道山が排除され、テレビが脱プロレス化していったとは思えないのである。テレビ文化の変容がプロレスに与えた影響を否定はしないが、力道山死後、六〇年代末まで高視聴率をキープしたことを考え合わせると、力道山評価のみでプロレスを語りつくすことにはある程度限界があると考えざるをえない。力道山の試合が毎週テレビで見られるようになったのは六一年八月以降のことである。『毎日新聞』は同年一〇月、一一月と試合は行われているにもかかわらずいっさい結果すら載せていない。これは五四年二月以降初めてのことだ。単なる偶然であろうが、全国紙がプロレスの量的拡大を目論むテレビにジェラシーを抱いたように感じてしまった。

2　アメリカニズム周辺

プロレス観で対立する馬場と猪木

力道山の弟子に馬場正平と猪木寛至がいて、馬場は最初から下積みのないエリート生活を送り、猪木は長い下積み生活の末馬場へのジェラシーを抱きながら才能を開花させたことは有名な話だろう。馬場が初めて渡米したのがプロレス入りからわずか一年数カ月後の六一年七月。猪木の渡米は力道山存命中には実現していない。ただ、エリート・コースに乗ってのアメリカ武者修行とはいっても、成功が保証されているわけではない。馬場と同時に渡米したマンモス鈴木は馬場に匹敵する巨体を誇りながら挫折し、途中帰国している。

ただし、アントニオ猪木に言わせればこういうケースは「挫折」とは言わないのかもしれない。猪木は、唯一のプロレス週刊誌『週刊プロレス』（二〇〇七年五月九日号）のインタビューでこう発言している。

猪木　……俺は挫折していないんです、この業界で。「挫折していない」って言葉の意味はね、俺は生粋のプロレスラーだよ、今日まで。……ほかのひとたちは柔道とかいろんなことをやって、ある意味その頂点に立った。そこで夢は終わりなんですよ。じゃあなんでプロレスラーになったかっていえばメシが食えない、お金がほしいから入ってきた。……

――しかし、いまのプロレス界にはもうジャイアント馬場さんもいなくなってしまい……

猪木　（言葉を遮り）馬場さんも挫折だろ。だから夢がないんですよ。野球という中で（挫折して）プロレス界に来て、自分に一番あった業界に入ったんで、そりゃあファンはいますよ。夢も送ったと思いますよ。ただし、この業界をもっとデカくしてやろうっていう闘いをしていないじゃないですか。

猪木の馬場に対する反発心はいまだに健在なようだが、六一年に時間を逆戻りさせると、力道山の付け人を猪木がこなしている間にアメリカに渡った馬場はロサンゼルス、ニューヨークをはじめ各地で試合を経験している間に自信を深めていく。自伝『16文の熱闘人生』にはこう書いている。

自分の大きな体に自信もついてきました。体が大きいということは、プロレスでは大きな強みです。相撲は狭い土俵が舞台ですから、小さい体でも、大きな体の相手に、手でもなんでも、自分より早く土につかせればいいわけですよ。でも、プロレスはやっぱり、最後は体力です。長い時間やっていれば、小さいレスラーより体の大きい方が圧倒的に有利になるんです。　（一〇〇頁）

相撲の例まで出して体の大きさを強調する馬場の眼には小柄な力道山のプロレスはどう映っていたのだろうか。後年、馬場は力道山について自伝の中で次のように語っている。

そんなに技があるわけじゃないし、スピードもそんなになかった、と思いますよ。それじゃあ、なんであそこまでいったかと言うと、あの人には、自分がやらなければ日本のプロレスはもうだめなんだ、という、その気力がありました。

（『16文の熱闘人生』一五六頁）

パイオニアとしては高く評価するといったところであろうか。

また、猪木は馬場の自己保身ぶりを批判するが、プロレスが馬場に「一番あった業界」であったことは事実である。馬場の巨体はアメリカのプロレス・ビジネスにとっても大きな魅力であり、六二年六月には時のＮＷＡ世界王者バディ・ロジャース（Buddy Rogers）への挑戦が決定するのである。だが、力道山はアメリカにおける馬場の大活躍を喜ばなかった。力道山は『日刊スポーツ』の鈴木庄一に対して「しばらくのあいだ、馬場のことは書かないでくれ」と険しい顔で頼んだという。それは、同年三月に力道山がＡＷＡ（五月にＷＷＡと改称）世界王者フレッド・ブラッシーに挑戦する手はずだったからである。しかも、ＮＷＡは最高の権威を有する団体であるのに対して、ＷＷＡはロサンゼルスのローカル団体にすぎなかった。力道山は馬場にジェラシーを持っていたのだ。

現在の猪木はプロレス界に力道山遺伝子、猪木遺伝子を残そうと意気込む。猪木は語っている。「力道山のプロレスは怨念のプロレスだった。朝鮮人であるということで差別され、苦労したことが、あの空手チョップを生みだしたのではないか」（猪木寛至『猪木寛至自伝』七二頁）。猪木派の山本小鉄《やまもとこてつ》も、「僕の頭の中に刻み込まれている力道山先生の鬼の形相は、全盛時の猪木さん以上のもの」（山本小鉄『いちばん強いのは誰だ』一九七頁）と回想している。猪木が台頭した七〇年代半ば以降のプロレスの主流は「怨念のプロレス」だったと言えるだろう。

それでも、アメリカ・マットで本当に成功したのは力道山、猪木ではなく、「怨念のプロレス」にはほど遠い体の大きい馬場だったという事実は残るのである。

トニー谷という存在

吉見俊哉『親米と反米』において、力道山に関する主要論点は、ミッチー・ブーム以降のテレビ文化の変容が力道山およびプロレスを逸脱的存在にしたという点である。そして、この点を補強するかのようにトニー谷のエピソードが添えられている。

トニー谷は占領軍クラブで人気を博したヴォードビリアンである。真っ赤な上着、白いズボン、フォックス眼鏡、口ひげという装いで「トニイングリッシュ」という怪しげな英語を駆使して日本を「パチンコ・カントリー」と評したトニー谷は、「さいざんす」「オコンバンワ」などの流行語を生み、そのキザっぷりで人気者となった。彼の活動は映画、ラジオに広がったが、人気絶頂の一九五五年に長男が誘拐されるという事件に巻き込まれてしまう。長男は無事戻ってきたが、犯人の動機は怪しげな英語などを使って日本を小馬鹿にしたような芸風で成り上がった芸人に対する反発であり、世間およびメディアは被害者谷に同情するどころか、ここぞとばかりにトニー谷バッシングに加担したのである。かくして、トニー谷は芸能界の表舞台から姿を消した。

吉見は言う。「トニー谷の植民地性を意図的に誇張した演技は、力道山のポーズとしての「反米」と表裏をなしていたようにも思える」（吉見、一八三頁）と。つまり、五九年のミッチー・ブーム以降本格化する高度経済成長の流れの中でトニー谷は人々の視界から消え、力道山／プロレスは人気を博しながらも家庭のテレビで見るのにふさわしくない存在になっていった、と。言いかえれば、テレビ文化の変容が占領期的アメリカニズムを押し流していったというわけである。大局的にはそのことは正しいのだろう。

しかし、私は全盛期のトニー谷は知らないけれども、六〇年代後半に「アベック歌合戦」でカムバックし、「あんたのお名前なんてえの」を流行させた彼の姿は強烈に焼きついている。しかも、「アベック歌合戦」は最初ラジオ番組でスタートし、それがテレビに「昇格」したヴァラエティ番組であった。また、赤塚不二夫『おそ松くん』で大人気となったイヤミは谷がモデルであった。同様に、私は力道山がプロレス・ブームを起こした五四〜五五年はまったく記憶にない。プロレスがレギュラー枠で放送されるようになった六〇年代以降しか知らない。つまり、占領期的アメリカニズムの空気を吸ったことがないし、「屈折した被占領心理」に陥ったこともないのである。五七年生まれの吉見も同様のはずだ。

だが、私は吉見とちがってトニー谷のカムバックもミッチー・ブーム以降のプロレス人気も語りたい人間である。なぜ語りたいのだろうか。プロレスに限定して言うならば、プロレスをブーム期のみの現象に限定して占領や街頭テレビとの関連だけで分析しようとする知的言説への違和感が根底にあるのだろう。七〇年代に入るや、トニー谷は再び一線から退き、プロレスの視聴率は低下し始めた。トニー谷は長男誘拐事件以降、八七年に亡くなるまで新聞取材を拒否し通したという。

永田町のプロレス性

かつて井上章一は私の処女作『知的プロレス論のすすめ』を朝日新聞の書評で取り上げたときに、一般紙がプロレスをスポーツとしてまともに取り上げることはないが、永田町政治の世界をプロレスに擬することはある、と書いた（一九八九年七月一六日付）。「プロレスもどきの乱闘が繰り広げられた」といった具合に。なるほど、六一年六月の『毎日新聞』をチェックすると、力道山時代にすでにそのような表現が使われていたことが確認される。「プロレス顔負け!!」という見出しがついたその記事は、政治活動防止法をめぐる国会での与野党の攻防を描いたものである。サブの見出しは「議場でつかみ合い　ウズの中で清瀬さん真っ青」となっている。リード文を記す。「本会議場の中央、ニラミ合いの人ガキの中で清瀬議長が口を動かした。自民党議員がわけのわからぬままに「バンザイ、バンザイ」　ルールのないプロレスも顔負けするような政防法の強行採決ぶりだった」。ここでは強行採決がもたらした混乱ぶりがプロレスに喩えられている（一九六一年六月三日付）。

私は力道山時代の三大紙に関しては、「プロレス」という文字がついた記事はすべて目を通したつもりでいる。もちろん、見落としはあるかもしれない。しかし、私の印象ではこの六一年の記事あたりが永田町をプロレスに喩えた初出のようだ。つまり、五〇年代においてはそのような喩えは成立していない可能性が高い。何度も書いてきたように、テレビのレギュラー番組となるまでのプロレスは五七年の力道山　対　ルー・テーズ戦を頂点にスポーツライクなものが主流であった。吉見俊哉が言うように、プロレス遊びで全国の小中学生が死のうとプロレス廃止論にはつながらない、プロレスの強

プロレス顔負け!!

政防法可決の国会

議場でつかみ合い

ウズの中で清瀬さん真っ青

本会議場の中央、ニラミ合いの人ガキの中で清瀬議長が口を動かした。自民党議員がわけのわからぬままに「バンザイ、バンザイ」ルールのないプロレスも顔負けするような政防法の強行採決ぶりだった。

自民党議員のスクラムの中を議長席に向かう清瀬議長(矢印)＝衆院本会議で

この日は先ず社会党議員が議長室前の議場への入口を固めていたのと[illegible]とがもみ合いをはじめたころから険悪な雲行きとなった。予定時五十分予鈴。一時十分に本鈴が鳴ると[illegible]議長は議長室から次長室、事務総長室と内閣の三つの部屋をくぐり抜け、十数人の自民党議員に守られて出て来た。議長室から突破するのは無理とみてこの前、[illegible]ときと同じ作戦だ。議長を囲んだ自民党議員と衛視の足取りはものすごいスピードで一番左側の入口から本会議場にナダレ込んだ。これを社会党議員が追いかけ激しいもみ合い。金ボタンをつけた衛視の群れが十数人で社会党議員を廊下で取りつける。「自民党は暴力団を雇っている…」と激しい怒りを社会党側は叫ぶ。本会議場に入った議長の一団は待ち構えていた社会党議員にワッととり囲まれた。そのうしろに自民党議員がまた重なり、議長席から二十メートルくらい手前のほぼ議場中心でニラミ合いとなった。

アチコチで別々のつかみ合いがはじまる。ウズの中で議長の顔は真っ青。かすかに口がケイレンしているようにみえる。「議長帰れ」の社会党の怒声が続いた[illegible]議長が何か口を動かした。傍聴席ではもちろん議場の中でもまったく聞こえない。まわりにいた自民党議員が手を上げて叫ぶ、それにつられてほとんどはわけのわからぬままに手を挙げた。そして

バンザイ、バンザイ。

用なしとなった議場階下の速記者はただ呆然としていた。はじめて議場を包んだ[illegible]議場最前列の席でじっと顔をうずめ[illegible]採決の成行を見つめていた。[illegible]一体どんな心中か。四回ばかりのバンザイが済むとうしろから[illegible]議場を出ていった。

きょうも各地で二

政防法反対の

政防法に反対する政防法反対国民会議の第二次統一行動は三日、東京を中心に全国約六百九十ヵ所で約四百九十万人（総評調べ）が参加して開かれた。東京の中心行動は午前十時から総評本部で開かれた各単産代表者会議で行動開始の時刻を一時間くり上げることをきめ午後一時から三宅坂の国立劇場建設予定地で政防法粉砕中央大会が開かれた。会には労組代表、団体、地方会[illegible]約三万人（主催者調べ）と全日自労約二千人がつめかけ、プラカードなどを先頭につめかけた。大会は[illegible]社会党[illegible]共産党[illegible]らの決意表明、政防法粉砕の決議を行なったあと、午後一時四十分から国会衆参両院議長室前で請願行動を行な

国会での攻防がプロレスに喩えられた（『毎日新聞』1961年6月3日）

さ、というよりヒーロー力道山自身の強さが存在した。

ところが、五九年あたりから力道山はラフファイト志向を強め、その刺激が金曜八時のレギュラー枠で高視聴率を獲得していった。しかし、プロレスに対する社会的批判は強まったと吉見は論じる。吉見が挙げるプロレス批判の風潮の最大の論拠は六二年四月フレッド・ブラッシー（Fred Blassie）が巻き起こした、いわゆる「老人ショック死事件」である。吉見はプロレスが「家庭のテレビにはふさわしくない逸脱的なものとして見なされ始め」たと書く（吉見、一八〇頁）。ほんとうに「逸脱的」なものになったのかどうかについての当否は今置くとして、「老人ショック死事件」以前からプロレスはルールがない世界という認識は成立していたのである。もちろん、プロレスは表面的にはルールが無視されるように見えて実は暗黙のルールが張り巡らされた世界である。いま、「もちろん」と書いてしまったが、このような認識が共通理解されているか実は疑わしい。よほどプロレスに関心がなければ暗黙のルールの存在などには気がつかないだろうから。

だが、政治はどうだろう。「強行採決」などで本気で与野党が激突していると思っている人はどれくらいいるのだろうか。与野党のさまざまな駆け引き、裏取引、セレモニーとしての乱闘劇、有権者にアピールするためのパフォーマンスなど、それこそプロレス的に永田町をウオッチングしている人が多いのではなかろうか。井上の書評ではプロレスを理解するキーワードとして「八百長」を取り上げ、永田町のプロレス性についても言及していた。

井上の書評は八九年のことであったが、あの頃と比べると社会のプロレスに対する関心の低下は著しい。いま、国会の乱闘劇が起こったとして、それをプロレスに喩えるようなセンスの記者はいるのだろうか。その後何人もプロレスラーが国会議員にはなったけれども。

3 「老人ショック死」事件

一九六二年の力道山を語る際に避けて通れないのが、四月下旬の「老人ショック死事件」である。しかるに、あの事件に至るまでに伏線となるような出来事がいくつかあったので、それらを記してみよう。

ボクシング禁止論

まず、四月三日の『読売新聞』には「迫真のスポーツ中継　NTV　活躍する新式カメラ」という見出しで新型カメラを紹介している。「黒人のものすごい皮膚感、赤鬼のようなミスター・アトミックの赤マスクなどが興奮を倍増させた。以上いずれもNTVの新式カラー・オルシコン・カメラが完備したので、暗いすみまでよく見えるようになっていた。」当時はまだ白黒テレビの時代ではあるが、プロレス中継の映像の迫力は増していたということなのであろうか。

映像の問題以上に重要と思われるのが、アメリカでのボクシング禁止論の高まりである。きっかけはキューバ出身のウェルター級チャンピオン、ベニー・パレット（Benny Paret）の死亡である。パレットは三月二四日の試合でKO負けを食らって危篤状態に陥り、四月三日に肺炎を併発して死に至ったのである。ローマ法王庁紙「ロッセルバトーレ・ロマーノ」はボクシングを非難する記事を発表し、ボクシングを「悪のスポーツ」と難じた。四日後の『毎日新聞』に「やめよう、残忍な試合放送」という投書（三三歳女性）が掲載されている（一九六二年四月七日付）。投書の趣旨はボクシングでの死亡事故を受けて、ゴールデンタイムで放送されているプロボクシング、プロレスの試合の残忍さを批判している。ところが、この投書の主が具体的に描写している残忍なシーンはプロレスのそれであってボクシングではない。

三日後に、「ボクシングを廃止するな」という反論の投書（三四歳男性）が登場する。「ボクシングに限って述べるなら、私はむしろ現代の青年層にボクシング選手の強い意志を範とせよと訴えたい」（四月一〇日付）。何か嚙み合っていない議論だ。ボクシングでのアクシデントにかかわらずプロレスも非難される。直後に起こった「老人ショック死事件」によってプロレス・バッシングが起こったときにボクシングがついでに非難されたということはない。画家の融紅鸞《とおるこうらん》は「わたしはプロレスがきらいです。同じリング上のたたかいでもボクシングのように礼節がないからです」とさえコメントしている（『サンケイ新聞』四月二九日付）。

いずれにせよ、プロレスとは関係のないボクシング界での出来事がプロレスを非難する空気を醸成していたのである。

ちなみに、ボクシングは非合法だった時代が長いスポーツである。松井良明『ボクシングはなぜ合法化されたのか』はイギリス刑法との関係でボクシングの合法化の歴史を辿った意欲作である。この本によると、ボクシングが現在のような形になったのはある種苦肉の策とも言うべき一面があったことがわかる。素手で殴りあうベアナックル時代からグラブ・ボクシングへの変化は「進化」というよりはやむを得ぬ変身のような印象を持った。つまりは、ルールが整備され合法化されたボクシングは依然核心の部分に非合法化時代の気風のようなものが残っている気がするのだ。それがボクシングの魅力であると同時に非難される部分であろう。

これに対し、レスリングが非合法だったことはないようだ。しかし、二〇世紀になってプロレス化が進行することによって残忍な印象を与える流血戦のようなショーが現出したのである。一九六二年はまったく違った歴史を有したボクシングとプロレスが一瞬交差したような年だったのかもしれない。

何人が死んだのか

一九六二年四月に起こった、いわゆる「老人ショック死事件」について吉見俊哉はこう書いている。

この頃になると、中継をめぐって起きる事件も、以前のように子どもたちのプロレス遊びや集団的熱狂など、人びとの側が能動的にかかわることで生じるものよりも、プロレスが視聴者に悪影響を及ぼすことに重点が置かれた語られ方をするものとなっていく。典型的なのは、一九六二年四月、力道山の試合をテレビで見ていた老人が「むごたらしさにショック死」したと大々的に伝えられたことであった。実際には当人に心臓ぜんそくなどの持病があり、力道山の出る番組の視聴率の圧倒的な高さから考えても、番組内容と発作との固有の因果関係は立証できない。しかし、新聞紙面などではプロレスの「残酷さ」が強調されていた。

（『親米と反米』一八〇頁）

吉見の関心は、プロレスの語られ方の変化にある。草創期にはプロレスに悪意的ではなかった一般紙がここぞとばかりにプロレスをバッシングしたのだ、と。

たしかに、『朝日新聞』を中心にプロレスに対するネガティブ・キャンペーンが張られたような印象はある。しかし、この「事件」をより詳細に見ていくと、プロレスに関してもっと多様な側面が浮き彫りになってくるような感がある。

まず、基本的なことからいくと、はたして何人の老人が「ショック死」したのだろうか。原康史『激録　力道山』は、四月二三日の力道山　対　フレッド・ブラッシー戦を見て全国で六人が死亡し、二七日の力道山・グレート東郷・豊登組　対　ルー・テーズ、ブラッシー、マイク・シャープ組の六人タッグを見て三人が亡くなったとしている。同書によると、二三日の試合を見て興奮のあまり六人がショック死したことは三大紙に報道されたとある（第四巻、一六〇頁）。

しかし、私の調べではそのような記事は発見できなかった。ただ、これは私が見落とした可能性はあるかもしれない。というのも、『サンデー毎日』五月二〇日号が二三日の試合を見ての死亡を伝えているからである。ただし、同誌は四人としており、『激録　力道山』より二人少ない。しかも、両方に共通するのは、岐阜男性（六五歳）と富山女性（七一歳）のみであり、『激録　力道山』が伝える高知女性（七〇歳）、山梨男性（七四歳）、大阪男性（六四歳）、茨城男性（七〇歳）は『サンデー毎日』には現れず、同誌は石川女性（五八歳）、千葉男性（六二歳）の死を伝えている。一般紙、『サンデー毎日』、『激録　力道山』に共通するのは、二七日の試合を見て、京都女性（七六歳）と愛知男性（六三歳）のふたりが死亡した件のみである。『朝日』が二八日の夕刊でいち早く二人の死亡を伝え、二九日の夕刊「素粒子」でも取り上げている。『毎日新聞』も二九日「プロレス〝死の興奮〟テレビ観戦の老人二人」と伝え、三〇日には『激録　力道山』にも出ていた富山女性（七一歳）の死が報じられている。『サンケイ新聞』も二九日に「ショック死」と断定して大きく紙面を割いている。これに対して『読売新聞』はいっさい取り上げていない。五月以降では『朝日』が五月二六日に宮崎女性（五六歳）、『毎日』が六月一六日に奈良女性（六七歳）、そして騒動もすっかり落ち着いた八月四日にようやく『読売』が神奈川男性（六三歳）の「ショック死」（八月に行われた力道山 対 ブラッシー戦）を伝えた。

『朝日』の報道に一貫しているのは、「ショック死」とはけっして断定していないことで、吉見のいう因果関係は立証できないというスタンスに立っているのではないだろうか。これに対し、他のメディアは「ショック死」という表現を平気で使っている。浮かび上がるのは、心臓などに持病のあった老人も男女問わずプロレスを熱心に見ていたという事実である。そして、プロレス観戦中、あるいは観戦後に死亡した場合、マスコミが「ショック死」と「認定」すれば、「ショック死」と見なされていった。朝日は科学主義的立場からか「ショック死」という断定こそ避けたが、他のメディアよりも大きく取り上げることで「ショック死事件」の中核を形成していったのである。

死者数の誇張

いわゆる「老人ショック死事件」に関して、吉見俊哉が指摘しているように、実際のプロレスの試合と老人たちの発作の因果関係は結局立証できない。むしろ、老若男女がお茶の間でプロレスを見ていた時代においては、高血圧の老人がプロレスを見ていて気分が悪くなり、死亡につながったケースは六二年四月にかぎらず、頻繁ではないにせよ、ときおりあったのではないかということだ。要は、それが「ショック死」として報道されたか否か、という点が重要なのではないか。

私自身こういう経験がある。知人の夫人の祖父がブラッシーの試合を見て「ショック死」したというので、その夫人に電話取材させてもらったことがある。ところが、話しているうちにその方の祖父が亡くなったのは六二年四月ではなく六三年一一月であることが確認されたのである。六三年一一月といえば、ザ・デストロイヤーが来日していた時期にあたる。よほどプロレスに関心がないかぎり、ブラッシーの来日年月日など確認しないのが普通である。この女性は約四〇年間祖父の死をブラッシーの試合と結びつけて記憶していた。その「誤解」を私が晴らしたというわけだ。しかし、誤解が解けたからといって、私には何かいいことをしたという思いは残らなかった。むしろ、誤解したままにしてあげておいたほうがよかったのではないかとさえ思えてきたのである。

さきほど『激録　力道山』、『サンデー毎日』、一般紙における「ショック死」した人のリストのずれについて指摘した。また、朝日新聞がここぞとばかりにプロレスについてのネガティブ・キャンペーンを張ったことも紹介したが、実はプロレス・サイドの書物である『激録　力道山』は当然プロレスを擁護する立場に立ちながらも、「老人ショック死」事件に関しては死者の数といい、大袈裟にしようという空気が感じられてならないのである。

ブラッシー初来日を扱ったこの本の第四巻の帯には「流血ショック死」とわざわざ大書してある。

ブラッシー自身は「日本では、俺の試合を見て一週間に二七人の死者が出た。レスラーとしてのキャリア全体では、九二人が心臓麻痺で死んでいる。俺は一〇〇人を目指したんだが、だめだったな」(マイケル・R・ボール『プロレス社会学』九一頁)と語っているが、この誇張ぶりこそプロレス的価値観のひとつを構成している要素である。プロレスの悪役は老人を「ショック死」させるだけの力を持っているんだぞ。誇らしい気持ちとまでは言わないけれど、『激録　力道山』のどこかにそのようなメッセージが隠れている気がする。プロレスにとって「老人ショック死事件」は単純にネガティブなだけの出来事だとは言いがたい面があるのだ。

もっとも、これは四〇年以上の時間が経過したからこそ言えることかもしれない。六二年四月当時、朝日を中心とするネガティブ・キャンペーンの前に、力道山、およびテレビ局は対応を迫られたのである。

『朝日新聞』の「勇み足」報道

プロレス・サイドの『激録　力道山』を読むと、ときに『朝日新聞』に対する嫌悪感が露骨に表されるときがある。一九六二年の「老人ショック死事件」の際もそうだ。「特にプロレス嫌い? プロレスアレルギーを持つ朝日新聞は『プロレス興行は老人、青少年には有害』というキャンペーンを張り『プロレス禁止論』まで展開した」(第四巻、一七二頁)。たしかに、『朝日』の力の入れ方は他とちがっていたように思う。五月二日には「社説」でプロレス問題が取り上げられたくらいだ。もっとも、その論旨はショック死問題をきっかけにテレビの公共性と責任を問うものではあったが。一方、『毎日新聞』は五月四日の「余録」でプロレスが取り上げられ、ボクシングとは違うプロレスのむごたらしさに眉をひそめている。『読売新聞』はいっさい扱っていない。

つまり、プロレス否定論という点では『朝日』と『毎日』に大差はない。読み方によっては、「余録」のほうがより否定的なようにも思える。にもかかわらず、なぜプロレス側は『朝日』だけを問題視したのか。『毎日』がプロレスを紙上後援し、運動面でまともに扱ってきた「実績」も考慮されたことだろう。一方の『朝日』は、五七年一〇月を最後にプロレスにはシカトを決め込んだメディアである。

そのことに加えて、直近の興行に関する問題があったのだ。「老人ショック死事件」が浮上したとき、差し迫った大きなイベントは五月一〇、一一日の大阪府立体育会館興行であった。五月一日の『朝日』は、「テレビ中継中止へ　大阪府警が申し入れ」という見出しでこう報じた。

大阪府警防犯部は、むごたらしいプロレスのテレビ中継が、大阪府青少年保護条例の「青少年への有害興行」に該当する疑いがあるとして十一日、大阪難波の府立体育館で行われるプロレスのテレビ中継を、同条例で規制したいとの態度を決め、三十日大阪府児童課を通じ府青少年保護審議会に検討するよう申入れた。府警は有害興行として十一日のテレビ中継をとりやめるよう府条例に基づいて、知事から主催者に勧告するほか、十八歳未満の入場も禁止したい意向である。

ところが、翌日の『読売』大阪版には府警防犯部長のコメントとして「一部に伝えられたように警察が規制を検討しているなどとはもってのほかの話だ。……警察としては審議会開催以前の問題として児童課へ意見をのべただけだ」と『朝日』の報道を打ち消し、また、読売テレビ報道部長も『朝日』の記事を「デタラメ」として、プロレス中継のあり方は放送局の自主性にまかされているとの見解を示した。プロレス・サイドが問題にした『朝日』の記事とはおそらく五月一日の「勇み足」報道ではないかと思う。

ところで、『毎日』の「余録」でプロレス否定論が披瀝されたことを紹介した。ボクシングは真剣勝負だから出血は避けられないが、プロレスは演出としてわざと流血しているからけしからんという内容だ。ところで、同紙五月九日夕刊には小さいコラムながら、面白い記事が出ている。プロレスは演出だから残酷そうに見えて実は残酷ではないが、ボクシングは真剣ゆえに残忍だ、というものである。ついこの間世界的に盛り上がっていたボクシング禁止論を忘れるなとこのコラム子は言いたいのだろう。プロレスを後援する『毎日』はこのような記事を載せてバランスをとっていたのだろうか。

フレッド・ブラッシーの至芸

島崎敏樹という精神病理学者が、一九六二年五月一日の『朝日新聞』に「プロレスを見る心理」という文章を寄せている。島崎は「老人ショック死事件」が起こった背景に、お年寄りの女性をもひきつける魅力をプロレスが持っていることを指摘する。「ルールをはずせる世界が現に自分たちの前にあり、自分が無法地帯にいられるという現実感は、現代の人々にとってたまらない魅力」であり、闘争、無秩序、混沌および崩壊が存在する「プロレス的ユートピア」を人々は見出しているのだ、と。

放送時評

内村直也

ショーとして見れば面白い

スポーツ的解説を加えずに

プロレスも教養

危機の単発ラジオドラマ

聴覚芸術を生み出す根源地

識者はプロレスを割り切って見るべきだと主張した（『毎日新聞』1962年５月15日）

たしかに、プロレスは独自の価値観に裏づけられた自律的世界に見える。私は当時八歳の少年にすぎなかったが、フレッド・ブラッシーの試合を両手で顔を覆い、指の隙間から恐々見ていた記憶がある。もちろん、ファンではなかったけれども、それでも、怖いもの見たさからブラッシーを恐る恐る垣間見ていたのだ。

同年五月一五日の『毎日新聞』には、劇作家の内村直也が「放送時評」で「プロレスも教養」と、一種のプロレス擁護論を展開している。内村によれば、「老人ショック死事件」はプロレスをショーとして割り切って見られなかったために起こった悲劇である。「興奮しやすい気質が、日本人を戦争に追いやった」のだから、「こういう刺激に耐え、それに巻き込まれず、冷静に批判できるような青少年」育成のためにはプロレスは一種の教養番組とも言えるとする。当時の識者にはプロレスをショーとして割り切って見れば問題はないとするコメントが少なくない。これに対して、投書欄などにはプロレスを割り切って見ることができない大衆の声が見受けられ、好対照である。

結局のところ、ブラッシーの「芸」がプロレス＝ショーというレベルを超えてあまりにも凄かったのである。劣勢だった力道山が空手チョップで反撃するや、戦意を喪失したかに見えたブラッシーは跪いて手のひらを力道山に向けて「もうやめてくれ」と懇願のポーズをとる。一瞬力道山が逡巡を見せるや、ブラッシーはすばやく急所打ちを決め、倒れこんだ力道山の額に嚙み付く。……こんな展開が延々繰り返されるのである。誰だって、苛立ちを覚え、思わず興奮することとなる。プロレスはショーにはちがいないが、観客を興奮させ、その心理を手玉にとるショーなのである。ショーとして見たから冷めて見えるというものではない。

プロレス史上興奮させる手管はいろいろあったが、ブラッシーのパフォーマンスは通常のプロレスのレベルをはるかに超えたものだったと思う。後年、力道山の死から二〇年経って制作された追悼番組で、ルー・テーズやザ・デストロイヤーは模範的な哀悼の言葉を述べるのみでちっとも面白くなかったが、さすがにブラッシーだけはちがった。力道山に負けた試合の映像を「偽造だ」と切って捨て、「力道山、おまえは地獄に堕ちた！」とカメラの前で力道山をさんざん罵《のの》ったのである（『うなる！空手チョップ　新・力道山奮戦録』日本テレビ、一九八三年一二月二二日）。ブラッシーのプロフェッショナルぶりに私は感動し、自然と涙が出た。私が「プロレス的ユートピア」を感じた瞬間だったかもしれない。ボクシング世界王者モハメッド・アリはブラッシーをお手本にしてパフォーマンスを考えたという。

興行魂

「老人ショック死事件」が一段落してからの力道山をめぐるリング上の話題は、一九六二年に限っていえば次の三つに集約されるだろう。

第一に、「第四回ワールドリーグ戦」でルー・テーズを破って四度目の優勝を果たしたこと。もっとも、このシリーズはブラッシーの印象が強烈過ぎて、この優勝は影が薄いものになってしまったが。

第二に、そのブラッシーと七月にロサンゼルスでWWA世界選手権を行い、防衛に失敗したこと。この出来事はプロレス史的にはWWAのプロモーター、ジュリアス・ストロンボー（Jules Strongbow）の「陰謀」ということになっていて、力道山はブラッシーから一本取っていたにもかかわらず、二本目に出血多量でドクターストップがかかり、力道山の「試合放棄」と見なされた。しかも、その試合の翌日、すなわち力道山が前日の「敗北」を認めてさえしていない段階でブラッシーはザ・デストロイヤー相手に防衛戦を行い、あっさり負けてしまい、デストロイヤーが「世界初の覆面世界チャンピオン」になったのである。かくして、力道山の宿敵はブラッシーからデストロイヤーにスイッチしていった。

第三に、九月のシリーズ早々に力道山は外国人レスラー四人にリング上で袋叩きにあい、試合後病院に直行し、「右胸鎖関節亜脱臼」と診断され四試合を欠場したことが挙げられる。力道山にとって「病院送り」の屈辱は初めてのことであり、「全治四週間」を言い渡されたが、四試合休んだだけで大阪大会からアメリカンフットボールのショルダーパッドを着用して復帰した。ショルダーパッドは当時慶應高校二年でアメリカンフットボール部だった長男百田義浩から借りたものである。義浩の証言は傑作だ。「オヤジはアメリカンフットボールが大好きだったんですよ。……フットボール出身のレスラーが来る（来日）とウチの息子をコーチしろって内緒で（グラウンドへ）連れて来て、ドン・マノキャンとかアート・マハリック（Art Machrich）にずいぶん、ボクらコーチしてもらいましたよ」（原康史『激録　力道山』第四巻、二六一頁）。実はマハリックは力道山を「病院送り」にした四人組のひとりであり、こんな話が無防備に出てくるプロレス界のおおらかさが私は嫌いではない。一つのストーリーを貫徹するのであれば、絶対出てはいけない話。それが平気で出てくる人間臭さというべきか。

秋のシリーズは、一線級を集めている春の「ワールドリーグ戦」に比べると、どうしても見劣りのするメンバーしか出ない。そこで、何か目玉がほしいと力道山が考えるのは興行師としては当然の発想である。村松友視は書いている。

トレーニングと体調を最高の状態で維持して試合に臨むというより、ハンディやアクシデントをもみずからの凄味を引き出す要素にしてゆく。力道山プロレスは、そのような旋回をし始めていたのではなかろうか。

（『力道山がいた』二四〇頁）

この時期は『毎日』ですら試合結果を報道しなくなっていた頃である。ＷＷＡの「陰謀」、覆面チャンピオンの誕生、ショルダーパッドを着けて活躍する力道山……一般紙の運動面的感覚では取り扱いにくい題材が続出した時期と言えるかもしれない。リング上で起こることはスポーツとしてではなく興行の原理から考えると説明がつくことが多い。怪我を負ってまでシリーズを盛り上げようとする力道山を突き動かしていたのは「興行魂」と言えるのではないだろうか。

第十章　最晩年

1　婚約と韓国訪問

田中敬子との婚約

力道山が田中敬子《たなかけいこ》との婚約を発表したのは、最晩年の一九六三年一月七日のことだった。田中敬子は日本航空のスチュワーデスで、父親の勝五郎は神奈川県警の警視で茅ヶ崎警察署長だった。力道山三八歳、敬子二一歳。力道山にはすでに三人の子供がいた。田中敬子に『夫・力道山の慟哭』という著書がある。息子、百田光雄の著書『父・力道山』との決定的な違いは、力道山が朝鮮半島出身であることをオープンにした点である。

そんなことは一般常識じゃないかと思われるだろうが、プロレス界には「日本のヒーロー、力道山」というある種の強迫観念のようなものが長年存在してきたのである。百田光雄は現役のレスラーであり、いまだに父親が朝鮮半島出身であることをはっきりとは認めていない。力道山に関するもっとも詳しい伝記である『激録　力道山』全五巻には、力道山の出自に関する記述がいっさいない。この本はプロレス・マスコミの第一人者を自負する東京スポーツ新聞社が一九九四〜九六年に刊行した本で、力道山の写真が多く掲載されている。

二〇〇六年三月、韓日映画「力道山」が日本で封切られた。韓国人（ソン・ヘソン）が監督し、韓国人俳優（ソル・ギョング）が力道山を演じた。私は力道山を一九五四〜五七年の前期と五八〜六三年の後期に分けて考えているが、このドラマでは前期の、しかも最初の二年ほどを思い切りクローズアップして、最晩年の六三年と直接結びつける大胆な構造になっている。その意味で史実に忠実な映画ではない。しかし、そのことがかえって異郷で生きる力道山の孤独を際立たせていた。あくまで力道山は朝鮮半島からやって来たという前提で描かれている映画である。にもかかわらず、パンフレットの力道山の年表には「朝鮮半島出身と言われているが、定かではない」とあって、このような作品だけにさすがに驚いた。

ちなみに、この映画のオリジナル・サウンドトラックCDにも、「出生地については、現・北朝鮮にあるハンギョン県という説もあるが定かではない」と表記してあった。力道山が朝鮮半島出身であるという大前提で展開されるこの映画関連のグッズとしては違和感を禁じえない。この作品のキャッチコピーは「日本人がいちばん、力道山を知らない。」である。映画の終わりに、「この映画は事実にもとづいて独自の解釈を加えたフィクション」という意味のクレジットが出ていたが、考えようによっては、大いなるエクスキューズになるようなクレジットである（映画『力道山』が韓国で不入りだったのは、主演のソル・ギョングのセリフがほとんど日本語だったことを韓国の国民感情が許さなかったからだという。それでは、日本での不入りの理由は何か。映画ではソル・ギョング演ずる力道山はほとんど笑っていなかったような印象がある。しかし、テレビや写真で見る実際の力道山は見事なスマイルを浮かべて「スター」としての光を放っていた。この点ではたしかにペ・ヨンジュンのような韓流スターと通底している部分がある。映画『力道山』にもっと微笑の場面があれば、辛い体験をしたにもかかわらずリング上で微笑を絶やさなかった力道山が有する哀しみはもっと際立ったことだろう)。

力道山の死後九年目で日本プロレスは分裂し、アントニオ猪木の新日本プロレスと、ジャイアント馬場の全日本プロレスが誕生した。このとき敬子未亡人や息子たち百田家を味方につけたのは全日本であった。つまり、自分たちこそ力道山を受け継ぐ日本のプロレスの主流であり「王道」であるとアピールしたのである。百田光雄は今でも全日本から独立した「NOAH」という団体の重役である。

一方、田中敬子（旧姓百田敬子）は、いつからなのか「猪木寄り」のスタンスをとるようになった。『夫・力道山の慟哭』には猪木こそ力道山の真の後継者と明記している。田中敬子はレスラー猪木というよりは、猪木の北朝鮮に対する「平和外交」をより高く評価しているようだ。形を変えながら、馬場と猪木の対立はまだ続いているようにさえ思えるのである。

韓国訪問

田中敬子との婚約を発表した翌日、力道山は韓国を極秘訪問した。一月一一日夜の試合には出場しているから、四日間の滞在ということになる。なぜ極秘かというと、まず力道山が朝鮮半島出身であることは当時マスコミではタブーだったことが挙げられる（『激録　力道山』

は訪韓をいっさい取り上げていない)。私設秘書だった吉村義雄は「半ばタブーだった」と記しているが、この表現の方が正確かもしれない。というのも、当時力道山が朝鮮出身であることは在日コリアンの世界では有名な話であったし、相撲通も知るところであったからだ。しかし、日本全体でみれば少数派にとどまったということだ。

訪韓中の九日に『東京中日新聞』が、スポーツ欄のトップに「力道、突然の韓国行き」という記事を載せた。

プロレスラー力道山は八日、韓国政府朴一慶文相の招きで空路韓国を訪れた。約一週間滞在する予定。この日、金浦飛行場には韓国の体育協会、レスリング関係者約六十人が出迎えた。韓国の少女からたくさんの花束を受け歓迎された力道山は記者会見で「二十年ぶりに母国を訪問でき感無量です。長い間、日本語ばかりを使っているので、韓国語はさっぱり」といっていたが、インタビューのあと「カムサ・ハンミダ」(韓国でありがとうの意味)とつけくわえていた。こんどの力道山の韓国訪問は、試合のスケジュールがなく、次回、四月ごろには韓国各地で試合をやるといっている。力道山は韓国滞在中、韓国政府高官との懇談や板門店、ソウルに建設中の体育館を見学することになっている。

【注】日本のプロレス関係者は、〝力さんは八日朝ゴルフに行くといって出かけた〟といっている。

この報道を日本に帰ってから知った力道山は激怒し、『東京中日新聞』に取材拒否を通告した。訪韓はあくまで極秘であり、プロレス業界でもきつく緘口令《かんこうれい》が布《し》かれていたからである。

力道山に訪韓を依頼したのは日本プロレスコミッショナーにして仲人でもあった大野伴睦だった。訪韓に唯一同行した吉村義雄の記述では、神戸商銀の平山理事長の口添えもあったようだ。韓国が力道山を招待しようとしたのはこのときが初めてではないらしい。力道山はそのつど断ってきたようだが、結婚を決意したのを機に招待を受ける気になったようである。

戦後政治史の文脈では、力道山訪韓は日韓基本条約締結（一九六五年）に向けての地ならしの一環ということになるだろう。当初、日韓国交樹立に前向きだったのは自民党官僚派の岸信介、佐藤栄作であり、党人派の大野伴睦や河野一郎は反対していた。特に、大野の韓国嫌いは有名だった。戦後すぐに在日朝鮮人青年に襲われ、前歯を折られたことがあったからである。その大野を説得して国交樹立賛成に変えさせたのは児玉誉士夫といわれている。また児玉と韓国の朴正煕大統領を橋渡ししたのは東声会会長の町井久之こと鄭建永といわれている。ちなみに、児玉と力道山を橋渡ししたのも町井である。大下英治『黒幕』によると、力道山は興行面で世話になっている山口組三代目の田岡一雄や町井の強い要請で重い腰を上げたのが実態のようだ。

板門店で叫ぶ

ただし、田岡も町井も自分のルートで韓国に行ってくれと要請してきたので、話はややこしくなった。

田岡ルートか町井ルートか、どのルートで行くのか、ぎりぎりまでもめたようである。当時、プロレス興行に関しては西日本が山口組の田岡一雄組長、東日本は東声会の町井久之会長がまとめていたといわれている。最終的には児玉誉士夫があいだに入って田岡ルートに落ち着いたが、東声会は力道山に「落とし前」を求めて羽田に向かう力道山の乗った車をつけ回したようだ。また、韓国から戻った夜のリキ・スポーツパレスの試合では東声会の襲撃に備えて山口組がリングサイドで身構えていた。結局、何も起こらなかったが。

力道山は訪韓中に戦没者碑へのお参り、ソウル市長、金在春《キムジェチュン》ＫＣＩＡ（韓国中央情報部）部長、文部大臣、韓国レスリングチーム会長との会見、板門店訪問などのスケジュールをこなしていった。力道山と吉村義雄の護衛にはＫＣＩＡがつき、金鍾泌《キムジョンピル》ＫＣＩＡ初代部長の友人が通訳を務める国賓待遇だったらしい（力道山訪韓の詳細は、田中敬子『夫・力道山の慟哭』で初めてその一部が明らかとなったが、金鍾泌や金在春の肩書きに不正確なところがあると考えられる）。力道山訪韓の直前、一九六二年一一月に金鍾泌が来日し「大平―金鍾泌メモ」をまとめ、一二月には自民党副総裁大野伴睦が訪韓し、朴正煕と会談した。大野の傍らには児玉誉士夫がいた。力道山訪韓はこの流れの中の出来事だった。

力道山訪韓で比較的早くから知られていたエピソードは、板門店を訪れた際のハプニングである。吉村義雄『君は力道山を見たか』はこう伝える。

板門店で、そんな寒い中で力道山が、何を思ったかオーバーを脱ぎ、上着を脱ぎ、シャツまで脱いで上半身裸になって胸を張り、北に向かって、「ウオーッ！」と絶叫したんです。北朝鮮軍のカメラがいくつかフラッシュをたきました。傍についていった韓国の人たちは、あるいは力道山が三八度線の向こう側に対峙している北朝鮮軍に対して、威嚇の声を挙げたと思ったかもしれません。が、わたしにはそれが、「兄さ〜ん！」と叫んだように聞こえた。

（二二九頁）

吉村が聞いた「兄さ〜ん！」は日本語だったのか母国語だったのか。彼の本では明記されていない。それが田中敬子の本になると、母国語「ヒョンニーム！」と叫んだことになっている。力道山は日本ではいっさい母国語を話さず、韓国でも日本語で通していた。それゆえに、単なる絶叫だったのか、日本語だったのか、母国語だったのかはやはり気になるところではある。

ところで、力道山訪韓に至る流れは、そもそも一九六一年五月に韓国でクーデタが勃発し、その混乱の最中、一〇月に朴正熙の密命を帯びた金鍾泌ＫＣＩＡ部長が訪日し池田勇人首相と会談、翌月に朴正熙が来日したところまで遡れる。

娘と再会したという噂

韓国が日本に接近してきたこの時期に北朝鮮はどのような動きを示していたのか。本書の限界を大きく超える大きいテーマではあるが、こと力道山に関してはこの件に関して気になる「噂」があるので、触れておきたい。それは、一九六一年一一月に力道山が新潟で北朝鮮からやって来た兄と娘との対面を果たしたという「噂」に関してである。

力道山が新潟の船内で北朝鮮からやって来た兄、娘と出会ったという噂を事実として伝えるのは李淳馹『もうひとりの力道山』である。一九九六年に出版されたこの本は今までのイメージとはまったく異なる新鮮な力道山像を提示した点において高く評価されるべき意欲作である。
村松友視も、この作品の出現によって力道山をめぐるストーリーが膨らんだことを認めている。
時をおいて少しずつノックされてきた〝力道山物語〟の扉が、ここで一気に開いたという観もあった。同時にこの書物は、力道山の出自問題をタブーとする歴史の幕を引く役目を担ったとも言えるだろう。

（『力道山がいた』三一二頁）

私が『もうひとりの力道山』でもっとも興味を持ったのは、日本でヒーローとなった力道山をめぐって韓国と北朝鮮双方が接触を試みていたという点であり、両国と国交のない当時、また東京オリンピック開催を一九六四年に控えた時間の中で在日としては少数派の三八度線より北の出身である力道山が望郷の念を強く抱いていたことは不自然なことではない。ただ自民党党人派をはじめとする反共陣営と交流が深く、参議院出馬まで勧められていた力道山が北朝鮮の政治体制にまで心酔したとは考えにくい。

この本によると、一九六一年一一月に北朝鮮から新潟に着いた帰国船の中で力道山は次兄公洛、娘英淑《ヨンスク》と再会を果たしたという（力道山は六人兄弟の末っ子で三男に当たる）。『もうひとりの力道山』はこの対面の目撃者である李正路《リジョンロ》（当時は朝鮮総聯中央新潟出張所輸送課長）という人物の証言をもとに再会シーンを再現しており、公洛が弟信洛（力道山）の前で金日成《キムイルソン》の偉大さを説き、信洛だけが日本人として生きていることを兄として恥じていると語ったとされる。この本とあわせて読むと興味深いのが朴一《パクイル》『〈在日〉という生き方』である。というのも、朴一は金英淑という娘の存在そのものに疑問を投げかけているからである。朴一は『もうひとりの力道山』そのものを検証してはいない。北朝鮮の文献「力道山にも祖国はあった／世界プロレスリングの王者・金信洛の生きた道」(『統一新報』一九八四年三月九日・一六日)を検証している。それはこの記事が力道山伝説の出所のひとつであるからだ。

この記事のポイントはいくつかあるが、娘とされる英淑関係だけにしぼってみよう。『統一新報』は、力道山が一九四〇年の渡日直前に結婚していたことを伝えている。朴一は当初この記述に疑問を抱いていたが、牛島秀彦『深層海流の男・力道山』の記述に出会うことによって、これを事実と確認する。牛島の本は、力道山の育ての親である小方寅一に唯一インタビューした本で信憑性が高い。それにこうある。

どうしても日本へ可愛い息子をやりたくない母親は、急いで花嫁をさがして、結婚式を光浩〔信洛のこと〕に挙げさせることにした。小方警部補は「一晩でも花嫁と寝れば、絶対に内地にやれんからな」と、金光浩に釘を刺す。……「大日本大相撲の力士」への夢にとり憑かれた一本気の青年は、母親の言うとおり、挙式はしたが、カンジンの花嫁は置きざりにして、小方寅一宅へころがりこんだのだった。(一二三頁)

花嫁の名は朴シンボンとしかわからないが、力士としての出世だけを考えていた信洛にとっては形だけの結婚だったというのである。

金英淑の誕生日は一九四三年二月二日とされる。新暦では三月七日ということになるが、英淑が誕生するには一九四二年六月には力道山は里帰りを果たしていなければいけないことになる。朴一はこの点にも疑問を投げかけているが、李淳馹は、「皇軍慰問」という名の朝鮮、満州巡業に力道山が参加していたことは間違いないとする。その合間に故郷に立ち寄ったというのだ。小方寅一の家には小方を金家の三人が取り囲むように写っている写真が残っているという。信洛は髷を結い着物を着て写っており、力道山が帰郷した動かぬ証拠だというのである。

力道山の一九四二年の帰郷に関して、田中敬子『夫・力道山の慟哭』はこう書いている。

何が本当なのか

この里帰りで二人が再会して、そのときに結ばれて子供ができたと言われています。そして翌年、力道山の娘と言われる、金英淑さんが生まれたのだといいます。これが真実かどうかは、DNA鑑定をしてもらうしかありません。ただ主人は朝鮮に兄貴がいると言ってましたが、子供の話はいっさい聞かされたことがありませんでした。主人も子供ができたなんて知らず、あとから知らされた可能性もあります。妻の立場として確固たる証拠があれば話は別ですが、本当に主人の子供なのか、何か北朝鮮側の思惑があるのでは、と疑心暗鬼になったものです。

（五五～五六頁）

『もうひとりの力道山』によると、力道山は一九四五年三月にもう一度帰郷しているらしい。母田己は息子を朝鮮に戻すため自分が亡くなったとの嘘の手紙を出して金信洛の帰郷が実現したようだ。当時、力道山は幕下で全勝優勝して十両入りを果たした頃である。わずか二歳の金英淑にはっきりとした記憶はないが、伯父、すなわち力道山の長兄金恒洛が後に語ってくれた話として、信洛が兄と相撲をとったエピソードを著者の李淳馹に語っている。それによると、朝鮮相撲シルムの横綱級である恒洛に何度も投げられながらも立ち向かっていき、最後には兄が音をあげたという。十両にまで昇進しても兄に敵わなかったということなのか。

ところで、二度目の帰郷の信憑性はどれくらいあるのだろうか。田中敬子は力道山が死んだ翌年一九六四年に金恒洛から長崎の小方寅一に力道山の北朝鮮での「葬儀」の模様を伝える写真三枚を添えて手紙が来たことを明らかにした。手紙の主たる内容は北朝鮮に遺骨を送るよう求めるものであるが、田中敬子は次の一節にひっかかったという。「私は、やはり幼いときに弟と一度で良いから面会できることを期待しておりましたが、事情はこれを許さず」(田中、六四頁)。力道山より八歳年上とされる恒洛の文としては不可解である。「幼い」とは何歳までを指すのか。信洛が渡日した当時恒洛は少なくとも二四歳以上と考えられるからである。また、「幼い」は表現上のあやと考えて無視した場合、「一度でも良いから」がひっかかることになる。信洛は渡日後二度も帰郷して恒洛と会っているはずだからである。つまり、この手紙を信用すれば、『もうひとりの力道山』で紹介されている二度の帰郷はリアリティをなくし、二度の帰郷が本当のこととすれば、金恒洛からの手紙の信憑性はなくなることになる。

『統一新報』の記事では、金英淑は六一年まで「力道山」の存在を知らなかったということだ。彼女は、アボジ（父）はとっくの昔に死んだと思っていたという。母親が死ぬ直前に父が日本にいるということを初めて打ち明けられ、帰国船の往来が始まってからずっと帰国を待っていた。ところが、六一年秋になって伯父から、父は日本でスポーツ選手として成功していることを知り、一〇月に父に向けて思いのたけを吐露した手紙を出したというのだ。娘の手紙が届いた数日後には兄恒洛からの手紙も送られてきた。

こう書く『統一新報』であるが、『もうひとりの力道山』では、英淑は帰国船が始まったときにそれまで忘れていた父のことを意識し始めたとしている。母親が死んだのは六一年夏のことであり、この点だけでも『統一新報』の記事には綻びがみられる。ちなみに、『統一新報』は帰国船の中での再会にいっさい触れていない。また、『もうひとりの力道山』は「再会」以前に兄恒洛の手紙が力道山のもとに届いていたことには触れているが、英淑の手紙は「再会」以前にはなかったとしている。何がいったい本当のことなのだろうか。

「金沢さん」のこと

朴一は、力道山渡日の状況、娘とされる金永淑の信憑性などを詳しく検証した上で、こう記している。

こうした力道山にかんする北朝鮮側の資料を作り話だといって葬ることはたやすい。しかし、事の真相はともあれ、こうした資料は、力道山という人物が北朝鮮の人びとから「民族の英雄」として語り継がれていることを示している。〔中略〕北朝鮮の人びとが慕う力道山の姿は、民族から逃避した力道山ではなく、民族を愛してやまなかった金信洛であり、祖国を忘れることがなかった金信洛であった。私たちは、こういうヒーロー伝説から、日本人には見えなかったもう一人の力道山の姿を読み解くことができるのではないか。（『〈在日〉という生き方』一四七〜一四八頁）

私もそう思う。「もうひとりの力道山」が存在したのだ、と。だからこそ、この視点をふまえた『もうひとりの力道山』という本が魅力的に見えたのである。『もうひとりの力道山』は六一年の新潟での再会以降、次のようなエピソードを伝えている。

六一年一二月　李永倍《リヨンベ》（当時、朝鮮総連中央文化部）が力道山の住むリキ・アパートで北朝鮮の記録映画「今日の朝鮮」を上映。
六二年四月　金日成の五〇歳の誕生日を記念して高級乗用車を贈る。
六二年夏頃から　在日朝鮮中央芸術団の金静姫《キムチョンヒ》（仮名）がリキ・マンションで力道山と同居。家族やお手伝いには「金沢さん」と紹介されていた。

田中敬子は、力道山の弟子琴音《ことね》隆裕《たかひろ》から聞いた話として、「日本で主人は極秘に朝鮮総連や民団の幹部とよく会っていた」と書いている。朝鮮総連も民団も力道山への接触を求めていたことは間違いないだろう。金日成に贈った高級車（中古のベンツか？）に関しては、未亡人は「あくまでパイプ作りの一環」としている。秘書の吉村義雄はもともと外車販売のプロであるが、吉村以外の人物が手配したようだ。車といっしょに「将軍万歳、平和統一」と書かれた力道山のサイン入りの書が送られているが、これに関しては自筆かどうかわからないという。高級車は現在妙香山の国際親善展覧館に展示されているという。

「金沢さん」に関しては、『もうひとりの力道山』の文庫版で著者は本人へのインタビューに成功している。また、村松友視は『力道山がいた』の中で、芸術団で「金沢さん」の先輩だったという「ある街に住む女性」と話したことを明かしている（三二一頁）。『もうひとりの力道山』文庫版は「金沢さん」の存在を証明する証人として、レスラーの星野勘太郎《ほしのかんたろう》を登場させている。星野はボクシングの日本ミドル級チャンピオンだった金田森男こと金貴河《キムキハ》に連れられて在日朝鮮中央芸術団の公演を見たことがあり、そのときにきれいな女性との印象を残した「金沢さん」をリキ・マンションで見かけて驚いたという。なお、金貴河は北朝鮮に帰国している。

「金沢さん」は李淳馹によるインタビュー（李文庫版、三三八〜三六一頁）の中で、夜になると力道山の部屋に呼ばれてアリランを歌わせられたりしたが、あるとき力道山から娘金英淑の写真を見せられた。それはどこかの船内で撮られた写真だったという。つまり、「金沢さん」が、力道山は娘の実在を確信しており、帰国船の中で再会したことを証明する構造になっているのである。『もうひとりのと思う。

力道山』で披瀝された力道山伝説にとって、たいへん都合のいい証人が登場したということは言える

「金沢さん」は、田中敬子との婚約発表後もリキ・アパートの別のフロアにしばらく住んでいたようである。力道山は彼女に対して、成り行きで田中敬子と婚約発表までしたが、本当はお前と結婚すると言っていたそうだ。しかし、彼女はやがてこっそりとリキ・マンションを後にしたのである。

金英淑、「金沢さん」……「もうひとりの力道山」伝説に登場する人物の正確な像をつかむにはまだまだ時間が必要な気がする。

ザ・デストロイヤー

二〇〇七年八月二八日の『朝日新聞』夕刊「ニッポン人・脈・記」に力道山最後のライバル、ザ・デストロイヤーの話が出ていた。

デストロイヤーといえば、白覆面を血で真っ赤に染めながら「足四の字固め」を仕掛ける姿が印象的だろう。一九六三年当時、私はプロレスファンではなかったので、力道山とデストロイヤーの試合をしっかり見た記憶はない。が、子供の間で「足四の字固め」をかけあってその痛さを確認するといった光景は覚えている。つまり、子供心に力道山への興味は遠景に退き、「足四の字固め」という技への興味が前面に出てきた観があった。そこでは力道山は「足四の字固め」を耐える役割でしかなかった。大人たちは依然として、反則を繰り返す外国人に小柄な日本人である力道山がどう立ち向かうかというストーリーを堅持したがっていたかもしれないが、子供は「足四の字固め」というミステリアスな技の魅力のほうに惹きつけられたという構図だろう。ちなみに、『毎日新聞』は「足四の字固

め」を「足固め」と書いており、一般紙には力道山の生前についぞ「足四の字固め」という表現は発見できなかった。大人は子供ほどにはこの技にコミットできなかったということだろうか。

デストロイヤー売り出しの演出は巧妙だった。力道山 対 キラー・コワルスキー（Killer Kowalski）の「第五回ワールドリーグ決勝戦」のゴング直前に姿を現したデストロイヤーは、コワルスキーの頬に突如ビンタを食らわせ、それにコワルスキーは反撃できないという場面を作ったのだ。次期シリーズで力道山がデストロイヤーのWWA世界選手権に挑戦するということはすでに発表されていたが、デストロイヤーのビンタでコワルスキーより自分が格上だということが示され、なおかつ力道山は目先の格下コワルスキーに勝たなければいけない、勝って当然、という「ハンディ」を背負うことによって試合のスリルが増幅されるという仕掛けである。もちろん、力道山はコワルスキーに勝利した。なお、コワルスキーも相当印象深いレスラーである。かつてユーコン・エリック（Yukon Eric）という選手の耳をニードロップでそぎ落としたことから自己嫌悪に陥り菜食主義者になったという「伝説」は、プロレス伝説史上の傑作である。

さて、デストロイヤーであるが、村松友視は「私は、さっとリング中央に仁王立ちし、両腕を組んで力道山を睨《にら》みすえるタイツ姿のザ・デストロイヤーの姿にしびれた」（『力道山がいた』二五〇〜二五一頁）と評価しているが、私は村松ほどの思い入れを持つことができない。力道山死後、豊登、馬場とライバルを変えていき、それなりに盛り上げたが、便利屋的イメージが払拭できない。つまり、器用すぎるのだ。だからこそ、後年馬場に敗れて日本側の選手になり、アブドラ・ザ・ブッチャー

（Abdullah The Butcher）をライバルとする一方で、「金曜10時！うわさのチャンネル‼」（一九七三～七九年）というお笑い番組にレギュラー出演して「足四の字固め」をギャグにまで使って（徳光和夫が技をかけられながら実況中継した）人気を博すことができた。その振幅の大きさは逆にレスラーに凄みを求めるファンとしては物足りなく思ってしまう。

おそらく、本人は人間的にも良く、知性も高い人物だろう。一時期、馬場の全日本プロレスのリングサイドには必ずイーデス・ハンソンの姿が見られたが、デストロイヤーの関係だったのだろうか。現在でも日米のアマレス交流で地道に活躍しているが、力道山の頃にはあんなに凄く見えていた人が実はいい人だったというような話なのである。

2　結婚とオリンピック

豪華な披露宴

力道山は一九六三年六月五日、田中敬子とホテル・オークラ平安の間で結婚披露宴を行った。一月の婚約発表後、田中敬子は日本航空スチュワーデスをやめ、ゴルフ、自動車の運転、茶道などの「花嫁修業」、田岡組長など関係者への挨拶回りなどに忙殺されたという。

そのような中、リキ・アパートの居間で力道山はパット・ブーンの曲を聞きながら、敬子に「北朝鮮の出身だって知っていたか。それでもいいか?」と告白したという。敬子が「噂は聞いていましたけど、あなたの口から聞けてよかった」と答えると、「そうか」とだけ答えてしばし沈黙の後に「向こうには兄弟がいる」と付け加えた。さらに、敬子が「まったくそんなことは関係ありません。あなたがいい人だったら何の問題もないから、心配しないでください」と言うと力道山は涙を流したという（田中、八三〜八四頁）。

六月の披露宴は豪勢を極めた。媒酌人は自民党副総裁・大野伴睦夫妻、京都府選出参議院議員・井上清一夫妻。司会がタレントの小島正雄。政財界、芸能スポーツ界、かつて勤めていた新田建設の仲間など、一八〇〇とも三〇〇〇人とも言われる祝い客が集まった。総費用は一億円と言われている。力道山側でスピーチを行ったメンバーは、池田勇人首相の代理として川島正次郎オリンピック担当国務大臣、河野一郎建設大臣、児玉誉士夫、関義長三菱電機社長、上田常隆毎日新聞社長、出羽錦などである。

余興で村田英雄が「王将」を、高島忠夫が「ウォーキン・マイ・ベビー・バック・ホーム」を歌った。スピーチで少し面白いのは川島正次郎で、「今日、テレビで見物人の多いのはプロレスであります。テレビでプロレスを見て、興奮のあまり何人か死んだ人もいるのであります。これほどまでにプロレスを魅力的なものにした功績は、実に力さんにあるのであります」（『週刊現代』一九六三年六月二〇日号）とオリンピック担当大臣とは思えぬ問題発言ぶりである。さすがに、「乱暴だな」との声があがったが、六三年の時点でもテレビをいまだに街頭テレビのイメージでとらえ、なおかつ「老人ショック死事件」をプロレスの「勲章」であるかのように発言するセンスは時代を感じさせると言ってしまえばそれまでか。

『もう一人の力道山』を書いた李淳馹は、披露宴の写真に南宮《ナムグン》少佐を発見している。彼は力道山が韓国を訪問した折にボディガードとしてついたKCIAの人間である。韓国からも何人か招待されていたようだ。『もう一人の力道山』は、新婦の父である茅ヶ崎警察署長田中勝五郎がこの結婚に難色を示していたのを大野伴睦が説得したとしている（李、二四五頁）。日韓国交樹立に向けて走る大野はこの結婚に政治的意義を見出していたのだろうか。もっとも田中敬子は、「横浜で警察官をしていた父も韓国の人たちをお世話し、よく出入りしていたこともありましたしね。逆に人種に対する偏見を持たずリベラルな考えを育ててくれた家庭環境に感謝しているくらいです」と書いているが（田中、八四頁）。

新婚旅行は一カ月をかけてヨーロッパからアメリカを回るというものだった。力道山は永世中立国スイスに感銘を受けていたという。田中敬子によると、力道山は「朝鮮半島がスイスのようになればいいなあ」と語っていたそうだ（田中、九四頁）。

東京オリンピックをめぐって

力道山は一九六三年九月九日、東京赤坂のホテル・ニュージャパンでオリンピック基金財団に一〇〇〇万円を寄付している。出席者は大野伴睦自民党副総裁（日本プロレスコミッショナー）、川島正次郎前オリンピック担当大臣、石坂泰三オリンピック基金財団会長（経団連会長）。大学卒新入社員の初任給が一万四六〇〇円の時代である。

力道山は六〇年のローマ・オリンピックを視察したことは前述した。『激録　力道山』には「オリンピックてぇのは国家的行事。国と国のスポーツの戦いだと思う。三年前にローマ・オリンピックを見てつくづくそう思った。どこの国でも国をあげて自分の国の選手を応援しているんだ。ワシは日本国民の一人として次のオリンピックは日本でやるんだ、絶対に応援し、できる限りの協力をしなくてはならんと、その時ローマで痛感した。日本人はもっとオリンピックで日の丸を……という意識を持たなくてはいかんと思う。」というコメントが掲載されている（第五巻、二六七頁）。

ところで、北朝鮮サイドの資料、たとえば李鎬仁《リホイン》『力道山伝説』によると、力道山は娘とされる金英淑への手紙の中で東京オリンピックのときに東京で会おうと約束し、なおかつオリンピックに参加する北朝鮮選手団の費用はすべて自分が持つとの「声明」を発表したということになっている（三一六〜三一八頁）。帰国者から力道山の活躍を聞いた金日成は力道山の親族を探し出し、長兄恒洛を平壌の体育科学研究所研究士とし、英淑を平壌体育大学に入学させていた。

力道山がいつどこでそのような「声明」を発表したかはわからないが、東京オリンピックに向けて日本と国交のない韓国と北朝鮮が同時に参加するのではないかという機運があったことは事実である。六二年モスクワで開かれたＩＯＣ総会は韓国が南北単一チームを結成し参加するようにとの決定を下し、ＫＯＣ（韓国オリンピック委員会）がこの決定に応じない場合、北朝鮮だけの単独参加を許可すると通告した。六三年に入って韓国は北朝鮮とローザンヌ、香港で三回体育関係者会議を持つが、交渉は決裂した。

実は、当時もっとも反ＩＯＣの立場を鮮明にしていたのはスカルノ大統領率いるインドネシアで、ＩＯＣを脱退し、六三年一一月には社会主義陣営やアジア、イスラム圏に呼びかけてＧＡＮＥＦＯ

（新興国競技大会）をジャカルタで開催するに至る。北朝鮮もＧＡＮＥＦＯに選手団を送り込んでいる（ソ連はＩＯＣの処分を気にしたのか、ＧＡＮＥＦＯには一線級の選手は送り込まなかった）。この時点で、ＩＯＣのＧＡＮＥＦＯに対する厳しい姿勢からして北朝鮮が東京オリンピックに参加する芽は摘まれたといっていいだろう。現に、北朝鮮選手団は六四年一〇月に来日しながらも大会を待たずして全員引き上げてしまうのである。

金炯旭《キムヒョンウク》ＫＣＩＡ第四代部長は、東京オリンピックの際に国交のない日本に大挙六〇〇〇人の韓国人を送り込む計画を立てていた。狙いは在日コリアンへの反共宣伝である。帰国運動が盛んな当時、在日コリアンは大半が南朝鮮出身であるにもかかわらず、北朝鮮支持者は多かった。また、スポーツの世界でも北朝鮮には陸上競技、重量挙げ、射撃、サッカーなど有力選手が多くいた。東京で北朝鮮の国旗が翻ったならば、北朝鮮支持者はさらに増えるだろう。つまり、東西冷戦下で北が優位な状況を覆すための計画だった。

力道山とも近い東声会の町井久之こと鄭建永は六一年、つまり朴正煕のクーデタの年に、在日大韓体育会副会長を務め、東京オリンピックの時には事実上の韓国選手後援会長のような仕事をしていたという。金炯旭は鄭建永について回顧録『「権力」と「陰謀」』の中でこう記している。「鄭建永の「東声会」は日本の関西地方を牛耳っていた児玉に近い暴力団「山口組」と協力して、在日僑胞のプロレスラー力道山の刺殺などに見られるように、暴力の威勢を思うがままにふるまっていた」。金炯旭が力道山に言及しているのはこの箇所のみである。もしも力道山に北朝鮮選手団の費用を出すというような動きがあったとしたならば、KCIA部長の眼には力道山という存在はどう写ったのであろうか。

3　刺　殺

ケネディ暗殺と力道山

あまり指摘されていないことだが、力道山が死亡した一九六三年一二月一五日の少し前にケネディ大統領がダラスで暗殺されている（一一月二二日）。もちろん、両事件の間に何の関連もない。ここで言いたいのは、力道山が刺されたとき、ケネディ暗殺の記憶はまだまだ生々しかったということである。力道山の死亡に関してCIA陰謀説のような荒唐無稽の臆測が存在するが、そのような臆測がある種の説得力を持つとするならば、それは「ケネディ暗殺効果」とでも言えるのかもしれない。

当時の新聞、雑誌を調べると、ケネディ暗殺と力道山刺殺を比較したり、関連づける意見を見つけることができる。たとえば、『毎日新聞』一二月二〇日に「変質者の暴力を予防せよ」という公務員の投書が掲載されている。

さきにケネディ米大統領が暗殺され、ついで日本ではプロレスの力道山がやくざに刺された傷が原因で死亡したりで、最近は東西ともにまさに暴力時代の感がある。前者は思想的背景があるような推測もあるが、どうも暗黒街とのつながりの方が強いような気がするし、後者は明らかに暴力団のもつれから起きたものとみられる。

また、プロレス中継のスポンサーである三菱電機弘中芳男放送係長は、『週刊新潮』でこう語っている。

ことしは突拍子もない事件がつづきましたね。まず、マダム・ゴ・ジンヌーのだんなが惨殺されたでしょう。次に、そのマダム・ゴ・ジンヌーに『あなたが犯人だ』といわれたケネディ大統領が暗殺されて、そして最後が力道山とくるわけですよ。こういう事件を頭の中で並べてみると、ことしは、死ぬはずのない人がたくさんなくなった年だなと思いましたね。ただ、力道山の場合とケネディの場合が違うのは、ケネディにはジョンソンという後継者がいたが、力道山にはいないということですよ。

（『週刊新潮』一九六三年一二月三〇日号）

マダム・ゴ・ジンヌーとは、ゴ・ジン・ジェム南ベトナム大統領の弟ゴ・ジンヌーの夫人のことである。ゴ兄弟は一一月一日にズオン・バン・ミンによる軍部クーデタで殺害されたのである。

『週刊サンケイ』（一二月三〇日号）が力道山の死亡を聞いた子供たちの声を集めている。そこから少し拾ってみよう。

「ことしは、エラい人たちばかり死ぬんだね。ケネディも死んだし、力道山も死んだし、……」（東京・小学4年生）
「かわいそうやなあと思います。ケネディ大統領や力道山など、なんで偉い人がこんなにねらわれるんやろ。世界一の人を殺してなんのトクになるんやろ。外人チームが世界一になると思うとあほらしい」（大阪・小学5年生）
「ケネディにしても力道山にしても有名人になるとタタミの上で死なれへんやろうなあと思うと、不安な世の中や」（京都・小学6年生）

もっとも中学生になるとドライな感想が目立つ。たとえば、

「ケネディさんが暗殺されたときは本当に驚いたし、悲しんだけど、こんどは驚いたといっても、全然、比較できるもんじゃないわね」（東京・中学2年生）
「ケネディさんのときとは比較にできないな。ケネディさんは文化人だったよネ」（東京・中学2年生）

といった具合である。

当時の中学教師は、子供たちの間では「英雄」とされた力道山の死に方があまりにも彼らの夢を壊

すような内容だったことを指摘しているが、中学生に比べて小学生では冷たい意見が少ないのはプロレスの神通力が小学生にはより深く達していたということなのだろうか。あるいは、ケネディの「偉人」神話は中学生により深く届いていたということなのか。中学生には、大人のようにさらにひねってケネディの死にも裏があるという発想はなかったのだろう。当時、小学四年生の私はケネディの伝記を読んでいなかったし、また、プロレスファンでもなかったので、二つの出来事を驚きはしながらも思い入れをもって受け止めることはしなかったような気がする。

上機嫌の夜

力道山生涯最後の試合は一九六三年一二月七日、浜松市体育館での六人タッグマッチ。力道山・グレート東郷・吉村道明組 対 ザ・デストロイヤー、キラー・バディ・オースチン（Killer Buddy Austin）、イリオ・デ・パオロ（Ilio De Paoro）組である。結果は一対一の時間切れ引き分けに終わっている。

当然メインイベントと思われるだろうが、実はそうではなかった。芳の里が『もう一人の力道山』で証言している。

普通はね、リキさんが最後の試合に出るんだよ。メインイベントにね。なのにあの日は、突然予定を変えちゃったんだな。自分が先に出るといって、先にリングに上がってさっさと帰っちゃった。それで、オレが最後になっちゃったんだよ。でもお客さんは、みんなリキさんを見に来てるだろう。リキさんの試合が終わっちゃったから、どんどん帰っちゃうんだな。そんなとこでオレら試合をやったんだよ。……あんなのは、あの日一度だけだよ。

（李淳馹『もう一人の力道山』二五一頁）

『激録　力道山』には、この試合はメインイベントだったと書いている（第五巻、三〇二頁）が、単なる思い込み、記憶間違いなのか、あるいは力道山最後の試合はメインイベントでなければいけないという一種の「力道山伝説」と考えるのはうがちすぎか。『激録』の筆者は力道山に同行取材していたはずなのに。

力道山がわざわざ試合順まで変えたのは帰京を急いでいたからである。翌八日に相撲協会理事の高砂親方（元横綱前田山）がリキ・アパートを昼前に訪れることになったのだ。当初、力道山は浜松の試合の後、箱根でゴルフを楽しむ予定であったが、親方のたっての願いに予定を変更し、夜行列車で帰京し早朝には自宅に戻ったのである。

高砂親方は大相撲のアメリカ（ロサンゼルス）巡業に力道山の協力を要請した。一四日に渡米することになっていた力道山は親方に協力を快諾している。大相撲から飛び出し、相撲界にいい感情を持っていなかった力道山にとって、大相撲が頭を下げに来る話は痛快で仕方がなかったろう。この日の力道山はすこぶる上機嫌だった。午後三時頃にアパートに呼び出された猪木寛至はいきなりジョニ黒を三杯飲まされたそうだが、この日のことは忘れえぬ体験になっていると、『朝日新聞』の連載「ニッポン　人・脈・記」に書いてあった。

そこにいた大相撲の親方が猪木を見て「こいつ、いい顔しているな」。力道山は、とびきりの笑顔で「そうだろう」と応じた。……猪木は力道山の笑顔を、今もあざやかに覚えている。「憎んだこともあったが、あのたった一度の出来事が本当に救いになった」。（『朝日新聞』二〇〇七年九月三日付）

リキ・アパートにはザ・デストロイヤーも呼ばれた。ロサンゼルスでの協力を依頼するためである。デストロイヤーは赤坂の料亭「千代新」にもつき合っているが、その店を中座したことを後悔している。「もし私があの後もリキドザンと一緒にいたら、彼もあんなことにならなくてすんだはずなんだ」。

「千代新」を出た後、力道山はTBSのラジオ番組「朝丘雪路ショー」にゲスト出演した。これは当初から決まっていたスケジュールであった。かなりできあがっていた力道山はスタジオに入っても上機嫌で冗談を言い、大声で村田英雄の「王将」を歌った。この様子を見ていた番組プロデューサーは秘書の吉村義雄に「とても番組にはならない」と放送の見送りを告げたという。

吉村は力道山に命じられてナイトクラブ「コパカバーナ」に予約を入れていたが、放送局を出た後力道山は「コパカバーナ」をとりやめ、「ニューラテンクォーター」に行くと言い出した。側近のひとり、キャピー原田が「先生、今晩はもうずいぶんお酒も入っているんだから、これで帰りましょう」と進言したのに力道山は反発を覚えたのである。原田はGHQの経済科学局局長マーカット少将の副官を務めていた元米軍中尉で、後には「正力松太郎ファミリー」の一員として日本のプロ野球復興に尽力した人物だ。当時はリキ観光専務だった。人に指図をされるのが嫌いな力道山は、運命の

「ニューラテンクォーター」行きを自ら選択したのであった。

ニューラテンクォーター　力道山が刺されたナイトクラブ、「ニューラテンクォーター」はホテルニュージャパンの地下にあった。ホテルニュージャパンとは、一九八二年二月に火災に見舞われ多くの死傷者を出したことで知られるホテルである。ホテルニュージャパンと言えばすぐに連想される横井英樹が経営権を獲得したのは一九七九年のことである。元来は藤山愛一郎元外相が一九六〇年に建てたホテルであった。

このホテルが建設される赤坂の土地には一九五三年から五六年にかけて「ラテンクォーター」というナイトクラブが存在した。「ラテンクォーター」は吉田彦太郎がアル・シャタックに貸すという形でオープンした店だったようだ。吉田はいわゆる児玉機関の副機関長であり、シャタックはいわゆるキャノン機関の元諜報部員。日本裏面史に名を残す二大謀略機関が関わっていた店ということになる。わずか三年しか続かなかった店であるが、初期には酔った力道山が暴れてボーイを殴って全治一カ月の大怪我を負わせるという事件を起こしている。

この件は、吉田と用心棒の元締めだった野上宏（児玉機関元副部長）が力道山の後見人である新田新作にかけあって話がついたという。手打ち式の場で、児玉誉士夫は力道山に「この手は、二度と使ってはいけないよ」と諭すように言い、力道山の腕に包帯を何回も巻きつけたという。前述の「帝国ホテルダイヤモンド盗難事件」（一九五六年一月）を起こしたゴージャス・マックというレスラーはシャタックへの借金の形としてダイヤモンドを売り渡したと供述した。当時の新聞は「ラテンクォーター」を「不良外人」のたまり場のように書いている。クラブの閉店時間が過ぎると非合法のカジノに早替りしたという話が残っている。

「ラテンクォーター」は一九五六年九月に火事で焼失した。タバコの火の不始末が原因のようだが、店を壊してホテルを建てたがっていた児玉陣営に対抗してシャタックらアメリカ側は児玉らの放火説を主張したものの、それは通らなかった。シャタックらは保険金を受け取ることもなく日本から追放された。吉田彦太郎は岸信介の紹介で知り合った藤山愛一郎に跡地を譲った。ホテルニュージャパンが建設されることになった。立ち退きに抵抗する野上宏のために吉田は藤山にかけあい、ホテルの地下の三〇〇坪を無償で使ってもよいという許可を取り付けた。

かくして、ホテルのオープンに先立ち、一九五九年に「ニューラテンクォーター」が営業を開始することとなったのである。吉田は従弟の山本平八郎に経営を任せ、野上は再び用心棒の座に納まった。「九州のキャバレー王」といわれた山本は息子の信太郎を福岡から呼び寄せ、副社長（後に社長となる。）とした。山本信太郎が著した『東京アンダーナイト』は「ニューラテンクォーター」の歴史について叙述した本であるが、最大のセールスポイントは著者が力道山刺殺事件の目撃者だったという点に尽きる。従来、この事件に目撃者はいないとされていたが、著者が四〇年以上の沈黙を破って初めて明らかにしたというわけである。

力道山が刺されたときの状況はどのようなものであったのか。まず『朝日新聞』の記事を記してみたい。

大袈裟になる話

八日深夜、東京・赤坂のキャバレーでプロレスラー力道山が若いチンピラ風の男とケンカし、腹を刺されたのが発端で、傷害事件が二件つづき、一部のヤクザ団体が不穏な動きをみせた。このため警視庁では赤坂、麹町、三田、淀橋各署と連絡、機動隊も待機させて警戒にあたった。同夜十時半ごろ、千代田区永田町二の二二「ニュー・ラテンクォーター」で七、八人連れで遊びに来ていたプロレスラー力道山＝本名百田光浩さん（四〇）が若い客と「足をふんだ」「ふまない」といったことからケンカをはじめ、手洗い場前で若い男が刃渡り約十三センチのナイフで力道山の左下腹部を刺し、逃げた。力道山はいったん客席へ戻り、「この店は人を雇ってオレを刺した」と怒り出し、フロアショーを中止させたうえ、自分で近くの港区赤坂新坂町二五の山王病院に入院したが、二週間のケガ。ところが、事件後間もない九日午前零時五十五分ごろ、ニュー・ラテンクォーターからほど近い港区赤坂台町一五リキ・アパート駐車場前付近で三十歳くらいの男が四、五人の若いヤクザ風の男に襲われ、右わき腹を刺された。男は同区芝西久保明舟町の川瀬病院にかつぎこまれ重体。

（『朝日新聞』一九六三年一二月九日付）

この記事では、力道山が刺されたことは一連の傷害事件の発端ととらえられ、いわば力道山もそのような世界の住人であるという前提があるような感じだ。おそらく当時の『朝日新聞』が力道山やプロレスに向けた眼というものはそのようなものだったはずだ。
私は暴力団の抗争のような話にはあまり興味がないし、力道山が刺されたことは偶発的な出来事であって、背景に何かがあったとは思わない。にもかかわらず、力道山の死に暴力団抗争が関与していたとか、果てはＣＩＡの陰謀だとか、やたら話が大袈裟になること自体には関心を持っている。なぜそのようなことになるのだろうか。「ニューラテンクォーター」で力道山といっしょにいた秘書の吉村義雄は、『君は力道山を見たか』でこう書いている。

わたしが本当に驚くのは、力道山が死んでから書かれた〝力道山物〟が、じつに〝見てきたように〟話をまとめあげてることです。力道山と村田のやりとりも劇的に書かれて大活劇みたいですし、村田にナイフで刺された傷口から腸がはみ出していたとか、恐ろしいくらいなんですよね。ナイフで腹を刺して、腸がはみ出すほど大きい傷ができますか――無我夢中でナイフを突き出したというだけで。（二一二頁）

実際にそのような大袈裟な描写が見られる一例は、門茂男の『力道山の真実』である。この本では、力道山と犯人（当時、住吉連合小林会組員）が激しい口論を展開したあげくの凶行ということになっている。そして、店に居合わせた二五歳の女性客を登場させて、こう発言させているのだ。

薄暗かったが、力道山が出血を抑えているタオルの下からは内臓の一部が飛び出し、その飛び出した内臓を何度も指で押し込んでいました。日ごろの鍛えに鍛えているプロレスラーだけにこんな芸当ができるのかと本当にびっくりしてしまいました。（三三〇頁）

ここまで大袈裟ではないにせよ、レスラーの形容詞として「流血」が不可欠なのかと錯覚させるくらい多くの文献に血の描写を確認できる。

「力道山が大きな手で押さえている脇腹からは、ポタポタと血がしたたり落ちた」（『興行界の顔役』二三八頁）。

「刺された力道山は鮮血がほとばしりでる下腹部を、店内用のおしぼりで押さえて」（『激録　力道山』第五巻、三〇七頁）。

ところが、唯一の目撃者、ニューラテンクォーターの支配人山本信太郎は、力道山と犯人の間に言い合いはなかったし、力道山の腹部に血は流れておらず、下に着ていたTシャツに小さな穴があいていてほんのわずかに血痕がついている程度だったと書いているのだ。事実はそのようなものだったのだろう。なのに、話は大袈裟になる。まるで、力道山にリング外でも「プロレス」を期待するように。

力道山と犯人の間に口論があろうがなかろうが、力道山の腹部から出血があろうがなかろうが、どうでもいいことだと思われている読者は多いことだろう。私も基本的にはどうでもいいことだと思っている。その意味では私はマニアックな「力道山史家」ではない。むしろ、なぜ話が大袈裟になるのかという点に関心がある。そして、そのことには力道山が構築した日本のプロレスというものが持つ力が作用していると考えている。そういう意味では私は「プロレス文化研究家」である。

ただ、力道山の人生の中で、これほど詳細が語られようとする事件も少ないので、やはりある程度はディテールにこだわらざるをえない。唯一の目撃者である山本信太郎の『東京アンダーナイト』で初めてわかったことは、刺された直後の力道山が山本の胸ぐらをつかみ、「信太郎さん！　どうして俺を刺させたんだ！」と激昂したという点である。力道山が刺されたのはトイレの前で鉢合わせになったことが原因の偶発的な出来事である。相手の男に殺意はなかった。山本によれば「力道山が男の上に倒れかかったとき、下になった男の引き抜いたナイフが力道山の重さで腹部に刺さったということだ」（山本、三一頁）。過去に、他のナイトクラブでリッキー・ワルドーという黒人レスラーに失明寸前にされた経験のある男は、「殺される」と思って自己防衛の気持ちからナイフを引き抜いたのである。男の裁判では二審で「過剰防衛」が認められている。もっとも、前科があったため懲役七年の実刑判決が下ったが。

力道山の発言に戻ろう。この発言の背景としては、男が属する住吉連合小林会の小林楠扶はニューラテンクォーターの顧問を務めていたが、その小林会と、力道山をバックアップする東声会は同じ銀座を根城として一触即発の状態にあったことが指摘できる。しかし、当日男が先に来店しており、力道山がこの店に来ることを決断したのは来店直前だったことを考え合わせると背後関係は考えにくい。もっとも、いつかこのようなことがどこかで起きただろうという推察は成り立つが。

力道山が刺された後、リキアパートのロビーで東声会と小林会の間に衝突が起こり、東声会のひとりが重傷を負い、男もかなりの怪我を負ったが、このあたりの詳細は省くとしよう。両組の手打ちは翌年春に児玉誉士夫の仲介によって実現するが、山本は「力道山事件」については一切口を閉ざして、目撃者はいなかったという姿勢を二〇〇七年まで貫き通したのである。山本は二〇〇三年に力道山未亡人の田中敬子著『夫・力道山の慟哭』を読んで感銘を受けたことが四四年ぶりに真相を語る気持ちになった原因だと語っている。田中の著書では、「力道山事件」が冷静かつ公正な眼で見られていた、そのことに感服したのだという。裏を返せば、力道山に関してそれまで偏見と誤謬に満ちた記述がまかり通っていた、ということである。

それは「プロレス」が生んだ「神話」の類ではなかったかと私は思う。プロレスだから当然のように荒っぽく、当たり前のように血が流れ、必ず何か裏があると思い込む。あるいは、プロレスだから少々荒唐無稽であろうが、大袈裟であろうが許されるだろう、このような風潮がどこかにあったのではないだろうか。しかし、今やプロレスを取り巻く環境はきわめて現実的な、御伽噺を許さないような空気となっている。その結果、プロレスそのものはいまだ復興の兆しをつかめず低迷しているが、少なくともプロレスについて語る環境だけは大きく変わってきたとは言えるのではないだろうか。

力道山死す

刺された後の力道山はステージに上がり、マイクを摑んで「皆さん、気をつけてください。この店には殺し屋がいます。早く帰ったほうがいいですよ」と客に向かって叫んだという。この後、山王病院で応急処置を受けたが、酔って興奮した状態にあって診察室で相当暴れたようだ。リキ・アパートに戻った後、男の親分である小林楠扶の謝罪を受けた。この間、アパートのロビーでは小林に同行してきた男と東声会の若手の間で乱闘が起こり、一〇〇人近い警官とMPのジープまでもが出動する騒ぎとなっていた。

秘書の吉村義雄は力道山を自動車に乗せて山王病院に向かい、早朝手術が施された。刺されてから五時間くらい経過していた。吉村は高砂親方の腫瘍を治したことがある前田外科を勧めたが、力道山は力士時代からの贔屓である山王病院の長谷院長にこだわった。力道山は傷以上に事件の発覚を気にしていたようだ。ただし、山王病院は産婦人科専門である。吉村は聖路加病院の外科医長、上中省三が立ち会う手筈を整えて山王病院に車を走らせたのである。午前四時二〇分からの手術は三時間に及んだ。

百田光浩氏病状
診断　右腹部刺創　小腸二ヶ所損傷
処置　小腸の創縫合

予後　今後約一ヶ月余の静養を要する見込

手術担当者　上中省三
山王病院長　長谷和三

十二月九日

手術後の経過は順調で、病院からは全治二週間という発表があった。

ところが、入院してから一週間経った一二月一五日朝容態が急変した。院長が「血圧が下がり、腹膜炎を起こしているようだ」と言って、再手術となった。再手術は午後四時ごろ終わり、院長は敬子夫人に「一晩麻酔が切れないので翌朝連絡します」と自宅に戻した。しかし、午後九時五〇分力道山は静かに息を引き取ったのである。

一度目の手術後、力道山が禁じられていたはずの水やサイダーをがぶ飲みしたと書いている本が少なくない。門茂男『力道山の真実』にいたってはコカコーラを飲んだことさえ匂わせている。当時の警視庁刑事部検死官、武藤三男のコメントとして「えッ、彼があのタールみてえな、清涼飲料水を飲んだのかネ、それじゃあ、いくら力道山とてたまったもんじゃねえ」と記しているが、その思わせぶりな筆致は都市伝説を多く生み出してきた飲み物コカコーラへの偏見さえ感じさせる。

ところで、力道山に近かった人々は彼が水分を摂取したことを否定する。

「世間では病室で水やサイダーを飲んだから体調が急変したとか言われていますが、私の知るかぎりありえないことです」（田中敬子、二四頁）

「力道山について書かれた本を読んでみると、例外なく、この入院中に力道山が看護人の目を盗んで……サイダーやコーラを飲んだとあります。わたしには、これが信じられない」（吉村義雄、二九頁）

力道山の病室には付き添いの女性がいて、医師の指示に従っていたはずだというのである。ここでも力道山伝説が独り歩きしているようだ。プロレスラー力道山は医師の指示などおとなしく聞いたはずがない、と。猪野健治『興行界の顔役』には、開腹手術のあとを縫い合わせようとした医師を殴りつけたという話までが紹介されている。力道山は病院でもプロレスラーでなければいけなかったのだろうか。

死因

力道山の死因は何なのだろうか。田中敬子は当時から医療ミスを考えていたようである。特に、二度目の手術に不信感を持っていたらしい。遺体は山王病院から慶応病院に移送されて解剖に付されている。担当医は傷口の洗浄不備、麻酔の投与ミスを指摘した。また、力道山の内臓は相当痛んだ状態で、脂肪とは違う膜が一枚できていたようだ。

以上の点について、麻酔が専門の医師である土肥修司《どひしゅうじ》は自著『麻酔と蘇生』において、力道山の死因は出血でもなければ、ショックでもなく、「単に、運び込まれた病院で麻酔を担当した外科医が気管内挿管に失敗したことであった」とあっさり結論づけている。「筋弛緩薬を使用したために、外科医が気管内挿管の失敗を繰り返していた間、呼吸ができなかったことによる無酸素状態」が死因であると土肥はアメリカで、医学生として現場にいた人から聞いたということだ。おそらく、それが真実なのであろう。

となると、吉村義雄が今でも保管している以下の死亡診断書は何だか空しく読めてしまうことになるが。

力道山（百田光浩）病状経過

去る十二月九日早朝に行った手術後の経過は一応順調であると思われたが、昨夜半より腸閉塞を起し一般状態が次第に悪化し始めた。よって再手術を本十五日午後二時三十分より行い四時に終了。輸血等により小康を得たが、午後九時より急激にショックに陥り、諸種の手当の甲斐もなく午後九時五十分、不幸な転機となった。

十二月十五日

山王病院長　長谷和三

聖路加病院外科医長　上中省三

ところで、力道山の死についてはＣＩＡによる暗殺説というのがあって、一種の都市伝説の類だと思うが、その「根拠」としては力道山が刺された「ニューラテンクォーター」はＣＩＡのたまり場だったこと、側近のキャピー原田という二世の紹介でアメリカ系の聖路加病院の外科医が執刀したこと、また、刺された一二月八日は真珠湾攻撃の日だったことまで付け加わって暗殺説とあいなったのだ。キム・テグォン『北朝鮮版力道山物語』という漫画でも、力道山は何者かによって暗殺されたということになっている。力道山を刺した犯人、キャピー原田、高砂親方、すべてグルだったということになっていて、二度目の手術の後に何者かが病室に忍び込んで力道山にサイダーを飲ませて殺したことになっている。社会主義の祖国に帰ることを決意していた力道山を快く思わなかった勢力が暗殺を企てたという設定であるが、小道具にサイダーを持ってくるあたり、都市伝説でも何でも利用してしまおうという魂胆が感じられる。

荒唐無稽と思えるこの漫画を第一面で大きく揶揄したのが『東京スポーツ』(二〇〇二年一二月一〇日付)である。『東スポ』といえば、「面白ければそれでよい」という精神で都市伝説であろうと大きく取り上げることで有名だが、ことプロレス関係に対してだけは変に「真面目」な姿勢(「プロレスはスポーツだ!」)を貫いており、『北朝鮮版力道山物語』のプロレスに対する無理解を笑い飛ばしたのである。他のジャンルの人間の話であれば、率先して「暗殺説」ぐらい大見出しで載せそうな「東スポ」がプロレスに対してだけは「冗談が通じない」というところがあるのだ。

葬儀

力道山の葬儀は一九六三年一二月二〇日に東京・池上本門寺で行われた。葬儀委員長は大野伴睦(自民党副総裁)であったが、日韓交渉でソウルを離れることができず、児玉誉士夫が代理を務めた。いちばん神経を使ったのが焼香順だったという。親分衆の順番をどうするかは素人が決定できることではないからだ。進行役の九州山が最終的に以下のように決めた。

①児玉誉士夫
②河野一郎（自民党・衆議院）
③楢橋渡（自民党・衆議院）
④関義長（三菱電機社長）
⑤今里広記（日本精工社長）
⑥阿部重作（住吉一家元総長）
⑦田岡一雄（山口組組長）
⑧岡村吾一（北星会会長）
⑨町井久之（東声会会長）
⑩新田松江（新田新作未亡人）
⑪田中勝五郎（親戚代表）
⑫永田貞雄（プロモーター）
⑬林弘高（吉本興業社長）
⑭大鵬（横綱）
⑮若乃花（横綱）
⑯藤田卯一郎（松葉会会長）

政財界、親分衆、興行界、相撲界のメンバーがずらり並んでいる。力道山未亡人の父親で警察署長でもあった田中勝五郎はこの焼香順に疑義を唱えたという。とりわけ、七番目の田岡に対してクレームをつけたようだ。田岡はいきり立つ若手を静めて田中に順番を譲ったようだ。

ところで、『山口組三代目　田岡一雄自伝』には力道山の話はあまり出てこない。一九五八年から日本プロレス協会副会長だった田岡にしては、ということであるが。「力道山は、わたしに対してはヒツジのようにおとなしい男であったが、他に対しては粗暴な振舞いが多く、酒と女とケンカにあけくれていた」と力道山の暴力の具体例を紹介し、また金銭的にも細かかったと書いている。「プロレスをここまで隆盛に導いたのは力道山の力といっても過言ではあるまい。酒さえ飲まなかったら……

と残念でならない」とは記述しているものの、力道山への思い入れはあまり感じられない文章だ（田岡、二五四〜二五六頁）。

このころの児玉誉士夫は、全国の任侠団体を結集して「東亜同友会」を結成しようとしていたが挫折し、せめて関東だけの結集だけでも実現しようと「関東会」の結成に向けて活発に動いていた。目的は共産主義革命が起こった場合にそれに対抗できる大組織作りにあった。力道山の葬儀の翌日、熱海のつるやホテルで、関東会の結成式が実施されている。加盟団体は錦政会、住吉会、松葉会、日本国粋会、義人党、東声会、北星会の七団体。このうち三団体のトップが力道山の焼香上位に名を連ねていたわけである。

結成会の数日後、衆参両議院全議員の自宅に、七団体が連署した警告文「自民党は、即時派閥抗争を中止せよ」が配布された。「自民党が派閥抗争に明け暮れている間に、日本の左翼勢力は着々と革命的実力を蓄積して、暴力革命の好機到来を待機している非常事態に気付くであろう」と締めくくりつつ、実は党人派の代表、河野一郎を間接的に擁護した内容となっている。

自民党官僚派は、党人派と関東会が癒着していると見なし反撃を開始した。六四年二月に警察庁内に「組織暴力取締本部」が設置され、関東会の解散に向けて動き始めた。関東会の七団体に加えて、神戸の山口組、本多組、大阪の柳川組を広域暴力団に指定した。現行犯でないと逮捕されなかった博打が非現行犯でも逮捕できる制度に変わった。いわゆる「第一次頂上作戦」である。河野一郎はある警察高官に、「結構だが、あまりやりすぎないことだ」とクギを刺したという。当時の池田勇人内閣にとっては党人派の協力なしに党運営を進めることはできなかった。だが、六四年五月に大野伴睦が死去すると党内力学に大きな変化が生じた。池田派と佐藤栄作派の対立が尖鋭化し、河野は池田を支持したものの池田はガンで入院して退陣し、一一月に佐藤内閣が誕生した。頂上作戦は熾烈さを増し、力道山亡き後のプロレス界が暴力団の資金源になっていると槍玉にあがったのである。なお、関東会は六五年一月に解散に追い込まれている。

その後のプロレス界

力道山亡き後のプロレス界はリング上では豊登が主役となった。しかし私は、彼の試合ぶりはあまりにも単調にすぎ、面白いと思ったことがない。中学時代に「豊登のひじ打ちは、ガイジンにはまねができん」と誇らしげに語っていた同級生がいたけれど、いわゆるエルボースマッシュはアメリカ系のレスラーはあまりやらなかっただけの話で、後に国際プロレスでヨーロッパ系のレスラーが多用するのを見るに及んで、豊登の価値はますます下がったのである。

豊登に続いたジャイアント馬場のファイトにも飽き足らなかった私は、アントニオ猪木が台頭するに至ってようやくファンとなるのであるが、力道山死後から猪木が新日本プロレスを旗上げするまでの六四〜七一年はヨーロッパ史にたとえれば古代とルネサンスにはさまれた中世、それも一昔前の「暗黒の中世」の趣きで、わがプロレス文化研究会においても「長期低落傾向」の一言で片づけられがちな時代である。

たしかに「猪木中心史観」からはそういうことになろうが、別の視点で見直すと興味深い時代ではある。まず、プロレスを取り巻く環境の大きな変化がある。六四年に大野伴睦、六五年に河野一郎が死去し、自民党党人派の勢力が大きく後退する中でプロレスは「暴力団の資金源」として槍玉にあがり公共の体育館から締め出される動きが起こる。そこで児玉誉士夫、田岡一雄、町井久之が日本プロレス協会の役員から退き、会長に平井義一、コミッショナーに川島正次郎が座った。さらに、九州山、遠藤幸吉、豊登、芳の里の四人が、各府県の警察本部と教育委員会に「もう協会と組関係者は関係ない」と弁明の旅に出たということが今では明らかになっている。以上のことと一般紙がプロレスを報道しなくなったことは無関係ではあるまい。

第二に、リアルタイムでテレビを通して試合だけを見ていた眼からは、形式的な権威づけとショーとしての演出のギャップが広がっていく光景が何ともおかしかった。たとえば、コミッショナーのもっともらしいタイトルマッチ宣言の直後に、いきなり急所打ちが飛び出すようなギャップである。しかも、そんなことが起こってもけっして「亀田問題」のような社会的問題にはならなかったのである。六四～七一年はすべてにおいて洗練されていなかった時代だと思う。少なくとも、プロレスをエンタテインメントとして消費するような発想は皆無だった。そのような発想は八〇年代を待たねばならなかったのである。

プロレス人気が下降する中で、猪木は七〇年代半ばにそれまでマット界ではタブーとされてきた日本人メインイベンター対決や異種格闘技戦を実現させて気を吐いた。猪木の運動がプロレスの「長期低落傾向」を緩和させたとは言えるだろう。そのご褒美とばかりに、猪木率いる新日本プロレスは、八〇年代初めにブーム的人気を博した。最大の立役者は初代タイガーマスクであり、実況を担当した古舘伊知郎《ふるたちいちろう》アナウンサーであった。

しかし、八〇年代半ばから新日本プロレスは混迷状態に陥り、八八年四月プロレスはテレビのゴールデンタイムから撤退した。この年、「格闘技」志向のUWFという団体（前田日明ら新日本出身者が結成）が若者を中心にカルト的人気を集め、今日の「格闘技ブーム」の源流を形成した。また、ジャイアント馬場率いる全日本プロレスは、プロレス界の「王道」を行く団体として堅実な人気を誇った。その後、UWFも全日本も分裂し、また新日本からは選手の流出が相次ぎ、多団体化の様相を呈して久しい（本書xvi〜xvii頁、「主な日本のプロレス団体系図（男子）」参照）。

今日、プロレス放送は深夜の時間帯などに移行し、努力しなければ見られないジャンル、すなわち律儀にビデオ録画するか、CS放送に契約するか、ライブに出かけるかしなければいけないものと化したのである。ここにプロレスは大衆性を失い、マニアックな本性が剝き出しのイベントになったのである。

もっとも、その一方で、マニア以外のファンを開拓する試みもなされている。

地域に密着し、お年寄りから子供までを動員しようとするみちのくプロレスや大阪プロレスはその好例であろう。なかでも、神戸に拠点を置くDRAGON　GATEはスピーディーに動けるイケメン・レスラーを集めてアクロバチックな試合を披露し、若い女性の大量動員に成功して、力道山、馬場、猪木直系であるメジャー三団体（新日本プロレス、全日本プロレス、NOAH）に匹敵する興行力を有してきている。そのDRAGON　GATEに黒タイツをはいて空手チョップを売り物にするドン・フジイというレスラーがいる。二十代のイケメンにまじって三十代後半の彼が活躍するさまは異彩を放っている。それは、もっとも今風のプロレスにおいてさえ力道山の遺伝子が受け継がれているかのような光景だ。

思えば、力道山・木村政彦 対 シャープ兄弟戦から数えて五四年。スタイルは変化し、栄枯盛衰はあったけれども、プロレスという文化は、中心的存在ではないにしても、この国に確実に根付いてきた。

その種をまいたのは間違いなく力道山であり、その原動力は自分がやらなければ誰がやるんだというパイオニア精神であった。力道山は自伝で次のように書いている。

私の人生は体当たりでぶつかるだけだ。私が力士生活の十年間、プロ・レスラーの十二年間に体得したことは、〝身をすててこそ浮かぶ瀬もあれ〟ということ、すて身の闘志であり、〝ベストをつくせ〟という悔いのない生活である。

（『空手チョップ世界を行く』一六七頁）

朝鮮時代、力士時代、レスラー時代、そして実業家時代と彼が歩んできた人生はまさに体当たりで切り開いてきた格闘そのものであったといえるだろう。

主要参考文献

①力道山に関する文献

原康史『激録　力道山』全五巻、東京スポーツ新聞社、一九九四〜九六年
　力道山の試合描写は詳細を極める。それだけに読破するには相当の気力を必要とするだろう。
門茂男『力道山の真実』角川文庫、一九八五年
キム・テグォン『北朝鮮版力道山物語』柏書房、二〇〇三年
小島貞二『力道山以前の力道山たち』三一書房、一九八三年
百田光雄『父・力道山』小学館、二〇〇三年
村松友視『私、プロレスの味方です』情報センター出版局、一九八〇年
　この本に続く『当然、プロレスの味方です』『ダーティ・ヒロイズム宣言』のいわゆる「村松三部作」は一貫して力道山を取り上げており、著者の力道山への思い入れが感じられる。
村松友視『力道山がいた』朝日新聞社、二〇〇〇年
　「村松三部作」から二〇年。『もうひとりの力道山』の登場によって著者の力道山像は豊かになったとされる。
大下英治『永遠の力道山』徳間書店、一九九一年
岡田正（岡村正史）「力道山と日本のプロレス受容」大阪大学大学院人間科学研究科修士論文、二〇〇四年
岡村正史編著『力道山と日本人』青弓社、二〇〇二年

力道山光浩『空手チョップ世界を行く――力道山自伝』ほるぷ、一九八一年
李鎬仁『力道山伝説』朝鮮青年社、一九九六年
李淳馹『もう一人の力道山』小学館、一九九六年
この本の出現によって新しい力道山像が提示されたことは間違いないだろう。
田中敬子『夫・力道山の慟哭』双葉社、二〇〇三年
東急エージェンシー力道山研究班編『RIKI力道山――世界を相手にビジネスした男』東急エージェンシー出版部、二〇〇〇年
牛島秀彦『力道山物語――深層海流の男』徳間文庫、一九八三年
牛島秀彦『力道山――大相撲・プロレス・ウラ社会』第三書館、一九九五年
吉村義雄『君は力道山を見たか』飛鳥新社、一九八八年

②メディア状況

ビデオ・リサーチ編『視聴率の正体』廣松書店、一九八三年
深見喜久男『スポニチ三国志――スポーツ記者が泣いた日』毎日新聞社、一九九一年
針ヶ谷良一『夕刊戦国史』文芸社、二〇〇〇年
橋本一夫『日本スポーツ放送史』大修館書店、一九九二年
猪瀬直樹『欲望のメディア』小学館、一九九〇年
海保博之監修『東スポの戯法』ワニブックス、一九九五年
北村充史『テレビは日本人を「バカ」にしたか？』平凡社、二〇〇七年
小林信彦『植木等と藤山寛美』新潮社、一九九二年

毎日新聞百年史刊行委員会編『毎日新聞百年史 1872-1972』毎日新聞社、一九七二年
日本放送協会編『放送五〇年史』日本放送協会、一九七七年
NHK放送世論調査所編『テレビ視聴の30年』日本放送出版協会、一九八三年
日本テレビ放送網編『大衆とともに二五年』日本テレビ放送網、一九七八年
佐野眞一『巨怪伝――正力松太郎と影武者たちの一世紀』文藝春秋、一九九四年
青弓社編集部編『こんなスポーツ中継は、いらない!』青弓社、二〇〇〇年
柴田秀利『戦後マスコミ回遊記』中央公論社、一九八五年
志賀信夫『昭和テレビ放送史・上』早川書房、一九九〇年
スポーツニッポン新聞大阪本社編『スポーツニッポン新聞50年史・I』スポーツニッポン新聞社、一九九九年
スポーツニッポン新聞社50年史刊行委員会編『スポーツニッポン新聞50年史』スポーツニッポン新聞東京本社、一九九九年
スポーツ新聞研究会編『ありがとう!スポーツ新聞』PHP研究所、一九八五年
吉見俊哉『メディア文化論』有斐閣、二〇〇四年
吉見俊哉『親米と反米』岩波新書、二〇〇七年

③プロレス関係

マイケル・R・ボール、江夏健一監訳『プロレス社会学』同文館、一九九三年
"クラッシー"フレディー・ブラッシー、キース・エリオット・グリーンバーグ『フレッド・ブラッシー自伝』エンターブレイン、二〇〇三年
ベースボール・マガジン社編『日本プロレス全史』ベースボール・マガジン社、一九九五年

ジャイアント馬場『16文の熱闘人生』東京新聞出版局、一九九四年
ジャイアント馬場『王道十六文』日本図書センター、二〇〇二年
猪木寛至『猪木寛至自伝』新潮社、一九九八年
門茂男『馬場・猪木の真実』角川文庫、一九八五年
門茂男『群狼たちの真実』角川文庫、一九八五年
亀井好恵『女子プロレス民俗誌』雄山閣出版、二〇〇〇年
森達也『悪役レスラーは笑う』岩波新書、二〇〇五年
村松友視『当然、プロレスの味方です』情報センター出版局、一九八〇年
村松友視『私、小市民の味方です』新潮社、一九八四年
小田亮・亀井好恵編著『プロレスファンという装置』青弓社、二〇〇五年
大木金太郎著、太刀川正樹訳『自伝大木金太郎　伝説のパッチギ王』講談社、二〇〇六年
岡村正史「カンカン小屋のキャッチ」『別冊宝島一二〇　プロレスに捧げるバラード』JICC出版局、一九九〇年
岡村正史「『実況』という名のプロレス——古舘伊知郎考」青弓社編集部編『こんなスポーツ中継は、いらない！』青弓社、二〇〇〇年
斎藤文彦『レジェンド100——アメリカン・プロレス　伝説の男たち』ベースボール・マガジン社、二〇〇五年
高部雨市『異端の笑国　小人プロレスの世界』現代書館、一九九〇年
田鶴浜弘『日本プロレス30年史』日本テレビ放送網、一九八四年
Lou Theze "Hooker: An Authentic Wrestler's Adventures Inside The Bizarre World of Professional Wres-

tling" own expense publication (1998)
リー・トンプソン「プロレスのフレーム分析」(栗原彬他編『身体の政治技術』新評論、一九八六年／補筆して岡村正史編著『日本プロレス学宣言』現代書館、一九九一年、所収)
Thompson, Lee "Professional Wrestling in Japan—Media and Message" *International Review for the Sociology of Sport* (1986): 65-82
坪内祐三「プロレスにおける日米間の相克」『Ronza』一九九五年、一二月号
山本小鉄『いちばん強いのは誰だ』講談社、一九九七年

④関連資料

Barthes, R., *Mythologies*, Seuil, 1957 (篠沢秀夫訳『神話作用』現代思潮社、一九六七年／下澤和義訳『現代社会の神話』みすず書房、二〇〇五年)
原尻英樹『「在日」としてのコリアン』講談社、一九九八年
猪野健治『興行界の顔役』筑摩書房、二〇〇四年
井上眞理子『尼崎相撲ものがたり』神戸新聞総合出版センター、二〇〇三年
石川弘義他監修『日本風俗じてん——アメリカン カルチャー① '45—'50ｓ』三省堂、一九八一年
石川弘義他編『大衆文化事典』弘文堂、一九九一年
鹿野政直他編『民間学事典・人名編』三省堂、一九九七年
鹿野政直他編『民間学事典・事項編』三省堂、一九九七年
木村政彦『わが柔道』ベースボール・マガジン社、一九九一年
小島一志・塚本佳子『大山倍達正伝』新潮社、二〇〇六年

桑原稲敏『戦後史の生き証人たち』伝統と現代社、一九八二年
松井良明『ボクシングはなぜ合法化されたのか』平凡社、二〇〇七年
大下英治『黒幕』大和書房、二〇〇六年
大塚英志『「おたく」の精神史』講談社、二〇〇四年
朴一『〈在日〉という生き方』講談社、一九九九年
斎藤博美「全国世論調査詳報」『朝日総研リポート』第一六五号、朝日新聞社総合研究本部、二〇〇三年
鈴木琢磨『金正日と高英姫』イースト・プレス、二〇〇五年
竹中労『呼び屋』弘文堂、一九六六年
田岡一雄『山口組三代目　田岡一雄自伝』徳間書店、二〇〇六年
リー・トンプソン「ポストモダンのスポーツ」井上俊・亀山佳明編『スポーツ文化を学ぶ人のために』世界思想社、一九九九年
ロバート・ホワイティング『東京アンダーワールド』角川書店、二〇〇〇年
山本信太郎『東京アンダーナイト』廣済堂出版、二〇〇七年

⑤関連DVD、VHS（現在でも入手可能なもののみを記した）

「必殺の空手チョップ今甦る！　力道山――伝説の格闘王」バップ、二〇〇三年
「力道山の鉄腕巨人」テック・コミュニケーションズ、二〇〇三年
「ルー・テーズ対力道山　世界選手権争奪戦」東映ビデオ、二〇〇四年
「力道山／栄光の足跡」ポニーキャニオン、一九八三年
「甦る力道山」(1)〜(8)、松竹、一九八三年

あとがき

　力道山についての本を著した人々の生年を調べてみた。吉村義雄、一九二五年。牛島秀彦、一九三五年。原康史、一九三六年。村松友視、一九四〇年。田中敬子、一九四一年。大下英治、一九四四年。百田光雄、一九四八年。李淳馹、一九六一年。つまり、李のみがリアルタイムの力道山を見ていないということになる。だからこそ、あのような大胆な本を書けたのかという気がしている。他の著者は力道山に対して一様に身構えている部分がある。妻として、子として、秘書として、記者として、ファンとして、あるいは、日本の裏面史を描こうとして身構えている。それぞれ距離感は違うけれども、力道山という存在を強く意識している。なぜならば彼は時代のヒーローであったからだ。同じ時代の空気を吸っているということはそういうことだ。ヒーローが発する熱というものは確実に存在する。

　私は力道山がシャープ兄弟と戦った一九五四年の生まれである。本文にも書いたが、力道山に関する最初の記憶は一九六一年である。すなわち、晩年の三年のみを知っている。街頭テレビの記憶はすでに遠くなりつつあり、力道山が人々の熱狂を呼び起こす時代はとっくに過ぎていた。プロレスラーとしては動きのよくない、もたもたした試合ぶりだった。朝鮮出身であることはもちろん知らなかった。誰かが噂していたかもしれないけれど。裏社会とのつながりなど知る由もない。したがって、スポーツ・ヒーローとしての力道山、強いレスラーとしての力道山、テレビの普及に貢献した力道山、朝鮮出身の成功者である力道山、一種のダーティー・ヒーローとしての力道山……と彼を描くのに定番のスタンスからは自由な立場にいたと言える。

結局、残ったものは力道山が日本にプロレスなるジャンルを定着させたという事実だ。私の世代にアピールしたレスラーとはジャイアント馬場であり、アントニオ猪木であり、あまたの外国人レスラーである。彼らの活躍を通して力道山の像が頭の片隅をよぎる。そんな存在だった。

ところで、プロレスというジャンルに焦点を当てた本というのは思いのほか少ないのではないだろうか。村松友視の『私、プロレスの味方です』は数少ない例であるが、あの本でさえ、猪木を絶賛した本との評価が定着してしまった。ジャンルよりも人物。人々の興味はどうしてもそちらに傾く。『日本評伝選』のあとがきとしては不適切かもしれないが、私は力道山という人物以上に、彼が残したプロレスというジャンルにこだわりたかったのである。ただやっかいなのは、プロレスは時代とともに姿を変えていく部分が多い点である。力道山時代のプロレスをそのまま再現しても今のファンには退屈なものでしかないだろう。あるいは、力道山時代を知るオールドファンが現在のプロレスを見て「プロレス」に見えるだろうか。同じ「プロレス」といっても共通の話題にはなりにくいのではないか。

それでも、どんなジャンルにも普遍的要素というものはある。「プロレスは過程を見てもらうのだ」。

この力道山の言葉はプロレスにおける普遍を雄弁に語っている。記録よりも記憶。結局、プロレスは実際に見るか、かつて見たことを語るか、徹頭徹尾「見る」ことに特化した分野なのである。見る人がいなければ「プロレス」は立ち現れない。

力道山についての詳細な伝記を期待した読者には物足りない文章だったかもしれない。また、マニアックな叙述を求めた人の思いも裏切っているかもしれない。

しかし、力道山・木村政彦 対 シャープ兄弟戦から数えて五四年となる歳月は、私の中でこのような一冊を熟成させるにはじゅうぶんな時間だったと思っていただければ幸いである。

本書執筆にあたり、多くの人々の協力をいただいた。この本の元となる文章を二年にわたって連載する機会を与えていただいたブログ「Journalist-net」を主宰する川瀬俊治氏、片山通夫氏、いつも私のプロレスに関するとりとめもない話を聴いていただいている井上章一氏をはじめとする「プロレス文化研究会」の皆様、貴重なアドバイスを多くいただいたミネルヴァ書房編集部の田引勝二氏、そしてもっとも身近な読者であった家人に感謝申し上げたい。

二〇〇八年八月

岡村正史

力道山年譜

和暦	西暦	齢	関係事項	一般事項
大正一二	一九二三	0	7・14朝鮮咸鏡南道（ハムギョンナムド）（現・朝鮮民主主義人民共和国領）に父・金錫泰（キムソクテ）、母・田己（チョンギ）の三男として生まれる。本名金信洛（キムシンラク）。相撲協会の記録には金信済と誤記されている。なお、創氏改名後は「金村光浩」。	9・1関東大震災。
一三	一九二四	1	11・14プロレスラーになってから公表された生年月日。出身地は長崎県大村市とされた。	
昭和一三	一九三八	15	5月シルム（朝鮮相撲）大会に兄恒洛（ハンラク）とともに出場し、三位となる。恒洛は優勝。これを見ていた長崎県大村市の興行師百田巳之吉、警部補小方寅一が信洛を大相撲にスカウト。家族は反対する。	4・1国家総動員法公布。
一四	一九三九	16	父・金錫泰死去。	12・26朝鮮総督府、朝鮮人の氏

				名を日本式に改めるよう指示（創氏改名）。
一五	一九四〇	17	朴シンボンと結婚。2月花嫁を放置して大相撲入りのため渡日。二所ノ関部屋に入門。5月新弟子検査に合格。	3・28内務省、ディック＝ミネら芸能人一六人に改名を指示。9・27日独伊三国同盟調印。
一六	一九四一	18	1月序の口に昇進。番付には「朝鮮・力道山昇之介」とある。5月序二段に昇進。番付は「肥前・力道山光浩」と変わる。	12・8太平洋戦争開始。
一七	一九四二	19	1月三段目で八勝全勝。初優勝を飾る。5月幕下に昇進。この年、満州巡業の途中に朝鮮に帰郷を果たしたとされる。	6・5ミッドウェー海戦。
一八	一九四三	20	3・7娘とされる金英淑（キムヨンスク）誕生。	10・21出陣学徒の壮行大会挙行。
一九	一九四四	21	1月京都の女性との間に、長女・百田千栄子誕生。春頃、二所ノ関部屋一門が「勤労奉仕」のため阪神武庫川駅周辺に移り住む（一九四三年秋とする本もある）。力道山は阪神尼崎軍需工場で数名のアメリカ人捕虜を殴り飛ばす。5月幕下で五戦全勝し、優勝。11月十両に昇進。	5・7大相撲夏場所が東京・後楽園球場で晴天一〇日間興行となる。8・4学童集団疎開第一陣が上野駅を出発。11・24B29、東京を初爆撃
二〇	一九四五	22	3・9東京大空襲で両国の二所ノ関部屋が焼かれる。	8・15天皇、ポツダム宣言受諾の放送。9・8アメリカ軍、東

				京に進駐を開始。
二一	一九四六	23	3・15長男・百田義浩誕生。3・20二所ノ関部屋の玉の海親方が長崎県大村の警察署に連行され、大村航空隊の米軍司令部で戦争犯罪人容疑者として尋問を受ける。理由は不明だが、力道山が捕虜を殴った件のせいではないかとされている。11月入幕。	3・11東京六大学野球連盟が復活。5・3極東国際軍事裁判所が開廷。
二二	一九四七	24	6月前頭八枚目で優勝決定戦に駒を進めるも、横綱・羽黒山に敗れる。	5・3日本国憲法施行。
二三	一九四八	25	9・21次男・百田光雄誕生。10月小結に昇進。	8・13大韓民国成立。9・9朝鮮民主主義人民共和国成立。
二四	一九四九	26	このころ、小沢ふみ子と結婚。2月宴会で食べた川蟹が原因で肺臓ジストマを患い、二カ月入院。5月関脇に昇進するも不調に終わる。	9・8在日朝鮮人連盟など朝鮮人四団体が、団体等規制令により解散を命じられる。
二五	一九五〇	27	二所ノ関部屋が両国に再建。4月プロ柔道の「国際柔道協会」設立。興行を開始するも失敗に終わる。中心選手である木村政彦、山口利夫は八月に渡米し、プロレスに転向。5月三場所ぶりに関脇にカムバック。6月「力道山丸」保険金詐取事件で共犯を疑われるも嫌疑は晴れる。9・11東京・浜町の自宅で自ら髷を切る。米軍軍属ジェームズ・ボハネギーも同	6・25朝鮮戦争起こる。7・1後楽園球場で初のプロ野球公式ナイターが行われる。

			席か。九月場所は西関脇のまま全休し、廃業。通算成績一三五勝八二敗一五休。幕内在位一一場所。11・9就籍届けを東京・中央区に提出。「本名・百田光浩。父亡百田巳之助、母たつ。大正一三年一一月一四日生まれ。本籍・長崎県大村市。」後援者である新田新作の世話で新田建設資材部長となる。新田が後援会長を務める横綱・東富士らが相撲界復帰工作を進めるが失敗に終わる。	
二六	一九五一	28	7・21『毎日新聞』が九月のプロレス興行に「力道山が名乗り」と報道。9・15ボビー・ブランズらアメリカ人プロレスラー一行がチャリティ・プロレス興行開催のために来日。三〇日より興行開始。10・15東京・トリイ・オアシス・シュライナーズ・クラブの芝生上で元プロ柔道の遠藤幸吉とともにブランズから初めてプロレスのコーチを受ける。10・28メモリアルホール（両国旧国技館）の興行でブランズとエキジビジョン・マッチ（一〇分一本勝負）を行いプロレス・デビュー。結果は引き分け。	5・21初の国際ボクシング試合が行われる。9・8サンフランシスコ平和条約調印。
二七	一九五二	29	2・1東京・目黒雅叙園で力道山のプロレスラー転向及び渡米壮行会が開催される。2・3ブランズと	7・19ヘルシンキ・オリンピック大会開催。日本は一六年ぶり

			の契約で渡米。ハワイで沖識名のコーチを受ける。2・17ハワイ・ホノルルのシビック・オーデトリアムでチーフ・リトル・ウルフと海外初試合を行いフォール勝ち。4月このころより黒タイツを着用。最初はショートタイツだった。6・10ハワイからアメリカ本土に渡る。	に復帰。
二八	一九五三	30	3・6米国遠征より帰国。7月『オール讀物』誌上で極真空手の大山倍達と対談。余興の腕相撲で大山の不興を買う。7・18山口利夫が大阪府立体育会館で日本人初のプロレス興行開催。7・30日本プロ・レスリング協会発表式を力道山道場（新田建設倉庫）で開催。会長に酒井忠正（横綱審議委員会会長）。10・30翌年の国際試合準備のためにハワイに渡航。12・6ハワイでＮＷＡ世界王者ルー・テーズと初めて対戦し敗れる。	2・1ＮＨＫ、東京地区でテレビ本放送を開始。8・28日本テレビ、本放送を開始。
二九	一九五四	31	2・6山口利夫が大阪府立体育会館でプロレス興行開催。ＮＨＫ大阪が試験放送枠で関西から静岡県までの地域限定で実況中継。2・19東京・蔵前国技館で日本プロ・レスリング協会が三日間連続興行。力道山、木村政彦がシャープ兄弟と対戦。ＮＨＫは初	2・1マリリン・モンロー来日。3・1第五福竜丸、ビキニでのアメリカによる水爆実験で被曝。

三〇

一九五五

32

日と三日目、日本テレビは三日間とも実況中継。三大紙がいずれも運動面で報道。4月山口利夫が大阪で全日本プロ・レスリング協会を設立。5月木村政彦が熊本に国際プロ・レスリング団を設立。8・8日本プロ・レスリング協会が第二弾興行。ハンス・シュナーベル、ルー・ニューマンが来日し、力道山、遠藤幸吉らと対戦。このころ日本プロ・レスリング協会は財団法人としての認可を文部省体育課に求めるが却下される。11月アメリカからミルドレッド・バーグら女子プロレスラーが来日し、日本でも多くの女子プロレス団体が誕生。力道山は女子プロと同様に扱われることを嫌い、プロレス・マスコミは女子プロの掲載を自粛していった。12月横綱・東富士が大相撲を廃業し、プロレスラー転向を表明。12・21力道山対木村政彦戦のために日本プロ・レスリング・コミッションが設立される。初代コミッショナーには酒井忠正が就任。12・22東京・蔵前国技館で木村政彦を破り、日本ヘビー級王者となる。

1・26大阪府立体育会館で山口利夫を破り、日本ヘビー級王座を防衛。2月力道山と木村政彦の「手打

4・1ラジオ東京テレビ開局。

8・6第一回原水爆禁止世界大

ち」が成立。3月プロレス遊びが原因で横浜の中学生が死亡する事故が発生。この年、小中学校を中心に「プロレス遊び」が社会問題となる。3・27東富士とともにハワイに渡航。東富士は髷を結ったままプロレス・デビュー。4月雑誌『丸』が「日本一の空手チョップ　大山倍達七段」と題する特集を掲載。7・7東京・産経ホールで東富士が断髪式。7・8東京・日本橋の旧力道山道場前に日本プロ・レスリング・センターが新設。7・15東京・蔵前国技館で国際大会シリーズが開幕。前評判倒れのプリモ・カルネラを差し置き、ジェス・オルテガが人気を博す。東富士も期待はずれに終わる。7・30『朝日新聞』がプロレス界の体質を紙上で酷評する。9・5東京港区のナイトクラブでオランダ人航空整備員を殴り、後に各紙が報道。力道山の生涯にはたびたびこの種の不祥事があった。9・13東富士とともに東南アジアに遠征。11・7「アジア・プロレス選手権シリーズ」が富山で開幕。ダラ・シンのフェアプレイが話題を呼び、「空手チョップ」は反則技ではないかという議論が起こる。12・19東京都大田区母の会が主

会広島大会開催。11・15自由民主党結成。12月日本ボディビル協会結成。

三一

一九五六

33

催した「プロ・レス遊び懇談会」に力道山が出席。12・20東京で「ウエート別全日本選手権東日本予選」が始まり、レフェリーを務める。12・28力道山の伝記映画『力道山物語　怒濤の男』が日活で公開される。美空ひばりが主題歌を歌い、特別出演。劇中で力道山が玉の海を冒瀆しているとして力士協会が抗議。

1・15木村政彦が主宰する国際プロ・レスリング団のリングに上がっていたゴージャス・マックことジョン・M・マックファーランドが東京の帝国ホテルで宝石強盗を働き逮捕される。1・26『毎日新聞』に力道山、東富士を脅迫した暴力団幹部が逮捕されたという記事が出る。事件そのものは前年一二月。1・28東南アジア、ヨーロッパ、アメリカを回る「世界遠征」に出発。4・26東京・蔵前国技館でシャープ兄弟らを招いての国際シリーズが開幕。初日はNHK、日本テレビ、ラジオ東京（TBS）三局が同時中継を行い、民放二局のスポンサーはいずれも八欧電機（ゼネラル）だった。6・21蔵前国技館で入場無料の「レスリング教室」を開催し、子供た

5・9日本山岳会マナスル登山隊、ヒマラヤのマナスル初登頂。12・18国連総会、日本の国連加盟案を全会一致で可決。

三二

一九五七

34

ちに「よい子は空手打ちをやってはいけません」と呼びかける。6・25新田新作死去。7・23タム・ライスらを招請してのシリーズが開幕。10・24両国・国際スタジアムで「ウエート別統一日本選手権大会」が行われ、ヘビー級は東富士と山口利夫が翌月に再戦して東富士が勝利するも力道山への挑戦は実現せず。このシリーズによって関西系団体が制圧され、力道山によるマット界統一が実現した。吉村道明が日本プロレスに移籍した。

1・4アデリアン・バイラジョンを軸としたシリーズが開幕。観客動員は今までで最低の成績だった。2・15豊登を帯同してハワイに出発。目的はルー・テーズへの挑戦試合実現のための交渉。6・15日本テレビが毎週土曜夕方に「ファイトメン・アワー」の放送を開始。原則的に力道山抜きの日本勢の試合が中心。スポンサーは八欧電機に代わって三菱電機。8・14ボボ・ブラジルらを招いてのシリーズ開幕でプロレス人気が復活する。10・2NWA世界王者ルー・テーズが初来日。歓迎レセプションの席上、大野伴睦（自民党副総裁）の二代目日本プロ・レスリ

1・13美空ひばり、国際劇場で塩酸をかけられ三週間の負傷。7・5大相撲、翌年から六場所制とすることを決定。12・7長嶋茂雄、巨人軍に入団。

三三　一九五八　35

ング・コミッショナーへの就任が発表される。社会党の浅沼稲次郎らも同席。10・7雨天で一日順延されたテーズ戦が後楽園球場で二万七〇〇〇人を集めて実現。（一三日には大阪・扇町プールで三万人を集めて再戦。いずれも引き分けに終わる。）この試合を最後に永田貞雄（日新プロダクション）らが力道山と絶縁。「興行師のプロレス」の終焉。なお、『朝日新聞』はこの試合を最後に運動面でプロレスをまともに取り上げなくなる。12月頃小沢ふみ子と別居。

この年は日本では九月まで力道山の試合は行われなかった。4・31東京・赤坂のリキ・アパートに「クラブ・リキ」が完成。7・6ハワイ経由で渡米。8・27米ロサンゼルスのオリンピック・オーデトリアムでルー・テーズに挑戦し、勝利を収めるが、この試合がタイトルマッチかどうかをめぐって情報が錯綜する。結局、力道山はインターナショナル選手権者となり、このベルトをめぐる争いが各シリーズの中心的ドラマとなっていった。8・29日本テレビのプロレス中継が、「ディズニーランド」とのカッ

2・8日劇で「ウエスタン・カーニバル」を開く（ロカビリーが流行）。8月インスタント・ラーメンが初めて発売。12・1一万円札が発行される。

			プリングで、隔週で金曜八時の放送となる。9・5ドン・レオ・ジョナサンらを呼んでのシリーズが開幕。これ以降、外国人レスラーを軸に年間五、六シリーズ開催する形が定着していった。言うまでもなくテレビのレギュラー番組化に対応した結果である。11・7芳の里を伴ってブラジル遠征。この年の秋あたりにキム・イル（後の大木金太郎）が密入国（時期は、韓国では一九五六年一一月とされ、ベースボール・マガジン社編『日本プロレス全史』では五九年四月となっているが）。	
三四	一九五九	36	1・8東富士が引退を発表。フジテレビの大相撲解説者となる。2・24渡米。力道山抜きのシリーズに覆面レスラーのミスター・アトミックが来日し、悪役人気を集める。5・21「第一回ワールドリーグ戦」が東京体育館で開幕。爆発的人気を集め、プロレスが盛り返す。背景には、「お茶の間テレビ時代」が本格化し、力道山―日本テレビ―三菱電機のトライアングルが功を奏した点があった。9・6「ワールドリーグ戦」で外国人選手のブッカーを務めたグレート東郷が初来日。	3・17『少年サンデー』『少年マガジン』創刊。4・10皇太子結婚。パレードをテレビ各社が中継。12・14在日朝鮮人の北朝鮮への帰国事業開始。

三五	一九六〇	37	2・25渡米。ブラジルに渡り、一七歳の猪木完至(後に寛至と改名)をスカウト。4・1夕刊スポーツ紙『東京スポーツ』が創刊される。プロレス色が強まるのは年末から。4・11日本プロ・レスリング協会が元巨人軍選手の馬場正平と猪木完至の入門を発表。8・25ローマ・オリンピック視察のためにイタリアへ渡航。『スポーツ・ニッポン』の特派員としての役割もあった。当時のプロレス報道の中心は『東スポ』ではなく、『スポニチ』だった。	6・15安保闘争で東大生死亡。9・5自民党、高度成長・所得倍増の政策発表。9・10カラーテレビの本放送開始。10・12浅沼稲次郎社会党委員長刺殺。
三六	一九六一	38	4・28「第三回ワールドリーグ戦」のために来日したグレート・アントニオが神宮外苑前広場でバス三台を引っ張るデモンストレーションを行う。7・30東京・道玄坂にリキ・スポーツパレスが完成。8月東京・赤坂にリキ・アパートメントが完成。前年から、この高級マンションに引っ越して来ていた。8・18リキ・スポーツパレス内のプロレス会場で初試合。この日より「ディズニーランド」のある金曜日は深夜枠でプロレスが録画中継されることになり、毎週金曜の放送が実現した。9・5力道山のプロ・ボクシング界進出が条件付きで認められる。設立さ	11・12来日中の朴正熙韓国最高会議議長と池田首相、日韓会談の早期妥結で合意。

三七	一九六二	39	れたリキ・ボクシングジムのオーナーには元毎日新聞運動部記者の伊集院浩が就任。（11月新潟に着いた帰国船上で北朝鮮からやってきた次兄公洛、「娘」金英淑と再会を果したという〝噂〟がある。）3・28米ロサンゼルス・オーデトリアムでフレッド・ブラッシーを破り、WWA世界ヘビー級王者となる。4・27「第四回ワールドリーグ戦」の神戸大会での六人タッグマッチ（ブラッシー、東郷らが出場）をテレビで見ていた全国の高齢者四人が「ショック死」し、社会問題となる。5・2『朝日新聞』の「社説」でプロレスをはじめとするテレビ番組が批判的に取り上げられる。5・4『毎日新聞』の「余録」がプロレス中継を酷評。9・19試合で右胸鎖関節亜脱臼の負傷を負い、四試合欠場。アメリカンフットボールのショルダーパッドを着用して復帰する。この年の夏から翌年初めにかけて、在日朝鮮中央芸術団の女性と同居したとされる。	3・1テレビ受信契約者数が一〇〇〇万を突破する。10・10ファイティング原田、ボクシング世界フライ級選手権を獲得。
三八	一九六三	40	1・7田中敬子との婚約を発表。1・8韓国を極秘訪問。2・20伊集院浩が割腹自殺。5・24東京体育館でのザ・デストロイヤーとの一戦がテレビ視聴率	1・1フジテレビ、日本初の長編アニメ『鉄腕アトム』の放映を開始。5・12坂本九「スキヤ

六四パーセント（ビデオ・リサーチ調査）を記録。6・5東京・赤坂のホテル・オークラで田中敬子との結婚式が行われる。6・7世界一周新婚旅行に出発。永世中立国スイスに感銘を受ける。9・9オリンピック基金財団に一千万円を寄付。12・7静岡県浜松市で生涯最後の試合（六人タッグマッチ）を行う。12・8赤坂のナイトクラブ「ニューラテンクォーター」で住吉連合小林会組員Mに腹部をナイフで刺される。12・9東京・赤坂の山王病院に緊急入院し、開腹手術を受ける。医師から「経過は良好」と発表される。12・15腸閉塞を併発していることが発見され再手術を受けるも、午後九時五〇分永眠。12・16リキ・アパートで仮通夜。豊登を中心に選手会が発足。12・20東京・大田区の池上本門寺で葬儀が行われる。同夜、リキ・スポーツパレスで追悼試合が開催され、豊登、吉村道明、遠藤幸吉、芳の里による新体制がスタートする。

キ」（「上を向いて歩こう」）、一〇〇万枚突破で全米レコード協会からゴールドディスクを贈られる。11・23日米間テレビ宇宙中継実験に成功（ケネディ大統領暗殺ニュース）。

人名索引

※外国人のレスラー，ボクサーなどのリングネームは，名・姓の順でそのまま表記した。

あ 行

か　行

な　行

は　行

ま　行

や　行

ら・わ行

《著者紹介》

岡村正史（おかむら・まさし）〈本名：岡田　正（おかだ・ただし）〉

1954年　三重県一志郡（現・津市）生まれ。
1976年　同志社大学文学部卒業。
1980年　同志社大学大学院文学研究科修了。修士（文学）。
2004年　大阪大学大学院人間科学研究科修了。修士（人間科学）。
現　在　兵庫県立高校教諭。大阪大学大学院人間科学研究科博士後期課程在学。
著　書　『知的プロレス論のすすめ』エスエル出版会，1989年。
『日本プロレス学宣言』編著，現代書館，1991年。
『世紀末にラリアット』エスエル出版会，1994年。
『力道山と日本人』編著，青弓社，2002年〈橋本峰雄賞受賞〉。

ミネルヴァ日本評伝選
力《りき》道《どう》山《ざん》
——人生は体当たり，ぶつかるだけだ——

2008年10月10日　初版第1刷発行　〈検印省略〉

定価はカバーに
表示しています

著　者　岡　村　正　史
発行者　杉　田　啓　三
印刷者　江　戸　宏　介

発行所　株式会社　ミネルヴァ書房
607-8494 京都市山科区日ノ岡堤谷町1
電話 (075)581-5191(代表)
振替口座 01020-0-8076番

共同印刷工業・新生製本

ISBN978-4-623-05255-4
Printed in Japan

刊行のことば

歴史を動かすものは人間であり、興趣に富んだ人間の動きを通じて、世の移り変わりを考えるのは、歴史に接する醍醐味である。

しかし過去の歴史学を顧みるとき、人間不在という批判さえ見られたように、歴史における人間のすがたが、必ずしも十分に描かれてきたとはいえない。二十一世紀を迎えた今、歴史の中の人物像を蘇生させようとの要請はいよいよ強く、またそのための条件もしだいに熟してきている。

この「ミネルヴァ日本評伝選」は、正確な史実に基づいて書かれるのはいうまでもないが、単に経歴の羅列にとどまらず、歴史を動かしてきたすぐれた個性をいきいきとよみがえらせたいと考える。そのためには、対象とした人物とじっくりと対話し、ときにはきびしく対決していくことも必要になるだろう。

今日の歴史学が直面している困難の一つに、研究の過度の細分化、瑣末化が挙げられる。それは緻密さを求めるが故に陥った弊害といえるが、その結果として、歴史の大きな見通しが失われ、歴史学を通しての社会への働きかけの途が閉ざされ、人々の歴史への関心を弱める危険性がある。今こそ歴史が何のためにあるのかという、基本的な課題に応える必要があろう。評伝という興味ある方法を通じて、解決の手がかりを見出せないだろうかというのも、この企画の一つのねらいである。

狭義の歴史学の研究者だけでなく、多くの分野ですぐれた業績をあげている著者たちを迎えて、従来見られなかった規模の大きな人物史の叢書として、「ミネルヴァ日本評伝選」の刊行を開始したい。

平成十五年（二〇〇三）九月

ミネルヴァ書房

ミネルヴァ日本評伝選

企画推薦
梅原　猛
ドナルド・キーン
佐伯彰一
角田文衞

監修委員
上横手雅敬
芳賀　徹

編集委員
石川九楊
伊藤之雄
猪木武徳
今谷　明
今橋映子
熊倉功夫
佐伯順子
坂本多加雄
武田佐知子
竹西寛子
西口順子
兵藤裕己
御厨　貴

上代

俾弥呼　古田武彦
日本武尊　西宮秀紀
仁徳天皇　若井敏明
雄略天皇　吉村武彦
*蘇我氏四代　遠山美都男
推古天皇　義江明子
聖徳太子　仁藤敦史
斉明天皇　武田佐知子
小野妹子・毛人　大橋信也
額田王　梶川信行
弘文天皇　遠山美都男
天武天皇　新川登亀男
持統天皇　丸山裕美子
阿倍比羅夫　熊田亮介
柿本人麻呂　古橋信孝
元明・元正天皇　渡部育子
聖武天皇　本郷真紹
光明皇后　寺崎保広
孝謙天皇　勝浦令子
藤原不比等　荒木敏夫
吉備真備　今津勝紀
藤原仲麻呂　木本好信
道　鏡　吉川真司
大伴家持　和田　萃
行　基　吉田靖雄

平安

*桓武天皇　井上満郎
嵯峨天皇　西別府元日
宇多天皇　古藤真平
醍醐天皇　石上英一
村上天皇　京樂真帆子
花山天皇　上島　享
三条天皇　倉本一宏
藤原薬子　中野渡俊治
小野小町　錦　仁
藤原良房・基経　滝浪貞子
菅原道真　竹居明男
紀貫之　神田龍身
源高明　所　功
慶滋保胤　平林盛得
*安倍晴明　斎藤英喜
藤原実資　橋本義則
*藤原道長　朧谷　寿
清少納言　後藤祥子
紫式部　竹西寛子
和泉式部　ツベタナ・クリステワ
大江匡房　小峯和明
阿弖流為　樋口知志
坂上田村麻呂　熊谷公男
*源満仲・頼光　元木泰雄
平将門　西山良平
藤原純友　寺内　浩
空　海　頼富本宏
最　澄　吉田一彦
空　也　石井義長
奝　然　上川通夫
*源　信　小原　仁
後白河天皇　美川　圭
式子内親王　奥野陽子
建礼門院　生形貴重
平清盛　田中文英
藤原秀衡　入間田宣夫
平時子・時忠　元木泰雄
平維盛　根井　浄
守覚法親王　阿部泰郎

鎌倉

源頼朝　川合　康
*源義経　近藤好和
後鳥羽天皇　五味文彦
九条兼実　村井康彦
北条時政　野口　実
熊谷直実　佐伯真一
*北条政子　関　幸彦
北条義時　岡田清一
曾我十郎・五郎　杉橋隆夫
北条時宗　近藤成一
安達泰盛　山陰加春夫

平頼綱　細川重男
竹崎季長　堀本一繁
西行　光田和伸
藤原定家　赤瀬信吾
*京極為兼　今谷明
*兼好　島内裕子
重源　横内裕人
運慶　根立研介
法然　今堀太逸
慈円　大隅和雄
明恵　西山厚
親鸞　末木文美士
恵信尼・覚信尼　西口順子
道元　船岡誠
叡尊　細川涼一
*忍性　松尾剛次
*日蓮　佐藤弘夫
一遍　蒲池勢至
夢窓疎石　田中博美
*宗峰妙超　竹貫元勝

南北朝・室町

後醍醐天皇　上横手雅敬
護良親王　新井孝重
北畠親房　岡野友彦
楠正成　兵藤裕己
*新田義貞　山本隆志
光厳天皇　深津睦夫
足利尊氏　市沢哲
佐々木道誉　下坂守
円観・文観　田中貴子
足利義満　川嶋将生
足利義教　横井清
大内義弘　平瀬直樹
伏見宮貞成親王　松薗斉
山名宗全　山本隆志
日野富子　脇田晴子
世阿弥　西野春雄
雪舟等楊　河合正朝
宗祇　鶴崎裕雄
*満済　森茂暁
一休宗純　原田正俊

戦国・織豊

北条早雲　家永遵嗣
毛利元就　岸田裕之
*今川義元　小和田哲男
*武田信玄　笹本正治
真田氏三代　笹本正治
三好長慶　仁木宏
*上杉謙信　矢田俊文
吉田兼倶　西山克
山科言継　松薗斉
雪村周継　赤澤英二
織田信長　三鬼清一郎
豊臣秀吉　藤井讓治
*北政所おね　田端泰子
*淀殿　福田千鶴
前田利家　東四柳史明
黒田如水　小和田哲男
蒲生氏郷　藤田達生
細川ガラシャ　田端泰子
伊達政宗　伊藤喜良
*支倉常長　田中英道
ルイス・フロイス　エンゲルベルト・ヨリッセン
*長谷川等伯　宮島新一
顕如　神田千里

江戸

徳川家康　笠谷和比古
徳川吉宗　横田冬彦
*後水尾天皇　久保貴子
光格天皇　藤田覚
崇伝　杣田善雄
春日局　福田千鶴
池田光政　倉地克直
シャクシャイン　岩崎奈緒子
*田沼意次　藤田覚
二宮尊徳　小林惟司
末次平蔵　岡美穂子
高田屋嘉兵衛　生田美智子
林羅山　鈴木健一
中江藤樹　辻本雅史
山崎闇斎　澤井啓一
*北村季吟　島内景二
貝原益軒　辻本雅史
ケンペル　ボダルト・ベイリー
荻生徂徠　柴田純
雨森芳洲　上田正昭
前野良沢　松田清
平賀源内　石上敏
杉田玄白　吉田忠
上田秋成　佐藤深雪
木村蒹葭堂　有坂道子
*大田南畝　沓掛良彦
菅江真澄　赤坂憲雄
*鶴屋南北　諏訪春雄
良寛　阿部龍一
山東京伝　佐藤至子
*滝沢馬琴　高田衛
平田篤胤　川喜田八潮
シーボルト　宮坂正英
本阿弥光悦　岡佳子
小堀遠州　中村利則
尾形光琳・乾山　河野元昭
*二代目市川團十郎　田口章子
与謝蕪村　佐々木丞平
伊藤若冲　狩野博幸
鈴木春信　小林忠
円山応挙　佐々木正子
*佐竹曙山　成瀬不二雄
葛飾北斎　岸文和
酒井抱一　玉蟲敏子
孝明天皇　青山忠正
*和宮　辻ミチ子

徳川慶喜　大庭邦彦
*古賀謹一郎　小野寺龍太
*月　性　海原　徹
*吉田松陰　海原　徹
*高杉晋作　海原　徹
オールコック　佐野真由子
アーネスト・サトウ　奈良岡聰智
冷泉為恭　中部義隆

近代

*明治天皇　伊藤之雄
大正天皇　フレッド・ディキンソン
昭憲皇太后・貞明皇后　小田部雄次
大久保利通　三谷太一郎
山県有朋　鳥海　靖
木戸孝允　落合弘樹
*松方正義　室山義正
北垣国道　小林丈広
大隈重信　五百旗頭薫
伊藤博文　坂本一登
井上　毅　大石　眞
*桂　太郎　小林道彦
*乃木希典　佐々木英昭
林　董　君塚直隆
児玉源太郎　小林道彦
*高宗・閔妃　木村　幹
山本権兵衛　室山義正
高橋是清　鈴木俊夫
小村寿太郎　簑原俊洋
犬養　毅　小林惟司
加藤高明　櫻井良樹
加藤友三郎・寛治　麻田貞雄
田中義一　黒沢文貴
平沼騏一郎　堀田慎一郎
宇垣一成　北岡伸一
宮崎滔天　榎本泰子
*浜口雄幸　川田　稔
幣原喜重郎　西田敏宏
関　一　玉井金五
広田弘毅　井上寿一
安重根　上垣外憲一
グルー　廣部　泉
東條英機　牛村　圭
蔣介石　劉　岸偉
石原莞爾　山室信一
木戸幸一　波多野澄雄
五代友厚　田付茉莉子
大倉喜八郎　村上勝彦
安田善次郎　由井常彦
渋沢栄一　武田晴人
山辺丈夫　宮本又郎
武藤山治　阿部武司・桑原哲也
小林一三　橋爪紳也
大倉恒吉　石川健次郎
大原孫三郎　猪木武徳
河竹黙阿弥　今尾哲也
イザベラ・バード　加納孝代
林　忠正　木々康子
森　鷗外　小堀桂一郎
二葉亭四迷　ヨコタ村上孝之
巌谷小波　千葉信胤
樋口一葉　佐伯順子
島崎藤村　十川信介
泉　鏡花　東郷克美
有島武郎　亀井俊介
永井荷風　川本三郎
北原白秋　平石典子
菊池　寛　山本芳明
宮澤賢治　千葉一幹
正岡子規　夏石番矢
高浜虚子　坪内稔典
与謝野晶子　佐伯順子
*種田山頭火　村上　護
斎藤茂吉　品田悦一
*高村光太郎　湯原かの子
萩原朔太郎　エリス俊子
原阿佐緒　秋山佐和子
*狩野芳崖・高橋由一　古田　亮
竹内栖鳳　北澤憲昭
黒田清輝　高階秀爾
中村不折　石川九楊
横山大観　高階秀爾
*橋本関雪　西原大輔
小出楢重　芳賀　徹
土田麦僊　天野一夫
岸田劉生　北澤憲昭
松旭斎天勝　川添　裕
中山みき　鎌田東二
ニコライ　中村健之介
出口なお・王仁三郎　川村邦光
島地黙雷　阪本是丸
*新島　襄　太田雄三
嘉納治五郎　クリストファー・スピルマン
*澤柳政太郎　新田義之
河口慧海　高山龍三
大谷光瑞　白須淨眞
*久米邦武　髙田誠二
フェノロサ　伊藤　豊
三宅雪嶺　長妻三佐雄
内村鑑三　新保祐司
*岡倉天心　木下長宏
志賀重昂　中野目徹
徳富蘇峰　杉原志啓
竹越與三郎　西田　毅
内藤湖南・桑原隲蔵　礪波　護
岩村　透　今橋映子
西田幾多郎　大橋良介
喜田貞吉　中村生雄

上田 敏 及川 茂
柳田国男 鶴見太郎
厨川白村 張 競
大川周明 山内昌之
折口信夫 斎藤英喜
九鬼周造 粕谷一希
辰野 隆 金沢公子
シュタイン 瀧井一博
*福澤諭吉 平山 洋
福地桜痴 山田俊治
中江兆民 田島正樹
田口卯吉 鈴木栄樹
陸 羯南 松田宏一郎
宮武外骨 山口昌男
*吉野作造 田澤晴子
野間清治 佐藤卓己
山川 均 米原 謙
北 一輝 岡本幸治
杉 亨二 速水 融
*北里柴三郎 福田眞人
田辺朔郎 秋元せき

*南方熊楠 飯倉照平
寺田寅彦 金森 修
石原 純 金子 務
J・コンドル 鈴木博之
辰野金吾 河上真理・清水重敦
小川治兵衛 尼崎博正

現代

昭和天皇 御厨 貴
高松宮宣仁親王 後藤致人
*李方子 小田部雄次
吉田 茂 中西 寛
マッカーサー 柴山 太
重光 葵 武田知己
池田勇人 中村隆英
和田博雄 庄司俊作
朴正熙 木村 幹

竹下 登 真渕 勝
*松永安左エ門 橘川武郎
鮎川義介 井口治夫
出光佐三 橘川武郎
松下幸之助 米倉誠一郎
渋沢敬三 井上 潤
本田宗一郎 伊丹敬之
井深 大 武田 徹
幸田家の人々 金井景子
*正宗白鳥 大嶋 仁
大佛次郎 福島行一
*川端康成 大久保喬樹
薩摩治郎八 小林 茂
松本清張 杉原志啓
安部公房 成田龍一
三島由紀夫 島内景二
R・H・ブライス 菅原克也

金素雲 林 容澤
柳 宗悦 熊倉功夫
バーナード・リーチ 鈴木禎宏
イサム・ノグチ 酒井忠康
川端龍子 岡部昌幸
藤田嗣治 林 洋子
*井上有一 海上雅臣
*手塚治虫 竹内オサム
山田耕筰 後藤暢子
武満 徹 船山 隆
*力道山 岡村正史
美空ひばり 朝倉喬司
植村直巳 湯川 豊
*西田天香 宮田昌明
安倍能成 中根隆行
G・サンソム 牧野陽子
和辻哲郎 小坂国継
青木正児 井波律子

矢代幸雄 稲賀繁美
石田幹之助 岡本さえ
*平泉 澄 若井敏明
島田謹二 小林信行
前嶋信次 杉田英明
竹山道雄 平川祐弘
保田與重郎 谷崎昭男
佐々木惣一 松尾尊兊
*瀧川幸辰 伊藤孝夫
矢内原忠雄 等松春夫
福本和夫 伊藤 晃
*フランク・ロイド・ライト 大久保美春
大宅壮一 有馬 学
清水幾太郎 竹内 洋

*は既刊
二〇〇八年十月現在